我国体育科技进步及其
对竞技体育的促进效应研究

张元梁◎著

吉林大学出版社

·长 春·

图书在版编目（CIP）数据

我国体育科技进步及其对竞技体育的促进效应研究 /
张元梁著. -- 长春：吉林大学出版社，2025.4.
ISBN 978-7-5768-5054-3

Ⅰ．G812

中国国家版本馆 CIP 数据核字第 2025AQ0649 号

书　　名：我国体育科技进步及其对竞技体育的促进效应研究
　　　　　WO GUO TIYU KEJI JINBU JI QI DUI JINGJI TIYU DE CUJIN
　　　　　XIAOYING YANJIU
作　　者：张元梁
策划编辑：卢　婵
责任编辑：卢　婵
责任校对：刘　佳
装帧设计：文　兮
出版发行：吉林大学出版社
社　　址：长春市人民大街 4059 号
邮政编码：130021
发行电话：0431-89580036/58
网　　址：http://press.jlu.edu.cn
电子邮箱：jldxcbs@sina.com
印　　刷：武汉鑫佳捷印务有限公司
开　　本：787mm×1092mm　　1/16
印　　张：18.25
字　　数：260 千字
版　　次：2025 年 4 月　第 1 版
印　　次：2025 年 4 月　第 1 次
书　　号：ISBN 978-7-5768-5054-3
定　　价：98.00 元

前　言

　　作为第一生产力的体育科技，是竞技体育可持续发展的重要推动力。体育科技与竞技体育是一个既相互牵制，又协同共生的复合大系统。其中，体育科技在促进系统稳固可持续发展过程中起到主导作用。我国在建设竞技体育强国的改革发展进程中，需要不断提升对体育科技与竞技体育两者相互作用关系与融合发展规律的理性认识，并充分利用体育科学研究与开发促进体育科技与竞技体育的有序与和谐，最终实现我国体育科技与竞技体育的良性融合可持续发展。因此，要想提升我国体育科技创新能力，更好地发挥体育科技进步对竞技体育事业发展的重要支撑作用，需要我们对体育科技进步及其对竞技体育的促进效应进行系统探索和研究。

　　本书主要内容源自笔者博士阶段的毕业论文《我国体育科技进步及其对竞技体育促进研究》，旨在依据系统科学理论和社会网络分析等理论与方法，对我国体育科技与竞技体育的相互关系进行系统理论分析。在此基础上，从定性和定量相结合的角度，对我国体育科技进步中的体育科学研究特征和体育专利技术研发特征进行分析；同时，对我国体育科技与竞技体育融合发展中的体育科技攻关与服务特征进行分析；最后在对我国体育科技进步进行追踪观测的基础上，探索体育科技对竞技体育的促进效应，从而更好地为体育科技与竞技体育的可持续发展提供一定的参考。

　　随着时间的推移和研究的不断深入，笔者也在相关研究领域内取得了一些新的研究成果。为了能更全面、更深入地阐述笔者的研究成果，更好地为学术共同体和广大读者服务，笔者决定将博士论文进行修改和完善，并以此为基础出版本书。在撰写过程中，笔者对原有内容进行了重新梳理和组织，使逻辑更加清晰、结构更加合理。此外，本书除了继承和发展博士论文核心内容，还结合笔者最新的学术研究成果，增补了体育科学跨学科知识流动特征、我国区域竞技体育实力提升的条件组态路径研究等方面的新内容，并提出了一些新见解和观点。希望这些内容能为读者带来新的思考和启发。

张元梁

2024年11月

目　录

1 导　论

1.1　研究背景与问题提出

1.1.1　研究背景

1.1.1.1　我国建设创新型国家的发展战略背景

早在100多年前，马克思提出"生产力中也包括科学"的重要论断，从此整个世界发生了巨大变化。科学技术的突飞猛进带动了整个社会生产力的迅速提高。1988年6月的全国科学大会上，邓小平同志在准确分析和把握当代科学技术发展趋势和现状的基础上，进一步继承和发展了马克思主义科学技术观，提出"科学技术是第一生产力"的重要论断。自此，我国政府高度重视科技创新工作对国家发展的作用。进入21世纪，随着经济全球化、信息化和大数据时代的来临，科技创新更是成为促进一个国家发展最为重要的动力源泉，也是彰显一个国家核心竞争力的最关键要素。党的十八大强调科技创新是提高社会生产力和综合国力的重大战略支撑，作出实施创新驱动发展的战略部署，并将之摆在国家发展全局的核心位置。习近平总书记在党的二十大报告中提出到2035年，我国经济实力、科技实力、综合国力大幅跃升，实现高水平科技自立自强，进入创新型国家前列，建成科技强国。在认真落实党的十九大精神，加快夯实我国科技事业的基础，实施科技创新驱动发展战略，是中国特色社会主义新时代、新征程对科技工作者提出的新使命和新任务。

1.1.1.2 体育强国建设对体育科技创新驱动发展的需求

自新中国成立后，从1984年我国首次参加奥运会起，到2008年北京成功举办第29届奥运会，经过24年的不懈努力，我国实现从奥运会金牌数"零"的突破到金牌数第一的发展历程，标志着我国正式迈入世界体育大国行列。但是，与世界其他体育强国相比，我国还不是体育强国。2017年，习近平总书记在党的十九大报告中指出"加快推进体育强国建设"，这是在中国共产党全国代表会议中首次提出"体育强国"建设的要求。从党的十九大明确提出"广泛开展全民健身活动，加快推进体育强国建设"的目标，到2019年9月《体育强国建设纲要》出台，再到"十四五"规划和2035年远景目标纲要明确提出到2035年"建成体育强国"，体育已成为中华民族伟大复兴的标志性事业。

随着竞技体育发展水平的提升，竞技比赛中的胜负往往取决于毫厘之间。这毫厘之间的差距仅凭借运动员天赋或教练员经验已难以实现突破。基于此背景下，科学化的训练理论、计算机技术、新材料技术、技战术分析技术、运动员竞技状态监控和诊断技术等体育科技成果的支撑显得尤为重要。体育产业作为21世纪的"朝阳产业"，对带动国民经济和其他体育领域发展具有重要作用。因此，体育产业更是需要通过高新技术研发来抢占生产技术的制高点，从而生产高端体育科研仪器、运动训练器材及各类体育用品，实现由加工制造大国向高新科技研发强国转变。

总之，体育科技创新能力逐步成为提升国家体育发展竞争力的核心要素。建设体育强国必须以体育科技创新作为发展驱动力，只有掌握核心的体育科学研究成果和技术创新成果，才能在体育产业发展中赢得竞争优势，成为体育强国的领头羊。就此，提升国家体育科技创新能力是我国体育强国建设的必由之路。

1.1.1.3 新时期竞技体育发展对科技创新的迫切需要

在现代奥林匹克运动发展初期，决定竞技体育竞技实力的因素主要是运动员的运动天赋、教练员的训练经验、运动训练条件等物质要素。例如，我国在"举国体制"政策方针的支持下，投入大量人力、物力和财力，汇集国内各运动项目优质体育资源集中发展竞技体育，使我国竞技体育的发展取得了长足的进步。

进入21世纪，科学技术的迅猛发展使人类社会的生活和生产方式发生了极大的转变，对人类社会产生了深远影响。科技已渗透人类社会生活的方方面面。竞技体育作为一种社会现象，同样也脱离不了科技对其发展的影响。新时期，竞技体育已不再仅仅凭借教练员的训练经验和运动员的运动天赋来取胜，而是更多地需要在诸如运动生理学家、运动心理学家、运动生物力学家、运动营养学家、运动康复学家、信息技术学家、计算机科学家、材料学家等多学科领域的专家共同研究努力下，依靠科技创新的力量朝向更加科学化、规范化、高效化方向发展。例如，光电测距仪和精准度达0.001秒的电子计时器使得比赛计时更为精准，竞赛更为公平公正；现代生物技术的发展实现了竞技体育的基因选材，极大地提升了运动选材的准确性；纳米技术和碳纤维复合材料技术对体育器材的改进使运动员的运动成绩和技术水平不断提高；各类符合运动生物力学原理的训练器材和设备在运动训练实践中的运用，极大地改善了运动训练的效果；等等。体育科技在竞技体育选材、训练、比赛和管理工作中的广泛应用，已成为竞技体育发展不可或缺的第一推动力。从某种程度上讲，现代各国竞技体育的竞争已逐步演化为体育科技的竞争。谁走在体育科技发展的前列，谁掌握最新的体育科技成果，谁就能成为竞技体育的强者。因此，新时期竞技体育的可持续发展对体育科技创新提出了迫切需求。

1.1.2　问题提出

本书基于系统科学理论及社会网络分析等相关理论与方法，对我国体育科技与竞技体育之间的相互关系展开系统性的理论剖析。在此基础上，本书采用定性与定量相结合的研究方法，深入分析我国体育科技进步过程中体育科学研究的特性以及体育专利技术研发的特征，同时针对我国体育科技与竞技体育融合发展进程中体育科技攻关与服务的特性进行探讨。最终，本书在对我国体育科技进步进行持续跟踪观测的基础上，探究体育科技对竞技体育发展的推动作用，以期为体育科技与竞技体育的可持续发展提供有益参考。

然而，要想提升我国体育科技创新能力，充分发挥体育科技对竞技体育发展的支撑作用，我们还需要明确以下问题：我国体育科技进步呈现怎样的特征及存在怎样的问题；体育科技与竞技体育存在怎样的相互关系；有哪些体育科技创新要素或方面对竞技体育发展产生重要作用。解决这些问题，可以使我们在明确两者关系的基础上，找准优势、理清短板，更好地实现体育科技与竞技体育的融合可持续发展。

1.2　研究的目的与意义

1.2.1　研究目的

体育科学技术作为第一生产力，是推动竞技体育可持续发展的核心力量。体育科技与竞技体育构成了一个既相互制约又协同共生的复杂系统。在这一系统中，体育科技在保障系统稳定与可持续发展方面发挥着主导作用。我国在建设竞技体育强国的改革进程中，必须持续借助和依托体育科技，深化对体育科技与竞技体育之间相互关系及融合发展机制规律的理性认知。同时，我国应充分利用体育科学研究与开发成果，深入解析体育科技进步与竞技体育实践之间的复杂互动关系及作用机制，致力于实现两者的有序协调与和谐共生，从而最终达成体育科技与竞技体育的良性融合与可持续发展。

1.2.2　研究意义

1.2.2.1　丰富体育科技与竞技体育融合发展的理论研究

本书利用系统科学理论分析方法，对体育科技与竞技体育的协同进化规律、动力机制等进行系统的理论阐释，从而丰富和完善对体育科技与竞技体育融合发展的理论研究。

1.2.2.2　为我国体育科技改革发展提供相应依据

本书利用体育科技进步追踪观测分析法、社会网络分析法、专利计量分析法等研究方法，对我国体育科技进步特征进行实证分析，在实证分析的基础上对存在的问题及缘由提出合理的决策与建议，为我国体育科技创新发展提供相应依据。

1.2.2.3　为促进我国体育科技与竞技体育的融合发展提供相应依据

本书通过对我国体育科技进步和竞技体育发展进行跟踪观测，探索研究体育科技进步对竞技体育发展的促进效应，从而为促进我国体育科技与竞技体育的融合发展提供相应依据。

1.3　文献综述

1.3.1　体育科技创新的相关研究

1.3.1.1　体育科技创新发展现状的研究

我国体育科技随我国体育事业的发展稳步推进，经历了从无到有，从受挫到复兴，从改革到辉煌的不同发展历程。虞重干等[①]在对上海体育科技工作现状进行调查研究的基础上，利用"科学技术是第一生产力"相关理论，从体育科技人才培养、体育科技投入渠道、体育科技创新运行机制以及体育科技合作交流等方面，提出了上海市落实"科教兴体"战略的具体对策。许红峰等人[②]对1949—1966年我国体育科技发展历程进行系统

---

① 虞重干，卢建功，郭维源，等. 上海市体育科技发展现状及"科技兴体"战略对策［J］. 上海体育学院学报，1994（3）：13-17.

② 许红峰，陈作松，黄汉升，等. 建国初期我国体育科技发展的历史回眸［J］. 中国体育科技，2000，36（10）：3-7.

回顾，认为随着我国体育管理机构、体育科教人才培养机制、体育科技研究机构、体育科技期刊的建立和健全，我国体育科技发展已初具规模。陈俊钦等人①对我国体育科技发展历程进行回顾与分析，认为我国体育科技的发展与政治、经济、科教发展紧密相连。体育科技工作在改革开放后迅速、稳步发展，并取得了丰硕成果，这对我国体育事业可持续发展起到重要作用。同时，他们指出在体育科技领域我国与体育强国存在的差距，对21世纪我国体育科技的发展提出了相应的发展对策。张忠秋等人②对我国体育科技创新发展现状进行调查。他们发现我国竞技体育在训练和比赛中的科学技术含量显著提高，并在体育科技创新体系中形成了坚实的研究基础与条件储备，但总体水平与国际先进水平还有较大差距；同时在阐述中国体育科技"863计划"主要攻关领域和政策措施的基础上，对体育科技创新发展的组织管理工作提出相应建议。陈俊钦等人③在体育科技全球化的背景下，对我国未来体育科技发展的战略方向和工作重心进行分析。他们认为为迎接科技全球化的挑战，我国体育科技工作需要根据国情准确定位、加强国际体育科技合作交流、深化体育科技体制改革、合理整合体育科技资源、瞄准国际高新技术在体育中的应用研究、完善体育科技人才培养机制。何培森和丛湖平④在对我国体育科技成果、创新体制改革、科技服务、激励政策及科技资源等方面进行总结的基础上，认为我国体育科技服务应围绕全民健身计划和奥运争光技术展开、完善处理个人创造与组织

---

① 陈俊钦，黄汉升，许红峰，等. 新中国体育科技50年回顾与前瞻［J］. 体育科学，2000，20（5）：3-7.

② 张忠秋，刘文，王智，等. 对我国体育科技创新发展现状与发展对策的研究［J］. 山东体育学院学报，2002，18（2）：3-10.

③ 陈俊钦，黄汉升，朱昌义，等. 科技全球化背景下我国体育科技发展战略研究［J］. 天津体育学院学报，2003（1）：70-72.

④ 何培森，丛湖平. 我国体育科技发展问题研究综述［J］. 中国体育科技，2005（4）：21-24，43.

创造矛盾的激励机制、加强创新资源整合体系研究等。董渝华和刘昕①通过文献资料和调查法等研究方法，从体育科技人员、体育科技保障政策、体育科技成果等方面对北京体育科技的发展现状进行综述，并以此提出相应的发展策略。田野②对我国体育科技工作自改革开放以来所取得的成绩进行了总结，获得了一批有特色的关于群众体育和竞技体育研究的高水平研究成果。刘洪涛和史康成③运用文献资料法对我国体育科技政策变迁进行研究，认为我国体育科技政策经历了开创基业、遭遇挫折、恢复发展、深化改革、创造辉煌、迈向强国6个阶段，影响我国体育科技政策变迁的因素包括外在环境、政策制度、政策属性和政策网络，并总结我国体育科技创新政策变迁的规律。刘洪涛和龚志刚④对我国体育科技政策的发展过程进行梳理，并从政策学角度对我国体育科技政策的要素、变迁类型进行系统分析，以此对我国体育科技政策的未来发展方向进行预测。

1.3.1.2 体育科技成果转化的研究

体育科技成果转化作为体育科技创新的重要环节，对促进和推动我国体育事业可持续发展具有举足轻重的作用。促进我国体育科技成果高效转化关乎体育事业、体育产业乃至国民社会经济的发展速度和质量，也是我国体育科技创新研究领域的热点问题之一。

20世纪末，国内学者开始对体育科技成果转化展开系统研究。阎世铎⑤认为要建立研究成果转化机制，以加大体育社会科学研究的宣传；并

① 董渝华，刘昕. 首都体育科技发展的现状研究［J］. 北京体育大学学报，2009，32（4）：4-7.

② 田野. 对我国体育科技工作若干问题的思考［J］. 体育科学，2009（2）：3-7.

③ 刘洪涛，史康成. 新中国体育科技政策的变迁规律［J］. 北京体育大学学报，2013，36（7）：12-16，21.

④ 刘洪涛，龚志刚. 我国体育科技政策变迁及未来走向［J］. 成都体育学院学报，2014，40（3）：1-5.

⑤ 阎世铎. 我国体育社会科学研究的回顾与展望［J］. 体育科学，1997（6）：4-7.

认为成果转化渠道不畅、机制不健全，是阻碍研究成果转化为生产力、造成资源浪费、降低理论工作者积极性的一个重要原因，这也是一个全局性、普遍性的问题。金赤[1]基于"知识经济"的时代背景，探讨体育科技成果转化的现状和问题，并提出适合"知识经济"发展的转化路径。张争鸣[2]、贾爱萍[3]认为科学技术转化为竞技能力的过程是一种有组织的群体行为，并且提出了简要量化分析模型。程与峰和张燕[4]认为我国体育学院科研工作的根本目的和最终归宿是科技成果的推广与应用。柳伯力[5]认为教练员若想在运动训练中依靠科学技术，一方面要与科技人员联合攻关，另一方面也要加强自身的科学文化素质，向科研型转化。只有这样，才能真正实现运动训练科学化。王焕福和张立[6]提出体育科技应用于实践需要多角色（如体育科学研究、体育技术发明和创新）综合努力、相互作用。罗书勤和罗加冰[7]提出了可以采用模糊数学模型对体育科研成果进行评价。纪广义[8]认为对体育科技成果的测量和评估需遵循客观性、公平性和综合性的原则，评估标准应具有目标性、思想性、理论性、学术性和先进

① 金赤. 知识经济形势下的体育科技成果转化的分析研究［J］. 武汉体育学院学报，1998（4）：18-21.

② 张争鸣. 科学技术转化为竞技能力的机制与模型研究［J］. 贵州体育科技，1993（2）：4-12.

③ 贾爱萍. 论科学技术转化为运动训练过程［J］. 哈尔滨体育学院学报，1998，16（3）：17-19.

④ 程与峰，张燕. 浅谈体育学院科研成果的推广应用［J］. 哈尔滨体育学院学报，1994（3）：13-14.

⑤ 柳伯力. 略论我国体育科学研究现状［J］. 贵州体育科技，1992（4）：1-4.

⑥ 王焕福，张立. 体育科技的内涵及其服务于实践的途径［J］. 体育科学，1992（6）：13-16，93.

⑦ 罗书勤，罗如冰. 体育科研成果评价的数学模型［J］. 体育学刊，1996（3）：93-95.

⑧ 纪广义. 体育科学研究成果评估试探［J］. 体育科学，1998（2）：27-28.

性等。

　　进入21世纪，上海体育学院司虎克教授对体育科技成果转化进行全面、深入、系统的理论与实证研究。司虎克和何志林①将体育科技成果转化过程作为一个系统来看，运用系统学理论分析了体育科技成果转化系统的结构、性质和功能。他们认为体育科技成果转化系统具有客观性、整体性、目的性、自组织性和层次性等性质，并提出影响体育科技成果向竞技体育实践转化的外部环境因素有体育体制模式、教育环境、国家环境、经济发展状况等。司虎克②从理论角度对体育科技成果转化的规律和特征进行系统论述，在阐明体育科技成果转化含义的基础上将体育科技成果转化过程的规律总结为矛盾生成律、价值需要律、层次转化律及整体转化律，并认为该过程具有多样性和综合性、继承性和创新性、渐进性和阶段性、非物化性四个主要特征。司虎克和何志林③还对体育科技成果转化实现过程的主体和动力进行系统论述，认为体育院校、科研院所、体育管理部门及运动队是实现体育科技成果转化和应用的主体，并提出转化动力主要来自体育管理部门的推动力、体育院校和科研院所的创新驱动力及运动队的需求引力三方面。司虎克和何志林④从时间、空间和强度三方面，对我国体育科技成果在竞技体育实践中的转化与应用进行分析，认为体育科技成果在转化过程中具有空间随机不均匀性、周期时间长短差异性、转化强度前期的单一性与后期的综合性等特点。在此基础上他们提出，1984—1997年我国体育科技成果转化主要集中在应用研究和科技攻关服务上，基础研

　　①　司虎克，何志林. 体育科技成果转化系统的分析［J］. 上海体育学院学报，2002（1）：12.

　　②　司虎克. 论体育科技成果转化的规律和特征［J］. 体育科学，2003（3）：52-57.

　　③　司虎克，何志林. 论体育科技成果转化的实现［J］. 上海体育学院学报，2003（3）：1-6.

　　④　司虎克，何志林. 体育科技成果转化空间、时间与强度分析［J］. 体育科学，2004，24（12）：23-27.

究和开发研究尤为薄弱；体育科技成果转化存在极大的不确定性和非均衡性；想要促进竞技体育的发展必须依托多学科的介入，并应加强对软科学的研究。司虎克和聂丽芳①将我国体育科技成果在竞技体育领域转化机制概括为目标、激励、动力和信息保障等方面的机制。司虎克等人②对体育科技成果向竞技体育实践转化中的信息作用、信息运行机制及保障机制等进行了理论分析，并在阐述体育科技成果转化实现过程中的信息保障组织和管理等问题的基础上，提出了相应的构建途径和具体组织实施的建议，以及信息保障的构建途径、系统与组织实施。司虎克等人③分析了我国一、二线教练员及科研人员对当前的体育管理体制促进科技成果转化的认识，认为现行的体育管理体制对体育科技成果转化的影响主要体现在对转化系统结构、运行机制及方式产生影响，并以此建议充分协调科研与训练之间的关系，发挥体育管理部门的职能作用。

此外，陈洪④对竞技体育、体育产业、群众体育等领域的体育科技成果转化路径进行分析，并将转化路径分为政府主导的公共服务路径、企业主导的产业化路径、非营利组织主导的社会化路径和产学研一体化路径。王大贵⑤认为政府、研究院所、高校和企业应加强合作，并以企业为主体实行产学研一体化的成果转化运行机制。

---

① 司虎克，聂丽芳. 体育科技成果向竞技体育转化的运行机制研究［J］. 体育科研，2005（2）：10-15.

② 司虎克，蔡梨，王兴，等. 体育科技成果转化的信息保障机制研究［J］. 体育科学，2007（4）：15-21.

③ 司虎克，蔡犁，王兴，等. 我国现行体育管理体制对科技成果转化的影响［J］. 上海体育学院学报，2007（4）：12-17.

④ 陈洪. 我国体育科技成果转化的领域、路径与保障机制［J］. 科技管理研究，2013（13）：150-153.

⑤ 王大贵. 我国体育科技成果转化运作机制探析［J］. 广州体育学院学报，2014（3）：4-6.

1.3.2　体育科技与竞技体育相互关系的研究

从人类社会的发展历史来看，每次进步都离不开科技的支撑。人类已经历了三次科技革命：18世纪30年代以蒸汽机的发明与应用为标志的第一次科技革命、19世纪30年代以电力和内燃机的发明与应用为标志的第二次科技革命，以及20世纪40年代以计算机信息技术和原子能等涌现为标志的第三次科技革命。每次科技革命都使社会生产力得到极大的提高，人们的生活方式和水平也随之发生巨大转变。[①]可以说，科学技术的发展影响着人类社会发展的方方面面。竞技体育作为人类生活的重要方式之一，其发展与科技的进步同样相伴而行。第一次科技革命使古老的奥林匹克竞技项目重新复活，使现代竞技项目特别是球类竞技项目在美国和英国得以发展；第二次科技革命推动了现代竞技项目的发展，同时为机械性运动项目的产生与发展奠定了基础；第三次科技革命使极限竞技项目和电子竞技项目得以产生和发展，同时为机械性竞技项目提供了技术和物质上的基础。

如今的现代奥林匹克运动处处都渗透着科技的影子，成为最新科技成果的展示平台。无论是赛事的组织管理、竞赛场馆的设计、竞赛器材装备的革新，还是运动员的衣食住行、安全保障及各类违禁药品的检测等，都与现代科技息息相关。表1-3-1中列出了1912—2000年奥运会的重要科技事件，可以说奥林匹克运动与体育科技相伴而发展。刘晓君和彭凤焱[②]将奥林匹克运动与体育科技融合发展的历程分为科技匮乏期、科技辅助期、科技支持期和科技依赖期。

---

① 刘志民，丁海勇. 两次科技革命与竞技体育运动的发展［J］. 上海体育学院学报，2000（2）：30-34.

② 刘晓君，彭凤焱. 奥林匹克运动科技化进程追溯［J］. 科技导报，2012，30（21）：81.

表1-3-1   1912—2000年历届奥运会的重要体育科技事件

时间	奥运会	重要体育科技事件
1912 年	第 5 届斯德哥尔摩奥运会	首次将电动计时器和终点摄影机应用到短跑比赛中,将竞赛成绩精确到 0.1 秒
1920 年	第 7 届安特卫普奥运会	首次使用 400 米标准跑道,并兴建容纳 3 万人的体育场馆
1928 年	第 9 届阿姆斯特丹奥运会	首次将在奥林匹亚用聚光镜聚集阳光取来的火种,点燃会场高塔的主火炬,并在会期一直熊熊燃烧
1932 年	第 10 届洛杉矶奥运会	首次使用专用的游泳比赛场馆;首次为男运动员修建舒适的宿舍,奥运村的雏形初现
1936 年	第 11 届柏林奥运会	首次通过电视转播的方式对外直播奥运会比赛盛况,开创奥运会电视转播的先河
1948 年	第 14 届伦敦奥运会	首次使用电子手枪和起跑器,首次在终点使用影像设备
1956 年	第 16 届墨尔本奥运会	首次利用飞机将奥运会圣火传递到墨尔本,总里程达 2 万多公里
1960 年	第 17 届罗马奥运会	首次实现跨洲的电视实况转播;科学技术"双刃剑"特征的负面效应开始显现,丹麦自行车运动员马克·詹森,服用兴奋剂后在比赛中猝死
1964 年	第 18 届东京奥运会	首次采用卫星转播奥运会,利用美国发射的"新科姆"通信卫星,向世界各地转播了奥运会比赛的实况,促进了奥林匹克运动在全球范围内的传播
1968 年	第 19 届墨西哥城奥运会	首次使用彩色电视技术向全世界转播奥运实况;首次利用更为先进的电子计时,使短跑成绩计量精准到 0.01 秒,男子 100 米决赛中美国选手吉姆·海因以 9.95 秒首次突破 10 秒大关;首次对运动员进行性别和兴奋剂检测;首次采用塑胶田径跑道;美国选手迪·福斯贝里首次在跳高赛中采用"背越式"跳高技术,并以 2.24 米的成绩夺冠,他所采用的过杆姿势是一次技术上的革命,对促进跳高成绩的提高起了积极推动作用
1972 年	第 20 届慕尼黑奥运会	首次采用光电测距仪和精准度达 0.001 秒的电子计时器,使得计时更为精准,竞赛更为公平公正;高速摄影技术、激光技术、计算机等高新技术在本次奥运会中得到充分发挥,因此,人们称此届奥运会为"Hi-tech Olympics"
1976 年	第 21 届蒙特利尔奥运会	首次实现卫星传递圣火,将取自奥林匹克的圣火转化为电子包裹,并通过卫星将圣火信号传递到加拿大地面接收器,再将圣火信号转化为激光,并利用激光枪最终点燃奥运会主火炬

续表

时间	奥运会	重要体育科技事件
1992 年	第 25 届巴塞罗那奥运会	首次利用计算机网络将原本分散在各项目的电子计时器、光电测距仪和自动计分设备联系在一起，形成"全能运动操作系统"
2000 年	第 27 届悉尼奥运会	首次形成奥运信息检索系统、竞赛结果系统和奥运管理系统三套信息技术系统；此外，新材料技术极大地改善了运动员的比赛装备，如鲨鱼皮泳衣的出现；环保技术和新能源技术也首次在奥运会中体现，绿色环保奥运理念形成

陈融①将体育科技与运动训练的动力机制分为需求动力和供给动力，认为要建立科研机构与训练单位之间的供求关系，从而使得科技供给有效刺激训练对科技的需求，这种需求会进一步增大供给。司虎克等人②③④认为体育科技进步是推动我国竞技体育水平发展的主要动力，而政府体育行政部门、竞技体育运动队、体育院校和科研机构对体育科技的需要与创新能力是竞技体育科技进步的主要动力机制表现，并根据我国体育事业经费投入、体育人力资源投入及竞技体育产出等方面数据，测算出1991—1996年和2001—2008年两个阶段中我国体育科技进步对竞技体育发展的贡献率分别为21.74%和47.60%，其中，体育科技创新程度是当时制约我国体育科技进步和竞技体育发展的重要因素。陈俊钦和黄汉升⑤对我国体育科技曲

① 陈融. 体育科技与运动训练相结合的动力机制初探［J］. 体育科学，1993（3）：35，38.

② 司虎克，蔡犁，陈培基，等. 我国竞技体育发展与科技进步关系的研究［J］. 体育科学，1999，19（4）：37-40，44.

③ 司虎克，蔡犁，许以诚，等. 对促进我国竞技体育发展的动力机制与作用的理论思考［J］. 上海体育学院学报，1997（4）：24-29.

④ 董海军，王兴，司虎克，等. 科技强体进程中体育科技进步的贡献及其影响因素［J］. 上海体育学院学报，2013，37（4）：16-19.

⑤ 陈俊钦，黄汉升，许红峰，等. 新中国体育科技50年回顾与前瞻［J］. 体育科学，2000，20（5）：3-7，18.

折发展历程进行回顾，认为我国体育科技对体育事业的腾飞起到至关重要的作用。陈新键等人①②③④⑤结合具体的实例分析了体育科技在竞技体育中的应用，并阐述了体育科技对竞技体育发展的促进作用，同时结合兴奋剂滥用和性别作弊等事例分析了体育科技对竞技体育发展的负面作用。

1.3.3　国外相关研究

国外文献中对体育科技与竞技体育融合相关的研究较少，多数文献集中在相关体育领域科技产品技术创新的阐述介绍及应用情况等方面。如Tony Luczak等人⑥通过对美国113名力量训练教练和运动员训练中应用可穿戴辅助训练设备的现状进行访谈调查（主要涉及运动员选材、运动损伤的预防、训练绩效量化监测等方面），提出现有技术与所需技术的差距。Kijin Kim⑦探讨了体育科学在促进健康和提高运动成绩方面的作用和前景；提出体育科学在未来的发展中需要与更加多样化的学科领域相联系、相协调，需要利用现代信息技术进行多种形式的交流；并强调体育科学与

---

① 陈新键. 科技与体育共生效应的研究［J］. 西安体育学院学报，2003，20（4）：99-114.

② 董杰. 科技进步与当代体育的发展［J］. 体育与科学，2002（3）：3-5.

③ 李元伟. 科技与体育——关于新世纪体育科学技术发展问题［J］. 中国体育科技，2002（6）：3-8，19.

④ 周威，熊国庆. 现代科技对中国体育的影响［J］. 体育学刊，2002（2）：16-18.

⑤ 阿英嘎，王宇. 科技进步对竞技体育影响的辩证观［J］. 体育文化导刊，2006（9）：23-25.

⑥ Luczak T，Burch R，Lewis E，et al. State-of-the-art review of athletic wearable technology：what 113 strength and conditioning coaches and athletic trainers from the USA said about technology in sports［J］. International journal of sports science and coaching，2020，15（1）：26-40.

⑦ Kim K. Role and perspective of sport science in health promotion and elite sport［J］. The Asian Journal of Kinesiology，2019，2：31-39.

体育文化的积极联系。Terry J. Ellapen和Yvonne Poul①探讨了体育、工程、医学、材料科学等多学科交叉研究所带来的体育技术创新的利弊，并提出体育科学技术大大推动了流行病学、伤害预防和管理、非传染性疾病管理、体育活动的发展及运动成绩的提高。Richard R. Neptune等人②综述了运动中内在肌肉特性的影响机制，以及如何利用先进技术来提高人类运动能力的极限，认为先进的建模和仿真技术是深入了解人体机能极限、最佳设备设计和可能导致伤害的机制的有力工具。Kris Sangani③介绍了将现代化信息技术与遥感技术融合应用于体育服装中，并提出相应的运动服装的一系列产品设计构思。Sampsa Hyysalo④通过分析体育用品消费者的消费偏好及消费结构变化，并结合日常锻炼习惯和所用设备的变化，得出消费的变革将极大地影响相关体育产业的发展。

1.3.4 小结

归纳起来，国内外众多专家学者通过不同主题的理论与实证研究，从各自视角探索了体育科技与竞技体育融合发展的规律和特点及影响因素，对研究问题所提出的结论与建议不乏新意和独到见解，为我们后续研究提供了有意义的可借鉴之处和启示。当然，我们也认为以往研究成果仍然存在不足之处：一是从整体性、系统性的层面去探索和把握体育科技与竞技体育融合发展方面仍显欠缺；二是研究多从定性的理论角度对体育科

---

① Ellapen T J，Paul Y. Innovative sport technology through cross-disciplinary research：future of sport science［J］. South African journal for research in sport，physical education and recreation，2016，38（3）：51-59.

② Neptune R R，McGowan P C，Fiandt M J. The influence of muscle physiology and advanced technology on sports performance［J］. Annual review of biomedical engineering，2009，11（1）：81-107.

③ Sangani K. Haute-tech couture［J］. Engineering & technology，2008，3（18）：20-26.

④ Hyysalo S. User innovation and everyday practices：micro - innovation in sports industry development［J］. R&D management，2009，39（3）：247-258.

技与竞技体育的关系进行逻辑推理，缺乏定量角度的实证分析；三是缺乏在国际比较层面和视角下的深入系统研究，部分研究主题停留在本国范围之内、立意不高、局限较大，且重复性研究较多，研究方法和手段又较单一。然而，要想提升我国体育科技创新能力，更好地发挥体育科技对竞技体育发展的支撑作用，需要进一步明确以下问题：我国体育科技进步呈现怎样的特征及存在怎样的问题；体育科技与竞技体育发展过程中存在怎样的相互关系；有哪些体育科技创新要素或方面对竞技体育发展产生重要影响。解决这些问题，可以使我们在明确两者关系的基础上，找准优势、理清短板，更好地实现体育科技与竞技体育的融合可持续发展。从现有已掌握的相关文献看，学者尚未对这些问题进行系统全面的探讨研究；而这些问题又是我国体育科技创新发展及其与竞技体育的融合发展进程中不可回避的。如不加以积极探索研究，则可能对提升我国未来竞技体育竞争力及体育科技创新能力产生消极影响，这就形成了我们研究的逻辑起点。

1.4　研究对象与研究方法

1.4.1　研究对象

本书以我国体育科技进步及其对竞技体育的促进效应为研究对象。

1.4.2　研究方法

1.4.2.1　文献资料法

文献资料法作为本书的重要研究方法之一，主要从以下几个方面对相关文献进行搜集和梳理。

（1）以中国知网（CNKI）、万方数据库、Web of Science数据库等电子文献数据库作为文献数据源，对国内外关于竞技体育、科技创新、体育科技创新等方面的期刊文献、书籍、网站信息进行搜集和梳理，从而为本书提供有力的理论支撑和研究思路。

（2）在大量查阅前人关于体育科技与竞技体育创新关系指标研究成果，以及《体育事业统计年鉴》《中国科技统计年鉴》《中国体育年鉴》中关于体育事业和体育科技发展的年鉴数据的基础上筛选出各项指标，为后续的实证分析提供数据支撑。

（3）将上海图书馆、上海师范大学图书馆、上海体育学院图书馆及国家体育总局、统计局、国家知识产权局、德温特专利数据库（DII）、世界知识产权组织（WIPO）等机构的数据库及官方网站作为数据源，广泛搜集本书所需的数据资料，为本书后续进行相应的实证分析提供全面和准确的数据支撑。

1.4.2.2　专家访谈法

为保证本书能够顺利进行，笔者在选题、研究设计、具体实施过程中咨询了国内相关知名专家。在研究前期，笔者针对选题和研究设计过程中的问题对相关专家进行访谈，在征求专家的意见后对本书进行研究方案设计；在具体研究实施过程中，针对研究需求，对上海市部分政府官员和高校体育学专家进行访谈，以了解国家在体育科技与竞技体育协同创新方面的政策、环境及具体发展现状，为本书提供决策建议依据。

1.4.2.3　数理统计法

本书构建了体育科技进步跟踪观测系统数据统计分析模型，并利用数理统计方法对我国体育科技进步与竞技体育发展的轨迹和趋势进行跟踪观测。

1.4.2.4　社会网络分析法

社会网络分析法是研究一组行动者（人、社区、群体、组织、国家等）的关系的研究方法。本书利用社会网络分析法对我国体育科技创新交流进行合作网络分析，并从社会网络角度来计算合作情况的相关指标（如我国体育科技创新对外合作的主导和从属率、合作网络的密度等指标），进而在此基础上分析我国体育科技创新的现状及问题。

1.4.2.5 系统论方法

系统论方法是指用系统的观点来认识和处理问题，即将对象看作系统来认识和处理的方法。系统论方法着重从整体视角去研究系统与系统、系统与要素及系统与外部环境之间的动态关系和普遍联系，以增强人们认识世界、改造世界的能力。本书以系统论方法和视角对体育科技与竞技体育的相互关系及互动发展的动力机制等加以理论分析与总结。

除上述主要研究方法外，本书还广泛采用管理学、文献计量学、信息科学、信息可视化等方法，并将各种研究方法有机结合，从而形成本书特有的研究方法。

1.5 研究的基本思路

1.5.1 研究的理论基础

1.5.1.1 系统科学理论

系统科学的核心思想是关于事物整体性、统一性、相互联系及演化发展的观念。马克思与恩格斯的辩证唯物主义认为，物质世界是由无数相互联系、相互依赖、相互制约、相互作用的事物和过程所形成的统一整体，其所反映的物质世界普遍联系与整体性理论都是系统思想。任何系统都是由相互联系、相互作用、相互依赖、相互制约、相互促进的不同部分组成的有机整体，系统整体所涌现的功能并非各组成部分功能的简单叠加，而是大于各组成部分性能之和，即系统的整体大于部分。同时，系统整体还具有层次性的特征，由低层次到高层次逐步整合与发展，最终形成系统整体的涌现。此外，系统科学认为，任何系统的构成部分都不是孤立存在的，而是相互联系、相互作用的，进而构成不可分割的统一体。系统的发展演变是在系统各组成部分之间相互作用产生的内部动力，以及来自外部环境作用所产生的外部环境动力共同推动下而实现的。①

　　系统科学的理论观点为深入探讨分析体育科技与竞技体育融合发展的过程提供了有力的理论支撑。依据系统科学理论，从竞技体育发展需求的拉动力、体育科技自身创新的推动力，以及包括相关政策规范在内的外部环境支持力三个方面，对竞技体育科技融合发展的动力机制进行分析与总结。

1.5.1.2　社会网络理论

　　网络是事物之间的某种关系。社会网络是行动者之间关系的集合。行动者可以是个人、群体、组织及国家，而这种客观存在的社会关系又是多方面的，表现为各种类型。一个社会网络是由多个节点（行动者）和各个节点之间的连线（行动者之间的关系）组成的集合。②社会网络理论的相关概念及其研究方法提供了一种构建社会结构的理论方式，有助于在人类社会微观层面与宏观层面之间架起桥梁。这种关系论视角已经在经济学、管理学、社会学、心理学等诸多社会科学领域得到了广泛应用。

　　根据社会网络分析理论的思想，社会中的行动者，无论是个体还是组织，甚至是国家，其行为都不是孤立的，而是相互关联的。他们之间所形成的关系桥梁和纽带是各种信息与资源传递的途径与渠道，这种社会网络关系结构就决定着其各自的行动机会及其效果。行动者之间既可能存在直接联系，也可能存在间接连接，而不同的互动关系反映出不同的社会网络性质和内容。社会网络一般表现为非随机的，并呈现出一定的结构与功能，还可能表现为聚类性、分派性、六度分割、核心—边缘结构等网络特征。

　　社会网络分析理论为我们进一步深入思考与强化认识体育科技与竞技体育融合发展提供了新的视角。社会网络是人类社会关系特征的表现形

---

　　① 许国志. 系统科学［M］. 上海：上海科技教育出版社，2000：2-36.

　　② 刘军. 社会网络分析导论［M］. 北京：社会科学文献出版社，2004：94-99.

式，集中体现了社会的结构属性，而这种结构属性既可以是个体或组织（如运动员与教练员、运动队、体育院校、体育科研所等）的微观层面，也可以反映在国际体育组织之间的宏观层面。

在体育科技与竞技体育融合发展的宏观层面关系网络中，我们若将体育科技作为一个节点，那其又包含诸如科技政策、科技行为、科技方法、科技成果转化等许多分支点；若将竞技体育作为一个节点，那其又包含运动员、教练员、管理人员、科技人员等节点；我们若将政府体育部门作为一个节点，同样其也是一个包含各类相关政策制度的网络节点。不同类型、不同层次的节点之间不断进行着各类物质、能量与信息的交流，从而在相互联系、相互作用下共同实现体育科技与竞技体育的融合发展演化。

在体育科技与竞技体育融合发展的微观层面关系网络中，我们可以把竞技体育科技攻关与服务视为一个整体网络，各个科技攻关项目的分支课题、人员、单位视为网络中的节点，不同节点之间同样也不断进行着各类物质、能量和信息的交流、传递与合作，共同呈现出竞技体育科技攻关服务网络的整体特征与功能。通过对网络的密度、凝聚性等指标进行分析，我们可以清晰地量化判断网络的服务效率等；通过对网络中各个节点的中心性进行分析，又可以使我们定量分析科技攻关服务中各科研人员、科研课题，以及科研单位为实现体育科技与竞技体育融合发展所做出的贡献率大小及他们的科技成果转化效果等。

社会网络分析理论可以为探索与解决体育科技与竞技体育融合发展提供一种适用的新视角、新方法，有助于我们把体育科技与竞技体育融合发展过程中所涉及的个体间关系、组织机构间关系与大规模的体育系统结构组合起来。笔者在借鉴国内外不同研究领域已有研究成果的基础上，结合我国体育科技与竞技体育融合的研究实例，积极吸收与消化社会网络分析理论与实践成果，站在社会网络角度上来审视与思考我国体育科技与竞技体育融合问题，从而为本书提供必要的理论基础。

1.5.2　研究内容

（1）综合借鉴系统科学理论和科技创新理论等，对体育科技与竞技体育的协同进化规律和动力机制等相互关系进行系统理论思考与阐释。

（2）采用文献计量法、专利计量分析及社会网络分析等方法，对我国体育科技进步中的体育科学研究特征和体育专利技术研发特征进行实证分析。

（3）对我国竞技体育与体育科技融合发展中的体育科研攻关与科技服务的内容、管理模式、保障机制及攻关课题成果等进行总结分析。

（4）在前人研究的理论和实证研究基础上，构建体育科技进步与竞技体育发展的追踪观测系统，对我国体育科技进步和竞技体育发展进行系统的追踪观测，探索体育科技进步对竞技体育发展的促进效应。

1.5.3　研究重点和难点

1.5.3.1　研究重点

本书的研究重点是从众多前人研究成果中总结体育科技创新的特点，借助系统科学及社会网络等理论基础，从理论层面对我国体育科技与竞技体育相互关系进行理论思考与阐释。在此基础上，本书对目前我国体育科技进步中的体育科学与技术研发特征及竞技体育科技攻关与服务发展特征等进行实证分析，同时对我国体育科技进步进行系统追踪观测，并对竞技体育发展的促进效应进行分析。

1.5.3.2　研究难点

本书的研究难点是在实证研究过程中涉及众多能够反映体育科技进步追踪观测系统的指标，这将为各项指标原始数据的搜集带来一定的困难。此外，在搜集到各项原始数据的基础上，对原始数据进行指标化数据的统计、计算及相关可视化图谱的制作呈现等也是本书的一大难点。

笔者应对以上难点具有一定的优势。在硕士在读期间，笔者就专注于体育与科技融合发展方向的研究，因此，熟悉并了解一些承载体育科技创新成果的数据库，掌握了相关的理论基础，并积累了丰富的数据处理经验，为攻克以上难点奠定一定的前期研究基础。

1.5.4 研究可能的创新点

（1）借鉴系统科学与社会网络分析等理论和方法，对体育科技与竞技体育的协同进化规律和动力机制进行系统的理论构建与阐释。

（2）综合将社会网络分析、专利计量分析、文献计量分析及可视化等方法应用到本书的实证研究当中，使研究更具科学性与创新性。

1.5.5 研究的技术路线图

研究的技术路线图如图1-5-1所示。

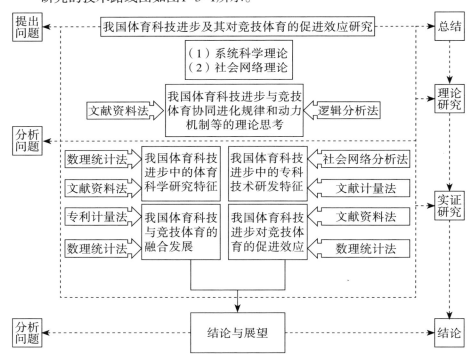

图1-5-1 研究的技术路线图

2　我国体育科技进步
与竞技体育的理论思考

2.1　相关概念辨析

2.1.1　科技、体育科技与体育科技进步

科技即科学技术，是指科学和技术两者的总称；同样，体育科技是体育科学和体育技术两者的总称。[①]

"科学"一词最早起源于中世纪拉丁文中的"scientia"，后来衍生出英文的"science"，本意是指"学问或知识"。《辞海》中将科学定义为"运用范畴、定理、定律等思维形式反映现实世界各种现象的本质和规律的。"[②]《现代汉语词典》将科学定义为"反映自然、社会、思维等的客观规律的分科的知识体系"。《中国大百科全书》中将科学定义为"以范畴、定理、定律形式反映现实世界多种现象的本质和运动规律的知识体系。"[③]马克思认为科学是人们对自然界、人类社会及人自身发展规律的

---

① 王焕福，张立. 体育科技的内涵及其服务于实践的途径［J］. 体育科学，1992（6）：13-16，93.

② 夏征农. 辞海［M］. 上海辞书出版社，2003：746.

③ 中国大百科全书总编辑委员会《哲学》编辑委员会. 中国大百科全书：哲学卷［M］. 北京：中国大百科全书出版社，1987：404.

客观认识，这种客观认识可以进一步来指导人们对自然、社会及人自身的改造。科学史学家丹皮尔认为，科学是关于自然现象的有条理的知识，是阐释自然现象的各种概念之间关系的理性研究。[①]哲学家罗素认为，科学是依靠观测和基于观测的推理，试图发现关于客观世界的特殊事实，并探索事实之间的相互联系规律。[②]宋原放认为，科学是揭示事物发展客观规律的，有关自然、社会及思维的知识体系，包括自然科学、社会科学和思维科学。[③]从以上关于科学的定义可以看出，科学是人们对客观世界事物发展规律的探索，是人类理性的产物。体育科学则是揭示体育领域事物发展客观规律的知识体系，它包括体育的历史价值、体育文化、体育伦理等体育社会科学和体育哲学方向的知识体系，以及运动生理学、运动生物力学、运动医学等体育自然科学方向知识体系。

"技术"在《辞海》中是指"根据生产实践经验和自然科学原理而发展成的各种工艺操作方法和技能，还包括相应的生产工具和其他设备，以及生产的工艺过程或作业程序等。"[④]《现代汉语词典》将技术定义为"人类在认识自然和利用自然的过程中积累起来并在生产劳动中体现出来的经验和知识，也泛指其他方面的技巧。"《文化学辞典》中将技术定义为人类利用对客观事物的认识来控制和改变客观环境的手段及活动，它包括抽象、物化和功能三种形态的技术。[⑤]体育技术是人们利用体育科学知识体系来控制或改变运动训练、竞技比赛、体育科研及管理等环境的手段或活动。体育技术具有广义和狭义之分：狭义的体育技术是指各项目运动技术和战术等；广义的体育技术则除了包含狭义的体育技术内容外，还包

① 丹皮尔. 科学史［M］. 李珩，译. 北京：商务印书馆，1975：309.

② 罗素. 宗教与科学［M］. 徐奕春，林国夫，译. 北京：商务印书馆，1982：631.

③ 宋原放. 简明社会科学词典［M］. 上海：上海辞书出版社，1982：754.

④ 辞海编辑委员会. 辞海：下［M］. 上海：上海辞书出版社，1989：818.

⑤ 覃光广，冯利，陈朴. 文化学辞典［M］. 北京：中央民族学院出版社，1989：7.

括运动训练技术、体育科研技术、体育组织管理技术、运动辅助相关技术等内容。运动训练技术是指在运动训练过程中利用相应的运动训练器材和辅助训练的仪器设备等，来提升训练或比赛中运动员的运动水平的方法和手段，如运动员心率远程监控设备、高速摄像机以及各类体能训练器材等在运动训练过程中的技术运用。体育科研技术是指体育科学研究中利用先进的科研仪器设备或技术来提升体育科研水平的方法和手段。体育组织管理技术是指在体育管理过程中运用先进技术来提升管理水平和效率的方法和手段，如计算机和信息技术在体育管理中的运用。运动辅助技术是指在竞技比赛过程中，通过改善运动器材或仪器设备，来充分挖掘运动员潜能，提升运动成绩的手段和方法，如高新材料对体育运动器材的改善等。

　　科学与技术之间存在千丝万缕的密切关系。一方面，科学对客观事物发展规律的理论认识能够为技术的进步提供坚实的理论指导，从而推动社会生产力的发展；另一方面，现代科学理论研究的发展也同样脱离不了现代技术的支撑，各类科研器材设备及信息化处理工具的创新，更好地为科学研究工作提供技术支撑，从而推动了科学研究的进步。体育科学与体育技术作为科学和技术的下位概念，两者同样是相互联系、相互影响的统一体。体育科学是对客观事物发展规律的认识，它解决的是认识问题；体育技术则是在认识的基础上解决问题的方法和手段。体育科学可以促进体育技术的革新与发展；体育技术则可以直接运用于运动实践，提升运动水平和成绩。

　　技术进步是指在原有各种生产要素组合下生产出比没有技术进步情况下更多的产品，或者说在科技进步影响下利用更少的生产要素产出更多样的产品。①

　　科技进步具有广义和狭义之分：狭义的科技进步是指自然科学和工程技术的进步；广义的科技进步是指科学的发展和技术的变革相互促进、

----

　　①　刘艳清. 技术进步对经济增长的作用［J］. 辽宁教育学院学报，2000（2）：20-21.

相互转化的过程。科技进步主要包括以下五方面内容：①提高技术水平，②改革生产工艺，③提高劳动者素质，④提高管理和决策水平，⑤经济环境的改善。①从另一种意义上说，科技进步是一种存在于一切社会活动中的有目的的发展过程。它不但包括自然科学技术的发展和进步，还包括社会科学技术的发展和进步；不但包括生产技术的变革与进步，还包括管理技术和决策技术的提高与进步；不但包括硬环境的进步，还包括软环境的改善。总之，科技进步是一个系统的、综合的、动态的概念。

而体育科技进步是科技进步在体育领域的表现，同样具有广义和狭义之分：狭义的体育科技进步是指体育领域中的运动方法、技术、手段、器材设备等方面的进步；广义的体育科技进步是指各行业或学科的科技进步在体育领域的应用，只要能够促进我国体育事业的发展，都可称为体育科技进步。例如，生物学、材料科学、仿生学等学科的最新研究成果不断被应用于竞技体育运动训练过程中，从而促进竞技体育发展，这些成果皆为体育科技进步。本书中的体育科技进步主要指狭义的体育科技进步。

2.1.2 竞技体育

国际体育科学与体育教育理事会（ICSPE）将竞技体育定义为"凡是含有游戏属性并与他人进行竞争以及向自然障碍进行挑战的运动。"②1981年，全国体育高校通用教材《体育理论》将竞技体育定义为"最大限度发挥个人或集体的运动能力，争取优异成绩而进行的运动训练和竞赛。"③徐本力认为，竞技体育是在全面发展身体，最大限度地挖掘和发挥人在体力、心理、智力等方面潜力的基础上，以攀登运动技术高峰和创造优异成绩为目的的一种活动过程。④田麦久认为，竞技体育是以体

---

① 孟祥云. 科技进步统计与监测［M］. 北京：中国统计出版社，1999：16-49.

② 今村嘉雄. 新修体育大词典［M］. 东京：不昧堂书店，1986：237.

③ 全国体育学院教材委员会. 体育理论［M］. 人民体育出版社，1987：67-72.

④ 徐本力. 运动训练学［M］. 济南：山东教育出版社，1990：12-19.

育竞赛为主要特征，以创造优异运动成绩并夺取比赛优胜为主要目标的社会体育活动。①

2.2　体育科技与竞技体育的协同进化机制

竞技体育发展历史向我们证明了竞技体育运动与体育科学技术是密不可分的。一方面，竞技体育运动成为体育科技成果应用和转化的重要场所，大量高新技术成果在竞技体育运动实践中的应用和转化，使运动员不断激发人体运动的潜能，不断创造逼近人类生理极限的世界纪录，促进了竞技体育不断向"更快、更高、更远"的方向发展。另一方面，竞技体育并非被动接受体育科技，竞技体育运动的发展需求对体育科技提出更高、更难的要求，这成为主动推动体育技术种群不断前进发展进化的重要动力。从两者的关系来看，体育科技的进化过程和规律与竞技体育项目的发展相互制约、相互作用，呈现出协同进化的关系。

2.2.1　体育技术在竞技体育实践中的应用

2.2.1.1　体育专利技术在体育器材中的应用

体育专利技术在竞技体育训练和比赛中的应用极为广泛，并对运动员成绩的提升起到至关重要的作用。其主要体现在体育器材革新方面，可以说一些竞技运动项目的新纪录一定程度上依赖于对体育运动器材的改进。随着各项目竞技水平的不断发展提升，运动器材对比赛胜负的作用将更为显著。

为保证所有参赛运动员在国际比赛中的公平性，国际奥委会以及国际各单项体育联合会等竞技体育组织会，对各个项目比赛器材规格（重量、大小和设计等）进行相应的规定。例如在早期的规则中，对标枪器材规格

---

①　田麦久.运动训练学［M］.北京：高等教育出版社，2006：23-37.

仅限制重量和长度，而对标枪的外形设计没有规定。因此，一些器材专家依据空气动力学原理对标枪的外形进行重新设计，减少标枪与空气的摩擦，从而提升标枪的飞行距离。1984年，德国标枪运动员霍恩投出104.8米的成绩，甚至可能将标枪投入田径跑道场地上，对运动员和现场观众的人身安全造成威胁。为此，国际田联通过修改标枪的规格来限制飞行距离，将标枪的重心配置前移1厘米，使标枪在飞行过程中更快地下落，从而限制了标枪运动成绩的一味猛增，使标枪的世界纪录定格在104.8米。

撑竿跳高的撑竿材质的发展演变可分为木竿、竹竿、金属竿和玻璃纤维竿4个阶段（如表2-2-1）。撑竿材质的每次革新，都为撑竿跳高世界纪录带来了巨大的突破。撑竿跳高的撑竿最早多用山胡桃木制成。在1896年第1届奥运会上，美国撑竿跳高运动员霍伊特用木竿以3.30米成绩创造世界纪录。进入20世纪，竹竿逐步取代木竿。竹竿拥有质量轻、弹性和韧性大的优点，便于运动员快速助跑。在1908年第4届奥运会中，美国撑竿跳高运动员吉尔伯特以3.71米获得冠军。1912年，美国运动员赖特跳出4.02米成绩，首次突破4米大关。1942年，美国运动员沃梅达以4.77米的成绩创造了"竹竿时代"的世界纪录。20世纪20年代开始出现钢竿，20世纪20年代又出现用瑞典钢和铝合金制作成的金属空心撑竿，并逐步取代竹竿。金属竿更为轻便坚韧，克服了竹竿易折断的缺点，使运动员敢于提高握竿点，提高助跑速度，并加大摆体幅度。1960年，美国运动员布雷格以4.80米的成绩创造出"金属竿时代"的世界纪录。1952年，更为轻便、坚韧、富有弹性的玻璃纤维竿首次在赫尔辛基奥运会上使用，将撑竿跳高带入了新时代。1961年，美国著名运动员戴维斯比赛中以4.83米的成绩创造首个玻璃纤维竿的世界纪录。1964年，美国运动员弗莱德·汉森将撑竿跳高世界纪录提升至5.28米。随后，各国撑竿跳高选手你追我赶，不断刷新世界纪录。2014年法国运动员李纳德·拉维莱涅以6.16米创造了截至2023年室外撑竿跳高最高的世界纪录。撑竿跳高的世界纪录刷新速度远超其他竞技项目。

表2-2-1 撑竿跳高器材材质发展演变

演进阶段	制作材质	世界纪录
木质竿阶段	山胡桃木	3.30 米
竹竿阶段	竹子	4.77 米
金属竿阶段	钢与铝合金	4.80 米
玻璃纤维竿阶段	玻璃纤维	6.16 米

从撑竿跳高的器材演进与世界纪录的发展来看，每次器材技术的革新都为运动成绩带来质的飞跃，对世界纪录的提升起到至关重要的作用。运动员不断突破自我、挑战生理极限、追求更高成绩的需要，又反向推动了体育器材技术的不断研发创新与革新。体育专利技术与项目运动成绩相互影响，呈现出协同进化的发展关系。

2.2.1.2 体育非专利技术在竞技体育训练和比赛中的应用

随着世界竞技体育的不断发展，各项竞技运动的竞赛水平越来越向人类生理极限逼近，仅凭借天赋和刻苦训练来培养世界冠军的时代已不复返，只有依靠高新技术成果在训练方法上下功夫，才可获得成功。[1]

在竞技体育运动中，大量运用的是一些不能申请专利的公有技术，即非体育专利技术，主要包括关键性技术动作、成套技术动作、比赛战术、运动训练管理、运动员选材、运动创伤的预防与康复、运动疲劳的恢复、运动营养、运动测试统计、运动康复治疗、体育项目发明、反不正当竞争、竞赛规则、竞赛编排、体育项目发明等。[2]这些体育非专利技术综合涉猎多个学科，交织融合形成一个庞大的多学科系统工程。现代体育科学技术发展呈现出既高度综合又高度分化的总趋势。电子通信技术在运动训练实践中应用，使训练负荷、体能恢复等得到科学监控；计算机仿真和

---

[1] 赵宗跃，韩雪. 百年科技对现代奥运会发展的张力［J］. 天津体育学院学报，2004（4）：18-20.

[2] 张厚福，张东波，王文初，等. 体育非专利技术的法律保护［J］. 武汉体育学院学报，2005（5）：6-10.

数学模型构建技术被广泛应用于技战术分析、诊断、改进与训练当中，等等。

2.2.1.3　竞技体育推动体育科技的进步

"更快、更高、更强、更团结"的奥林匹克格言激励着每一位运动员不断超越自我，挑战人类生理极限。竞技体育运动作为人类社会的一项重要实践活动，拥有其自身的科学内涵和特殊规律，仅竞技体育的训练过程就包括了运动员科学选材、系统训练安排、技术诊断、体能恢复、身体机能评定、医务监督等多个环节。竞技体育训练进入了科学化、理性化的时代。随着各项目竞技水平的不断提升，提高运动成绩并在国际大赛中夺取冠军或创造世界纪录的难度越来越大。据俄罗斯学者统计研究表明，"提高运动成绩"这一现象涉及150多项因素，包括体能、技术、战术、心理、智能、机能以及众多社会因素，对该现象的研究囊括解剖学、生理学、医学、生物力学、生物化学、心理学、管理学、教育学、遗传学、经济学、组织学等几十门学科的内容。[①]

奥运会、世界杯以及各单项世锦赛等国际大赛，为体育科技成果的应用与转化提供了绝佳的"科技试验场地"，同时也成为世界各国进行体育科技成果交流的平台，使比赛中运用的新体育技术成果和科技知识得到快速传播，促进体育科技的不断发展进步。

2.2.2　竞技体育竞赛规则对体育技术发展的调节机制

竞技体育比赛中的竞赛规则是运动员参加竞赛活动基本的准则与法则，它规定和约束着竞赛的方法与条件，制约参赛各方在比赛中的行为，以保证竞赛条件和方法的同一性及成绩测取和评定的准确性和统一性，是所有参赛运动员必须遵守的基本法则。[②]竞赛规则是竞技体育项目发展的

---

① 杜利军. 奥林匹克运动与现代科学技术［J］. 中国体育科技，2001（3）：5-8.

② 刘建，宋爱玲. 竞赛规则发展变化的阶段划分和特征研究［J］. 成都体育学院学报，2007（4）：55-58.

客观需要，并随项目的普及发展而逐步形成、规范和完善。每个项目的竞赛规则都不是一成不变的，而是随项目的发展而变化，在变化中逐步完善的。在竞技体育项目发展中，当出现参赛各方利益冲突不断增加，或技术规范和比赛行为准则方面矛盾日益明显，或参赛各方竞技水平极为悬殊而影响比赛观赏性等情形时，竞赛规则会作出相应的补充和修改。竞赛规则的变动与体育科技发展呈现相互制约和作用的关系。当竞赛规则变动时，为适应新规则，体育技术的发展必然会发生变化，如体育专利技术种群数量的波动；而当体育科技的发展违背竞技体育项目发展的宗旨目的，或影响项目正常发展时，竞赛规则可以对体育科技进行一定的制约和调节。

2.2.2.1　竞赛规则演变带动体育专利技术种群数量的波动

专利技术种群是指在某一技术领域中，所有专利技术个体的总和，[①]通常可以按照学科领域、国际专利分类标准以及某些专利数据库的特有标准等进行划分。在竞技体育中，竞赛规则的变动会影响体育专利技术研发方向，对体育专利技术种群的数量产生一定的波动影响。

乒乓球项目的发展与乒乓球器材的研发革新有密切的关联。乒乓球项目器材主要由球台、球拍及覆盖物、球和球网等组成。虽然球网的高度、球的大小和球台的材料及面积都对乒乓球项目的发展产生过较大的影响，但相比之下，乒乓球拍及覆盖物的革新对现代乒乓球项目技战术的发展起到更为重要的作用。

本书借助德温特专利数据库，以国际专利分类系统中的小类作为专利技术种群的划分标准，对1985—2018年收录的乒乓球拍专利技术种群的数量变化数据进行整理统计，绘制出图2-2-1。从图2-2-1中可以看出，1985—2018年乒乓球拍的专利技术种群数量呈现出波浪式增长的轨迹。在此期间，国际乒联分别在1993年、1994年、1998年、2000年、2007年和

---

① 黄鲁成，李江. 基于生态学的体育专利技术与奥运会竞赛项目协同进化规律研究［J］. 科技管理研究，2010（24）：211-215.

2011年对乒乓球拍的竞赛规则进行了重要的修改，见表2-2-2。将乒乓球拍专利技术种群数量的演变数据与国际乒联对竞赛规则的重大修改的时间节点结合来看，我们可以发现，在新的规则要求出台前后往往会引起专利技术种群数量的大幅波动，竞赛规则的变动对专利技术种群的死亡率和出生率会产生影响。被新规则约束的现有技术种群的出生率逐步降低，而针对新规则的替代专利技术种群数量出生率迅速增高，从而使技术种群数量呈现出波浪式上升轨迹。

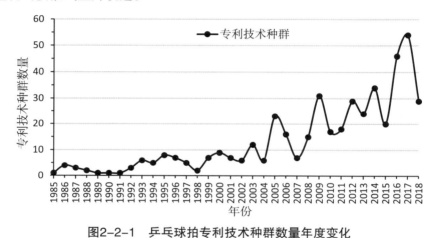

图2-2-1　乒乓球拍专利技术种群数量年度变化

表2-2-2　国际乒联对乒乓球拍竞赛规则的改革演化过程

年份	国际乒联对乒乓球拍竞赛规则的改革变动
1993年	禁止使用利用海绵胶膨胀来加快击球速度的"快干胶水"；球拍底板必须为全木质材料，不能使用附加诸如碳素等材料制成的底板
1994年	球拍底板厚度要求包含85%的天然木质材料，加强型底板黏合层允许采用例如压缩纸、碳纤维及玻璃纤维等纤维材料，同时各黏合层的厚度不许超过底板的0.35毫米或7.5%
1998年	国际乒联出台球拍覆盖物标准表，对"长胶"做出如下规定：颗粒粒高与颗粒直径之比大于0.9；正胶胶粒的粒高与胶粒直径之比由1:3改为1:1
2000年	规定"长胶"的颗粒胶颗粒的直径与粒高之比不小于10:11
2007年	禁止采用含具有挥发性的有机胶水作为黏合剂
2011年	球拍的覆盖物不许采用任何物理和化学等方式的处理

2.2.2.2 竞赛规则演变影响体育非专利技术发展

竞技体育竞赛规则的变动除影响体育专利技术种群波动外，还将对项目的技术、战术及运动员选材等体育非专利技术产生一定的制约和影响。

自1993年以来，国际乒联对竞赛规则作了四方面的重要修改：①比赛用球直径由38毫米增至40毫米；②单局分由原先的21分制改成11分制；③不能借助身体进行遮挡发球；④对乒乓球拍的底板材质及覆盖物等一系列的规则修改。这些方面的规则修改对乒乓球项目的运动员选材、技战术和心理素质等产生了重要的影响。小球改为大球必然致使球的旋转和速度下降，使回击球的难度下降，比赛回合增加，运动员跑动频率增加，同时打出的球"杀伤力"也会降低。这种改变对运动员的爆发力、身高和臂长提出更高的要求。每局分制改为11分制后，每局赛程减半，运动员如果在前7分左右落后较多，则扳回比分的机会渺茫。这要求运动员在比赛中加快进入兴奋状态的速度，并在短赛程中发挥最佳竞技水平。此外，每场比赛由5局3胜改为7局4胜，局点也相应增加，使运动员取得关键分的可能性增加，这要求运动员具有更好的心理素质。[①]

2.2.3 体育科技与竞技体育的协同进化机制的实现形式

体育科技与竞技体育发展的协同进化机制如图2-2-2所示。根据各项目运动队或运动员提高竞技水平和运动成绩的需要，体育科研院所、高校以及部分企业对已有体育技术进行新的应用或研发新技术，将体育器材等专利技术成果和体育非专利技术成果在运动队运动训练实践中加以应用和转化，从而提升运动队的运动成绩。然而，新科技可以在体育器材、组织管理和运动训练等诸多方面引起技术或观念上的革新。这种革新在促进竞

---

① 曾庆国. 乒乓球规则的新变化对乒乓球运动员选材标准的影响［J］. 河北体育学院学报，2002，16（2）：28.

技体育训练科学化、提升运动成绩的同时，也可能致使竞技体育人文和商业价值的背离。例如，因技术占有的不平等而导致不公平的竞争现象、技术上的绝对领先优势降低竞赛的观赏性和悬念性、人类丧失在竞技体育竞赛中的主体地位等，使竞技项目比赛失去均衡发展的状态。此时，各竞赛项目的国际联合会为保证项目持续、健康、长远的发展，将对竞赛规则进行修改调整。通过对体育器材及体育非专利技术的使用进行限定和规范，以保留有利于项目发展的技术，消除和规避不利于项目发展的异化技术，从而使竞赛项目重新恢复均衡状态，实现体育科技与竞技体育项目的协同进化发展。

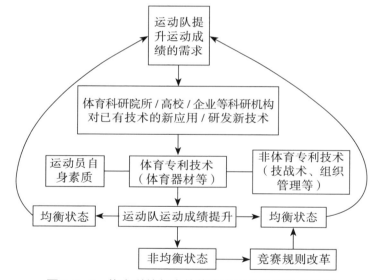

图2-2-2　体育科技与竞技体育发展的协同进化机制

2.3　体育科技与竞技体育融合发展的动力机制

系统科学理论认为，任何系统都是在内部动力与外部动力共同推动下演化发展的。其中，系统内部各要素之间的相互作用（合作、竞争、矛盾等）是推动与促进系统不断演化发展的内部动力，而系统与环境之间的相互作用是支撑和促使系统演化发展的外部动力。依据系统科学理论，体育科技与竞技体育都属于动态发展的系统，而体育科技与竞技体育的融合也是一个动态演化的过程，其动力机制主要包括竞技体育发展需求的拉动力、体育科技自身创新的推动力以及包括相关政策规范在内的外部环境支持力。体育科技与竞技体育的融合就是在这三方面力量的相互作用和共同推动下不断演化发展，如图2-3-1所示。

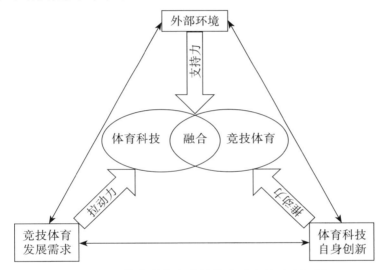

图2-3-1　体育科技与竞技体育融合的动力机制

2.3.1　竞技体育实践发展需求的拉动力

体育科技与竞技体育是相互作用与影响的。体育科技在推动竞技体育发展的同时，竞技体育的发展也同样会促进体育科技的发展，进而促进两者的融合发展。

第一，从物质层面来看，竞技体育运动训练、比赛等实践活动是竞技体育发展的重要组成部分。竞技体育运动实践对体育科技的需求是推动体育科技创新的直接动力，也是促进体育科技与竞技体育融合发展的内在动力。例如，刘翔在备战伦敦奥运会时曾准备了两套"战袍"，分别是分体式紧身比赛服和连体式陆地鲨鱼皮比赛服。与之前比赛服最大的不同之处在于，这两套比赛服皆为紧身式，其目的是降低风阻。此外，据生物力学专家的研究数据，跑鞋每增加100克，则会增加运动员1%的体能消耗。因此，为满足减少体能消耗的需求，2008年奥运会之后，刘翔的跑鞋由一般的7颗钉减为5颗，鞋面材料由直径不到2微米的特殊超级纤维交织而成，使重量不超200克。[①]可以说，当运动员在各方面身体素质已不能在短时间内得到提升或已接近极限而几乎不能再提升时，为达到进一步提升运动成绩的目的，就会产生对体育比赛装备和器材进行优化改进的需求，进而在优化的装备器材辅助下使运动成绩进一步提升。正如恩格斯所说："社会一旦有技术上的需要，这种需要就会比十所大学更能把科学推向进步。"[②]随着各项目竞技体育不断发展，运动成绩越来越濒临人类生理极限，使人们对体育科技创新技术提出越来越高的需求。这种需求的强大拉动力有效促进了体育科技的发展，加快了体育科技成果在竞技体育领域的转化与应用，从而推动了体育科技与竞技体育的融合发展。

第二，从制度层面来看，竞技体育对体育科技发展发挥着重要的保障、约束与引导作用。体育科技是在特定的社会制度框架下存在与发展的，而制度又在很大程度上取决于人们的价值观念及环境氛围。竞技体育在制度层面对促进体育科技发展一直扮演着重要的角色。体育科技创新需要不断从竞技体育发展中汲取观念、知识以支撑其发展。体育科技是一把双刃剑，如何充分发挥体育科技对竞技体育发展的积极促进作用，同时抑制其消极影响，就需要加强竞技体育制度层面的建设与完善。

第三，从精神层面来看，竞技体育发展的价值观与理念是培育先进体

---

① 韩犁夫.解读刘翔高科技装备：2微米纤维制成超轻量跑鞋［DB/OL］.（2012-05-19）〔2024-06-10〕. http://sports.sohu.com/20120519/n343568353.shtml.

② 中共中央马恩列斯著作编译局.家庭、私有制和国家的起源［M］.北京：人民出版社，2003：103.

育科技成果的肥沃土壤与适宜气候。体育科技的持续进步需要为之提供适宜的竞技体育发展的精神环境。纵观人类的发展历史，往往是在精神价值观念上发生突破性改变，才会引起科技的快速发展与进步；反之，如果思想价值观念上落后，则会导致科技的衰退与落后。

2.3.2　体育科技创新的推动力

体育科技创新对促进体育科技与竞技体育融合的推动作用，同样体现在物质、制度和精神三个层面。

第一，从物质层面来看，体育科技创新为竞技体育发展提供重要的支撑。正是因为有了高新技术体育运动器材、科学化的训练方法手段等，竞技体育才拥有了更多的表现形式和提升手段。体育科技创新成果的形成、转化和应用促使竞技体育实践朝向科学化方向发展。各项目的体育器材装备、训练辅助设备、科研仪器、监测手段、计算机信息技术等方面的科技成果在竞技体育实践中的应用，极大地提升了运动员选材、运动训练、比赛的科学化程度。同时，运动训练理论、运动医学理论、运动营养学理论、管理学理论、运动疲劳恢复理论、运动康复理论等科学研究成果为竞技体育发展提供科学的理论基础和操作方法。这些体育科技创新成果在运动训练实践中的转化和应用，都为竞技体育发展提供了强大的支撑，塑造着新的竞技体育发展形态，影响着竞技体育发展与变迁。

第二，从制度层面来看，体育科技创新发展推动了竞技体育制度规范的不断构建和完善。例如，我国长期实行的竞技体育科技攻关与服务使体育科技人员与竞技体育从业人员交融在一起，促进体育科技与竞技体育各方资源不断得到有针对性的整合与开发，并促使体育科技创新成果在竞技体育实践中转化和应用，从而推动体育科技与竞技体育的融合发展。

第三，从精神层面来看，随着体育科技成果在竞技体育实践中的不断转化与应用，并对竞技体育训练和比赛的直接或间接影响日益显著，体育科技创新实践中的创新精神、实证精神、理性精神、求真精神等价值理念，也逐渐影响到运动员、教练员、管理人员以及体育科技人员等各类竞技体育从业人员的价值观念，从而构成体育科技与竞技体育融合发展的精神文化的重要方面。

2.3.3　外部环境的支持力

系统科学理论认为，系统的外部环境是指某一系统之外与之相关联的一切事物所构成的集合。任何系统都是在特定的环境中产生、发展和演化的，不存在任何没有环境的系统。系统的结构、功能、形态、属性等都与环境存在或多或少的关联，称为系统对环境的依赖性。系统环境是系统的外部规定，并对系统各元素的特性及系统整体涌现性起到重要的支持作用。体育科技与竞技体育的融合发展离不开系统外部大环境对其的支持。体育科技与竞技体育融合的外部环境包括政治、经济、社会、生态环境等。系统科学认为，系统环境的确定具有相对性。对同一系统而言，不同的研究目的或研究者对系统环境的划分也会不同。①本书为使研究更具针对性，将重点从政府政策，即政治环境方面，来探讨体育科技与竞技体育融合发展的作用机制。体育政府部门对体育科技与竞技体育融合的支持作用主要体现在行为引导与规范、政策激励及发展环境营造三个方面。

第一，从行为引导与规范来看，体育政府部门在体育科技与竞技体育融合发展中发挥着引导、激励、推动、服务及组织协调的作用。体育政府部门通过搭建各类发展平台、建设体育科技与竞技体育融合发展示范基地、出台并实施体育科技与竞技体育融合发展的政策措施等，整合体育科技与竞技体育的各方资源，促进体育科研院所、体育院校、各级运动队及体育企业开展产学研合作研究，引导体育科技与竞技体育各类资源的配置与流动。例如，体育政府部门实行的竞技体育科技攻关与服务制度，成功地支持和保证了体育科技与竞技体育的良好融合。现阶段，拥有雄厚科研

---

① 许国志. 系统科学［M］. 上海：上海科技教育出版社，2000：2–36.

资源和力量、研究氛围浓重、科技人才聚集的体育院校和科研院所都属于政府官办，都希望通过政府的政策"撮合"与推动，与竞技体育一线运动队协同开展竞技体育科技攻关与服务，并共同获取各自利益。

第二，从政策激励来看，体育政府部门的支持是推动体育科技与竞技体育融合的不可或缺的重要支持动力。体育政府部门通过设立各类科研资助基金等激励政策来激发体育科研院所、体育院校及各级运动队等各类体育科技创新主体的积极性，使其投身于体育科技与竞技体育融合发展中来。例如，全国哲学社会科学工作办公室、教育部、国家体育总局以及各地各级政府部门每年都投入大量体育科学研究与技术开发的资助基金，推动各类各级体育科技创新人员积极投入研究与开发中，从而产生大量的体育科技创新成果，在提升我国体育科技创新能力的同时，也直接或间接促进了我国竞技体育事业的发展。

第三，从发展环境营造来看，体育政府部门在体育科技与竞技体育融合中起到提供基础物质条件、制度措施保障及创造良好发展环境氛围的作用。一方面，体育政府部门通过加大体育基础设施建设投入、建立健全各项法律法规与体制机制等方法手段，为体育科技与竞技体育融合发展提供坚实的物质条件与制度保障；另一方面，体育政府部门还可以通过相关社会宣传活动与舆论引导，营造有利于体育科技与竞技体育融合发展的环境氛围。

2.4 小结

体育科技与竞技体育的资源在竞技体育实践发展需求拉动力、体育科技创新推动力、外部环境支持力等综合作用下，在不同层次上相互作用、相互影响、相互渗透，促使体育科技与竞技体育之间的融合不断由表及里、由浅入深，并呈现出逐层深入的融合发展过程。

3 我国体育科技进步中的
体育科学研究特征

体育科学是揭示体育领域事物发展客观规律的知识体系，它包括体育的历史价值、体育文化、体育伦理等体育社会科学和体育哲学方向的知识体系，以及运动生理学、运动生物力学、运动医学等体育自然科学方向知识体系。本章主要从我国体育科学研究国际影响力与体育科学研究国际合作特征两个方面，对我国体育科技进步中的体育科学研究特征进行分析。

3.1 我国体育科学研究的国际影响力特征分析

一个国家在某个领域学术研究的国际影响力通常体现在两个方面：一是能"走出去"；二是"走出去"之后被广泛关注和认同的程度。[①]具体表现为研究成果产出数量、质量以及效率等方面，如公开刊发的国际学术论文、专利、专著及国际合作科研项目，科研成果的国际他引、研究人员在国际学术组织或国际期刊编委任职情况以及所获国际奖项等。[②]其中，

---

① 孙业红，魏云洁，张凌云. 中国旅游研究的国际影响力分析——基于对2001—2012年国内外旅游类核心期刊论文的统计［J］. 旅游学刊，2013，28（7）：118-128.

② Yang G L, Liu W B, Li X X, et al. Study on the academic influence evaluation of national research institutes［J］. Forum on science and technology in china, 2010（6）：137-142.

学术论文是科研人员展示与传播其科研成果的重要途径之一。在权威期刊上发表论文数量的多少和被他人引用频次的高低，尤其是被国际论文引用频次，体现了科研成果的传播过程及学术影响力的大小。

目前，多数学者采用文献计量学的指标与方法对我国科研成果的国际影响力进行定量分析。从以往研究来看，在学术论文影响力评价方面的指标主要有国际论文刊发量、被引用频次、被转载量、高被引论文数、H指数、创新能力指数（CA指数）等。侯海燕等人[①②]从国家、机构及作者3个层面，利用发文量和被引频次等指标数据，分别分析了中国科学学和科学计量学领域研究的国际影响力；张凌云等人[③]从发文量、高被引论文和国际论文期刊分布等方面分析了中国旅游研究的国际影响力；周升起等人[④]选取发文量、被引频次及H指数等指标分析了中国经济学研究的国际影响力；李元[⑤]从发文量、期刊论文影响因子分布、研究方向的被引量区间分布等方面对我国体育科学研究的国际影响力进行分析。在期刊国际影响力评价方面的指标主要有影响因子、被引半衰期、即年指数和特征因子等指标。韩玺等人[⑥]利用引文分析法对4种国内情报学核心期刊国际影响力进行对比分析。也有学者依据国际期刊编委数据进行分析。毛一国和陈剑光[⑦]

① 侯海燕，王嘉鑫，胡志刚，等. 中国科学计量学研究的国际影响力［J］. 科学学研究，2018，36（4）：609-621，634.

② 侯海燕，任佩丽，胡志刚，等. 中国科学学研究的国际影响力［J］. 科学学研究，2018，36（3）：385-399，473.

③ 张凌云，金洁，魏云洁，等. 中国旅游研究的国际影响力研究——基于2001—2014年中国学者旅游类SSCI论文统计分析［J］. 旅游学刊，2016，31（10）：33-44.

④ 周升起，秦洪晶，兰珍先. 我国经济学研究国际影响力变化分析——基于2001年—2014年SSCI经济学期刊发表论文数量与引证指标［J］. 经济经纬，2017，34（2）：80-86.

⑤ 李元. 中国体育科学研究国际影响力分析［J］. 体育科学，2012，32（12）：78-84.

⑥ 韩玺，史昱天. 四种国内情报学核心期刊的国际影响力对比研究——基于Web of Science数据库的统计分析［J］. 情报杂志，2017，36（7）：144-148，143.

⑦ 毛一国，陈剑光. 中日印社科研究国际影响力比较——基于SSCI期刊编委的统计与分析［J］. 中国出版，2017（18）：45-48.

依据SSCI期刊编委的相关统计数据，对中国、日本、印度三国社科研究国际影响力进行了比较分析。此外，还有学者针对学术图书的国际影响力进行分析。许洁和王嘉昀①借助Springer Nature集团旗下的Bookmetrix平台数据，利用引文、在线提及、读者、评论和下载量等指标分析了中国人文社科学术图书的国际影响力。

可以看出，学者们从不同视域、不同角度，采用不同评价指标对各自领域研究的国际影响力进行分析，为本书进行体育科学研究国际影响力分析提供了丰富的研究思路和借鉴。本节将从中国体育科学发文量与总被引量演变、国际战略地位演变、期刊及研究方向分布等方面分析我国体育科学研究国际影响力的发展演变。

3.1.1 数据来源与检索

考察中国体育科学研究的国际影响力，无疑需要选择国际权威期刊刊载论文作为数据源。本书选择Web of Science（WOS）核心集合中的科学引文索引（SCI-E）、社会科学引文索引（SSCI）及艺术与人文科学引文索引（A&HCI）三大引文数据库为数据源。WOS数据库由美国科学信息研究所创建，囊括了12 000多种世界权威的高影响力学术期刊。其中，SCI-E、SSCI、A&HCI 3个引文数据库是采用文献计量学方法经过严格遴选后产生的期刊集合，集中了世界最权威的期刊，基本覆盖了世界最具影响的研究成果数据，为本书数据的权威性、准确性与全面性奠定了基础。

在WOS核心合集数据检索平台上，以"WC（WOS研究主题类目）=sport sciences and 时间跨度=1900～2018年 and 语言=English and 文献类型=article and 数据库=（SCI-E OR SSCI OR A&HCI）"为检索式进行逻辑组

---

① 许洁，王嘉昀. 中国人文社科学术图书国际影响力研究——Bookmetrin平台近五年数据为例［J］. 出版发行研究，2017（9）：87-92.

合高级检索，共检索得到261 977条记录。a利用检索平台中的精炼分析功能，得知中国（包含台湾地区）共有7 366篇论文。最早1篇论文是由上海交通大学特殊环境生理学研究专家石中瑗等人于1980年在Scientia Sinica期刊上发表的"Electrocardiogram made on ascending the Mount Qomolangma from 50m a.s.l."。因此，笔者将检索时间跨度调整至1980—2018年，共检索到247 826篇文献。笔者以纯文本格式下载所有论文的全记录题录数据，再借助Bibexcel、Excel、TDA等文献统计软件对论文题录进行数据统计整理与分析。

3.1.2　中国体育科学发文量与总被引国际影响力的演变特征

本书采用发文量和总被引用频次两个指标的绝对数量及国际排名，来分析中国体育科学研究的国际产出贡献与产出国际影响力。根据各指标数据量变化情况，本书将1980—2018年划分为萌芽期（1980—1999年）、初长期（2000—2007年）和快速成长期（2008—2018年）3个发展阶段。

从中国发文量与世界平均水平演变来看（如图3-1-1），1980—1999年是中国国际体育科学研究的萌芽阶段，发文量增长速度缓慢，各年发文量都在100篇以下，低于世界平均发文量。2000—2007年为初长期，发文量逐步攀升，并在2002年首次超越世界平均水平。在2008年，中国国际体育科学研究进入快速成长期，发文量呈现高速增长的态势：2008年刊发492篇，是2007年发文量的2.6倍，并位列世界第6；2010年更是迎来近10年的发文量顶峰，刊发1 297篇，位列世界第2。在快速成长期，中国发文量世界排名保持在世界前10名。然而，与世界最高产国家——美国相比仍存在较大差距：在2008—2018年，美国发文量是中国的8.77倍。

---

①　WOS中仅对SCI论文设置"sports science"主题类目，因此，本书数据检索结果包括所有体育科学SCI论文及SCI和SSCI（或A&HCI）双收录论文，不包括部分不属于双收录的SSCI和A&HCI论文。

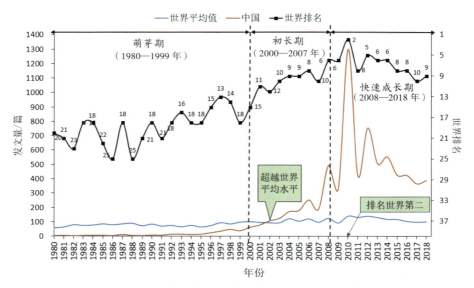

图3-1-1　中国发文量与世界平均水平演变情况

从中国总被引量与世界平均水平演变来看（如图3-1-2），在萌芽期中国刊发论文的国际影响力较弱，没有得到国际上的广泛认同，总被引量仅为5 856次，在世界97个国家中排名第18位。该时期最高被引论文是由青海高原医学科学研究所产出的 "Higher exercise performance and lower VO2max in Tibetan than Han residents at 4, 700 m altitude"（*Journal of Applied Physiology*，1994年第77卷第2期，被引53次）。2000年进入初长期以后，中国刊发的国际论文逐步得到认同，总被引量达20 882次，在世界109个国家中排名上升至第15位，2003年总被引量（2 606次）首次超过世界平均水平（2 305次）。该时期最高被引论文是由香港中文大学产出的 "A systematic review on ankle injury and ankle sprain in sports"（*Sports Medicine*，2007年第37卷第1期，被引437次）。2008年进入快速成长期以后，总被引量达到22 772次，在世界153个国家中排名第12位，各年度一直保持高于世界平均水平运行；在2008年达到近10年以来的顶峰，总被引量达3 818次。该时期最高被引论文是由上海交通大学产出的 "Three-column fixation for complex tibial plateau fractures"（*Journal of Orthopaedic Trauma*，2010年第24卷第11期，被引137次）。

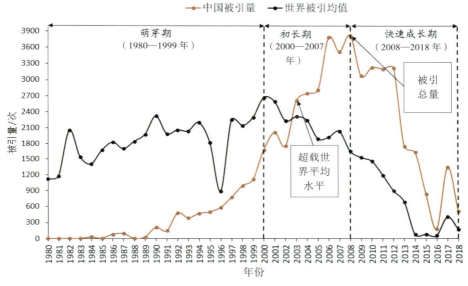

图3-1-2　中国总被引量与世界平均水平演变情况

　　为从宏观上更好地展示中国发文量与总被引量的国际影响力演变情况，本书将1980—2018年中国发文量与总被引量的世界排名划分为8个时间段来统计。如图3-1-3所示，两者的发展演变轨迹基本吻合。中国发文量在2004—2008年进入世界前10名，并在2009—2013年进入世界前5名；总被引量也在2004—2008年进入世界前10名。

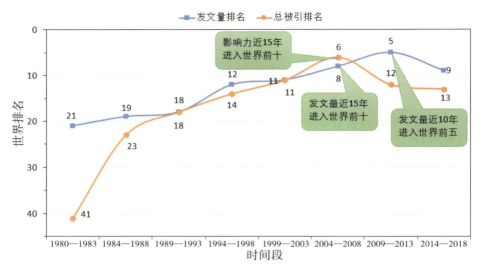

图3-1-3　中国发文量与总被引量在不同时间段的世界排名演变情况

3.1.3　中国体育科学研究的国际战略地位演变特征

为了更好地展现中国体育科学研究在国际上的影响力变化，本书借助战略坐标法对3个时间阶段中体育科学研究排名前40的国家和地区的发文量和总被引量的战略地位进行分析，并绘制各国国际影响力战略坐标图（如图3-1-4～图3-1-6）。图3-1-4～图3-1-6中的X轴表示发文量，Y轴表示总被引量，气泡面积表示篇均被引量；并利用两个轴的世界平均值相交虚线将战略坐标图划分为4个象限，分别代表高产高影响力、高产低影响力、低产低影响力和低产高影响力。此外，由于各国家和地区之间的发文量和总被引量差距相对较大，为了更好地展示各国在坐标图中的位置变化，本书将X轴和Y轴的坐标采用以10为底的对数坐标。

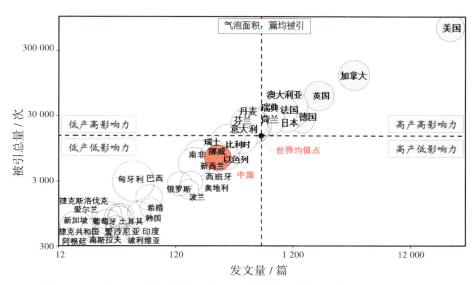

图3-1-4 各国家体育科学研究国际地位战略坐标图（1980—1999年）

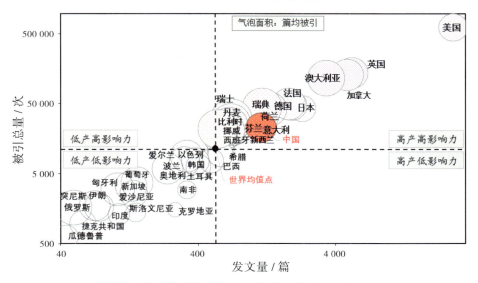

图3-1-5 各国家体育科学研究国际地位战略坐标图（2000—2007年）

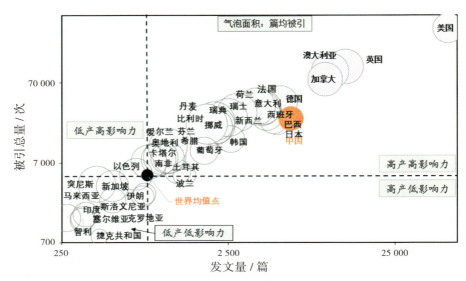

图3-1-6　各国家体育科学研究国际地位战略坐标图（2008—2018年）

在1980—1999年，共有97个国家在体育科学领域有过论文产出，各国家平均发文448篇，平均被引12 304.71次，篇均被引27.45次。中国产出273篇，总被引5 856次，篇均被引21.45次，处于低产低影响力的位置象限。从图3-1-4中可以看出，该时期处于高产高影响力位置象限的国家有9个，分别是美国、加拿大、英国、澳大利亚、德国、法国、瑞典、日本和荷兰。其中，美国发文量与被引量都遥遥领先于其他国家，成为国际最具影响力国家。其发文量达26 194篇，总被引669 993次，篇均被引25.58次，发文量和被引量分别超出排在第2位的加拿大的5.25倍和6.62倍。此外，处于低产高影响力位置象限的国家有意大利、芬兰和丹麦，其他85个国家都处于低产低影响力位置象限。可以看出，该时期国际体育科学研究成果贡献与影响力主要来自少数发达国家。

在2000—2007年，国际上刊发体育科学研究论文的国家上升至109个，平均发文573篇，平均被引14 058.5次，篇均被引24.51次。中国在该时期共产出1 146篇，被引20 882次，篇均被引18.22次。中国的发文量和被引量均超越世界平均值，国际影响力战略地位实现了由低产低影响力向高产高影响力的发展跃迁。从图3-1-5中可以看出，该时期高产高影响力的国家数量有较大提升，由前期的9个上升至18个。18个国家又可以分成3个梯队：第一梯队是美国，发文量（28 612篇）和被引量（618 277次）均远超其他国家；第二梯队国家发文和被引量均分别超过世界均值的10倍和6倍，包括英国、加拿大和澳大利亚3个国家；第三梯队国家包括日本、法国、德国、荷兰、瑞典、中国、意大利、比利时、丹麦、瑞士、芬兰、新西兰、西班牙、挪威14个国家，其中，中国等后9个国家与上时期相比是新晋高产高影响力位置象限的国家。此外，希腊和巴西两国步入高产低影响力位置象限，其他89个国家仍处于低产低影响力位置象限。

在2008—2018年，国际上刊发体育科学研究论文的国家继续上升至153个，平均发文820篇，平均被引4 995.11次，篇均被引6.09次。中国在该时期共产出5 942篇，被引22 772次，篇均被引3.83次，发文量和被引量分别超过世界均值的7.25倍和5.02倍，国际影响力战略地位继续在高产高影响力国家行列不断攀升。从图3-1-6中可以看出，该时期世界各国体育科学研究高速发展，步入高产高影响力位置象限的国家攀升至27个。从高产高影响力位置象限的梯队情况来看，第一和第二梯队与前期相同，而第三梯队的国家迅速增加至23个。此外，以色列上升至低产高影响力方阵，波兰上升至高产低影响力行列。

从3个时期各位置象限的国家分布演变来看，可以得到如下结论：第一，美国、英国、澳大利亚、加拿大等国家长期以来一直遥遥领先于其他国家，成为国际体育科学研究最具影响力国家；第二，随着科学研究全球化程度不断深入，世界各国逐步将学术研究视野由本国扩展至国际范围，跨国学术交流与合作逐渐增多，加速了科研资源在世界范围内的配置，从而逐步打破了以往国际体育科学研究的格局，逐步转向多国均衡竞相发展的态势；第三，在进入21世纪后，中国体育科学研究的国际产出贡献和影响力迅速提升，虽然从发文量和被引量视角来看超过世界平均水平，逐步进入高产高影响力位置象限，但尚未处于世界领先地位，与美国、英国、澳大利亚和加拿大等国家相比仍存在较大差距。

3.1.4 中国体育科学研究机构国际影响力特征

在2008—2018年，世界有26 448个科研机构在体育科学领域刊发国际论文。其中，产出论文有被引的机构共20 306个。在体育科学领域中，发文量排名世界前5的科研机构分别是美国北卡罗来纳大学（1 839篇）、美国佛罗里达州立大学（1 499篇）、巴西圣保罗大学（1 461篇）、美国华盛顿大学（1 446篇）及美国匹兹堡大学（1 329篇）；国际被引量影响力世界排名前5的科研机构分别是美国北卡罗来纳大学（18 564次）、美国华盛顿大学（16 017次）、澳大利亚昆士兰大学（14 798次）、美国匹兹堡大学（11 756次）及加拿大麦克马斯特大学（11 668次）。

在该时期，中国共有1 530个研究机构有论文产出。其中，有被引的机构共821个。本书对中国（不包含我国台湾地区）排名前30的高产高被引体育科学研究机构的发文量和被引量情况进行了统计。见表3-1-1和表3-1-2，有20个机构的发文量和6个机构的被引量进入世界排名前5%。其中，上海体育学院、北京体育大学、上海交通大学、北京大学和四川大学5所大学的发文量，以及上海交通大学和中国医科大学的被引量更是进入世界排名前3%。这些中国体育科学研究机构具有较强的国际影响力，并成为国际顶尖的体育科学研究力量团体。在研究机构性质上，体育类专业院校、综合类高校、医学类专业院校、部分医院及体育科研院所构成我国体育科学研究的中坚力量团体。其中，体育类院校有上海体育学院、北京体育大学、天津体育学院、武汉体育学院、首都体育学院5所，医科类高校有中国医科大学、南京医科大学等11所，综合类高校有上海交通大学、北京大学等20所。

表3-1-1 中国排名前30的高产高被引体育科学研究机构的

发文量（2008—2018年）

序号	机构	发文量/篇	世界排名/%	序号	机构	发文量/篇	世界排名/%
1	上海体育学院	223	230（0.87%）	16	中国体育科学研究所	42	1 076（4.07%）
2	北京体育大学	131	407（1.54%）	17	武汉体育学院	41	1 121（4.24%）
3	上海交通大学	127	423（1.60%）	18	浙江大学	40	1 150（4.35%）
4	北京大学	80	631（2.39%）	19	中国科学院	36	1 192（4.51%）
5	四川大学	72	697（2.64%）	20	首都医科大学	34	1 263（4.78%）
6	南京师范大学	59	827（3.13%）	21	北京积水潭医院	31	1 335（5.05%）
7	华东师范大学	58	833（3.15%）	22	华中科技大学	31	1 341（5.07%）
8	江西师范大学	57	852（3.22%）	23	吉林大学	31	1 343（5.08%）
9	南京医科大学	55	876（3.31%）	24	宁波大学	31	1 350（5.10%）
10	天津体育学院	54	893（3.38%）	25	苏州大学	31	1 350（5.10%）
11	复旦大学	52	917（3.47%）	26	新疆师范大学	30	1 400（5.29%）
12	曲阜师范大学	49	955（3.61%）	27	中南大学	29	1 403（5.30%）
13	第四军医大学	47	984（3.72%）	28	福建医科大学	29	1 403（5.30%）
14	同济大学	45	1 023（3.87%）	29	河北医科大学	29	1 403（5.30%）
15	首都体育学院	44	1 038（3.92%）	30	西南大学	29	1 403（5.30%）

表3-1-2　中国排名前30的高产高被引体育科学研究机构的

被引量（2008—2018年）

序号	机构	被引量/篇	世界排名/%	序号	机构	被引量/篇	世界排名/%
1	上海交通大学	1144	362（1.78%）	16	北京航空航天大学	179	1 597（7.86%）
2	中国医科大学	912	445（2.19%）	17	中国科学院	175	1 628（8.02%）
3	上海体育学院	492	763（3.76%）	18	河北医科大学	159	1 761（8.67%）
4	北京大学	459	819（4.03%）	19	青岛大学	154	1 796（8.84%）
5	四川大学	387	925（4.56%）	20	温州医学院	147	1 841（9.07%）
6	南京医科大学	365	964（4.75%）	21	吉林大学	144	1 871（9.21%）
7	福建医科大学	340	1 020（5.02%）	22	重庆医科大学	129	2 026（9.98%）
8	北京体育大学	320	1 068（5.26%）	23	广西医科大学	129	2 032（10.01%）
9	第四军医大学	299	1 115（5.49%）	24	第三军医大学	127	2 051（10.10%）
10	首都医科大学	240	1 289（6.35%）	25	西安交通大学	126	2 060（10.14%）
11	第二军医大学	240	1 289（6.35%）	26	首都体育学院	124	2 077（10.23%）
12	中国体育科学研究所	207	1 440（7.09%）	27	天津体育学院	119	2 154（10.61%）
13	北京积水潭医院	201	1 472（7.25%）	28	中国人民解放军总医院	117	2 186（10.77%）
14	同济大学	190	1 530（7.53%）	29	浙江大学	114	2 219（10.93%）
15	复旦大学	186	1 545（7.61%）	30	天津医科大学	113	2 231（11.07%）

可以看出，随着体育科学研究的不断深入，其在研究内容、方法与手段等诸多方面也逐步与医学及其他综合类学科产生交叉，从而使研究视野与范围不断得到扩充与发展，为体育科学发展提供了坚实的支撑力量。因此，提升我国体育科学研究国际影响力，还需进一步加强与其他多学科科研资源与信息的融合，并推动不同学科、不同地域科研机构间展开交流合作，从而为体育科学研究提供更广阔的研究视野与平台。

3.1.5　中国体育科学高影响力研究成果的期刊分布特征

中国在1980—2018年产出的7 366篇论文刊发在133个国际期刊上。在

表3-1-3和表3-1-4中显示了中国刊发论文影响因子最高和发文量最多的排名前10的期刊。期刊影响因子最高的是英国的*British Journal of Sports Medicine*与*Research in Sports Medicine*，分别共刊发中国论文66篇和43篇；中国发文量最多的期刊是美国*Medicine and Science in Sports and Exercise*与*Archives of Physical Medicine and Rehabilitation*，分别刊发中国论文913篇和392篇。此外，笔者通过对期刊信息进行搜集整理发现，这些期刊所属一级大类学科都为医学类，所属二级小类学科包括运动医学、生理学、骨科学、免疫学、康复医学、外科学、心理学、工程生物医学和神经科学等研究方向。

表3-1-3　中国刊发论文影响因子最高的排名前10的期刊（1980—2018年）

序号	期刊名（所属学科二级小类学科）	国家	影响因子	发文量/篇
1	*British Journal of Sports Medicine*（运动医学）	英国	6.724	66
2	*Research in Sports Medicine*（运动医学）	英国	5.579	43
3	*American Journal of Sports Medicine*（运动医学、骨科）	美国	4.517	261
4	*Exercise and Sport Sciences Reviews*（运动医学、生理学）	美国	4.451	2
5	*Exercise Immunology Review*（运动医学、免疫学）	美国	4.294	3
6	*Medicine and Science in Sports and Exercise*（运动医学）	美国	4.041	913
7	*Journal of Science and Medicine in Sport*（运动医学）	澳大利亚	3.756	55
8	*Knee Surgery Sports Traumatology Arthroscopy*（运动医学、外科、骨科）	德国	3.097	263
9	*Archives of Physical Medicine and Rehabilitation*（运动医学、康复医学）	美国	3.045	392
10	*International Journal of Sports Physiology and Performance*（运动医学、生理学）	美国	3.042	9

注：表中期刊的所属学科信息源自美国ACCDON公司旗下的LetPub论文编辑服务平台。

表3-1-4　中国刊发论文发文量最多的排名前10的期刊（1980—2018年）

序号	期刊名（所属学科二级小类学科）	国家	影响因子	发文量/篇
1	*Medicine and Science in Sports and Exercise*（运动医学）	美国	4.041	913
2	*Archives of Physical Medicine and Rehabilitation*（运动医学、康复医学）	美国	3.045	392
3	*Research Quarterly for Exercise and Sport*（运动医学、心理学）	美国	1.702	278
4	*Clinical Biomechanics*（运动医学、工程生物医学、骨科）	英国	1.636	270
5	*Knee Surgery Sports Traumatology Arthroscopy*（运动医学、外科、骨科）	德国	3.097	263
6	*Journal of Applied Physiology*（运动医学、生理学）	美国	3.004	261
7	*American Journal of Sports Medicine*（运动医学、骨科）	美国	4.517	261
8	*Gait & Posture*（运动医学、神经科学、骨科）	爱尔兰	2.286	190
9	*European Journal of Applied Physiology*（运动医学、生理学）	德国	2.328	158
10	*Journal of Rehabilitation Medicine*（运动医学、康复医学）	瑞典	1.595	151

注：表中期刊的所属学科信息源自美国 ACCDON 公司旗下的 LetPub 论文编辑服务平台。

从中国体育科学高影响力研究成果的期刊分布来看，高影响因子和高发文量期刊都集中在美国、英国、德国、澳大利亚等国家，而这些国家体育科学研究国际影响力同样也处于国际领先水平。因此，提升我国体育科学研究的国际影响力，除增加高质量科研成果的国际刊发量外，还需加强国内期刊国际化的建设与发展，使更多国内体育期刊走向国际舞台，并争取进入国际权威期刊行列，以提升我国体育科技期刊的国际影响力。

3.1.6　中国在不同体育科学研究方向的国际影响力特征

根据WOS数据库中提供的研究主题类目下的研究方向（Research

Area）字段，我们可以获得中国体育科学研究论文在不同研究方向的国际影响力情况。见表3-1-5，世界体育科学研究重点研究领域集中在骨科学、运动生理学、运动康复学、运动心理学和社会科学-其他5个领域，发文量超过2万篇。中国在该5个领域中，除运动生理学外其他4个领域发文量排名均进入了世界前10。此外，需要特别强调的是，中国在体育教育教学、儿童体育、计算机科学、材料科学和体育统计学5个领域的发文量占据绝对优势，占比超过世界15%，排名在世界前两位。然而，从世界发文量排名来看，这几个领域均不是国际体育科学研究的重点领域。从表3-1-5中的被引量情况来看，中国除一般内科学和体育社会学两个领域外，其他领域被引量都超过了世界被引平均水平，其中被引总量排在前3位的是运动康复学、骨科学和运动生理学，被引总量超过了5 000次。

表3-1-5　中国在不同体育科学研究方向的国际影响力情况（1980—2018年）

研究方向	中国被引总量 / 次	世界被引总量 / 次	世界被引均值 / 次	被引排名	中国发文量 / 篇	世界发文量 / 篇	占世界发文量的百分比 /%	发文排名
体育科学	49 972	3 670 426	22 245.01	16	7 366	247 826	2.97	7
骨科学	12 654	733 142	4 443.28	12	1 262	44 137	2.86	10
运动生理学	9 318	1 144 234	6 934.75	18	711	42 299	1.68	15
运动康复学	13 993	488 739	2 962.05	15	1 036	32 816	3.16	6
外科学	3 452	157 442	954.19	14	494	13 849	3.57	12
运动神经科学 *	4 630	187 289	1 135.08	10	407	10 876	3.74	10
运动心理学 *	2 915	208 029	1 260.78	10	872	23 646	3.69	6
体育系统工程学 *	3 969	93 616	567.37	7	451	7 430	6.07	5
社会科学 - 其他 *	2 157	157 657	955.5	8	1 122	22 665	4.95	4
体育健康与环境	1 279	80 694	489.05	11	378	10 696	3.53	4
运动生物力学 *	851	8 235	49.91	4	65	980	6.63	4
一般内科学	424	78 515	475.85	18	111	12 802	0.87	11
运动营养学	442	44 360	268.85	14	90	4 022	2.24	10
体育教育教学	265	25 460	154.3	11	586	3 381	17.33	2
儿童体育	226	12 610	76.42	11	215	1 255	17.13	2

续表

研究方向	中国被引总量 / 次	世界被引总量 / 次	世界被引均值 / 次	被引排名	中国发文量 / 篇	世界发文量 / 篇	占世界发文量的百分比 /%	发文排名
计算机科学 *	69	1 077	6.53	1	220	300	73.33	1
老年运动医学 *	183	10 745	65.12	9	98	2 912	3.37	6
运动免疫学	42	5 792	35.1	16	4	169	2.37	10
体育统计学 *	17	1 001	6.07	5	76	115	66.09	1
体育社会学	25	9 207	55.8	13	5	991	0.50	10
材料科学 *	3	18	0.11	1	51	91	56.04	1
体育经济学	42	6 489	39.33	12	8	706	1.13	8

注：* 表示发文量和被引量均进入世界排名前 10 的研究领域。表中的研究方向是基于 WOS 数据库中的 Research Area 字段统计得出。按照 WOS 的分类标准，体育科学既是一个 WOS 主题类目，同时也是体育科学主题类目下的一个研究方向（Research Area）。部分文献可能同时归于多个研究方向，故表除体育科学研究方向之外的其他研究方向的论文总量要大于体育科学研究方向。

综合发文量和被引量情况来看，中国在运动神经科学、运动心理学、体育系统工程学、社会科学–其他、运动生物力学、计算机科学、老年运动医学、体育统计学、材料科学9个领域的发文量和被引量都进入了世界排名前10，成为中国最具国际影响力的研究领域。其中，中国在运动生物力学领域被引总量远超世界平均水平，约为世界均值的17.02倍，具有非常高的国际影响力。

此外，表3-1-6显示了中国在各研究领域的被引频次区间分布情况，中国论文被引用频次主要集中在50次以下，占总被引文献的97%。被引量在1～5次的文献共1 728篇，占总被引文献的44.92%；被引量在1～10次的文献共2 425篇，占总被引文献的63.04%；被引量在1～20次的文献共3 081篇，占总被引文献的88.09%。被引量在20次以上的文献共708篇，占总被引文献的18.4%。按照被引频次降序排列，前20%的1 473篇文献，共被引用41 357次，占总被引频次（49 972次）的82.76%，这与加菲尔德总结的二八法则（即20%文献占据80%的被引频次）基本吻合。①另外，被引量超过50次的文献集中在骨科学、运动生理学、运动康复学、外科学、运动神经学、运动心理学、体育系统工程学、社会科学–其他、体育健康与环境、运动生物力学及运动生物力学10个领域。其中，被引频次最高的前3篇文献分别是由香港中文大学产出的"A systematic review on ankle injury and ankle sprain in sports"（*Sports Medicine*，2007年第37卷第1期，被引437次，世界被引排名第176位）、香港大学产出的"Neighborhood Environment Walkability Scale：validity and development of a short form"（*Medicine and Science in Sports and Exercise*，2006第38卷第9期，被引338次，世界被引排名第325位）、香港理工大学产出的"The timed up&go test：its reliability and association with lower-limb impairments and locomotor capacities in people with chronic stroke"（*Archives of Physical Medicine and Rehabilitation*，2005第86卷第8期，被引281次，世界被引排名第515位）。

表3-1-6　中国在不同体育科学研究方向的被引频次区间分布情况

（1980—2018年）

研究方向	被引总量/篇	被引频次区间的文献数量/篇								
		1～5	6～10	11～20	21～30	31～40	41～50	51～70	71～100	＞100
体育科学	49 972	1 728	697	656	311	135	84	101	56	21
骨科学	12 654	460	203	197	82	42	22	27	11	0
运动生理学	9 318	146	46	33	13	5	3	1	2	1
运动康复学	13 993	308	167	179	81	38	28	30	18	7
外科学	3 452	134	50	32	21	12	4	3	3	1
运动神经科学	4 630	182	111	113	72	30	16	22	7	5

---

① 张良辉，董国雅，刘虹. 利用H指数与二八法则划分期刊文献核心区的优势比较〔J〕. 中国科技期刊研究，2015，26（9）：1017-1022.

续表

研究方向	被引总量 / 篇	被引频次区间的文献数量 / 篇								
		1～5	6～10	11～20	21～30	31～40	41～50	51～70	71～100	>100
运动心理学	2 915	44	6	6	2	0	0	0	0	0
体育系统工程学	3 969	223	71	66	21	10	4	6	0	0
社会科学－其他	2 157	118	60	53	26	13	7	12	3	0
体育健康与环境	1 279	140	58	58	33	17	10	6	7	1
运动生物力学	851	87	32	23	6	3	1	0	1	1
内科学	424	13	1	2	0	0	0	0	0	0
运动营养学	442	20	4	5	1	0	0	1	0	0
体育教育教学	265	47	19	6	1	2	0	0	0	0
儿童体育	226	15	2	3	1	2	0	0	0	0
计算机科学	69	39	15	11	3	0	0	0	0	0
老年运动医学	183	5	1	0	0	0	0	0	0	0
运动免疫学	42	24	10	13	4	1	1	0	1	1
体育统计学	17	2	0	0	0	0	0	0	0	0
体育社会学	25	4	0	2	0	0	0	0	0	0
材料科学	3	3	0	1	0	0	0	0	0	0
体育经济学	42	2	0	0	1	0	0	0	0	0

注：* 表示发文量和被引量均进入世界排名前 10 的研究领域。表中的研究方向是基于 WOS 数据库中的 Research Area 字段统计得出。按照 WOS 的分类标准，体育科学既是一个 WOS 主题类目，同时也是体育科学主题类目下的一个研究方向（Research Area）。部分文献可能同时归于多个研究方向，故表除体育科学研究方向之外的其他研究方向论文总量要大于体育科学研究方向。

通过比较中国与世界平均水平和领先国家的论文被引量（如表3-1-

7），可以发现，中国7 366篇论文中共有3 519篇未被引，占总发文量的47.77%，总被引频次为49 972次，篇均被引6.78次；而世界247 826篇论文共81 214篇未被引，占总发文量的32.78%，总被引频次为3 670 426次，篇均被引14.81次。可以看出，中国论文被引量远不及世界平均水平。此外，在被引文献数量上，中国与美国、英国、加拿大和澳大利亚等发达国家相比，仍存在较大差距。中国虽然发文量和总被引频次有较显著的增长趋势，但是，低被引文献较多，高被引文献偏少。因此，我国在论文整体质量及受国际体育科学研究界高度认可和关注的高影响力论文产出方面还有待进一步提升。

表3-1-7　中国与世界平均水平和领先国家的论文被引量

国家	零被引占比/%	篇均被引/次	被引>100次文献量/篇	被引>500次文献量/篇	被引>1000次文献量/篇
中国	47.77	6.78	21	0	0
世界	32.78	14.81	5 367	126	24
美国	37.77	15.16	2 622	66	14
英国	22.08	15.49	401	8	3
加拿大	25.64	18.19	542	10	1
澳大利亚	19.64	17.24	355	7	3

3.2　我国体育科学研究的国际合作特征分析——中美两国特征比较

随着21世纪经济全球化、金融全球化的迅猛发展，科技全球化程度也越来越深，不同国家之间的相互依存程度越来越深，竞争也日趋激烈。[1]世界也因此进入"大科学"时代，其中，最关键的特征是国家层面科学合作日益紧密。据美国《科学与工程指标》的数据报道，全球多作者、

①　裘继红，韩玺，吴倩倩. 国际合作对论文影响力提升的作用研究——以外科学为例[J]. 情报杂志，2015，34（1）：92-95，37.

多国家合作的科技论文占全球论文总产量的比例在多年以来一直处于不断增长的趋势。[①]2011年英国皇家学会在出版的*Knowledge，networks and nations：global sci-entific collaboration in the 21st century*报告中指出，国际期刊上发表的论文中有35%是通过国际合作产出，并且该统计数据在15年内增长了10%。这表明全球范围内的科学合作成为新时代科技发展的潮流。[②③④⑤⑥]

随着体育科学的发展日益成熟，体育科学研究也日渐成为国际性科学研究的一部分，国际性的科学合作逐步增多。我国学者经过多年不懈努力也逐步登上体育科学研究的国际舞台，并在国际体育科学研究舞台中扮演着越来越重要的角色。以WOS数据库统计结果来看，从1997—2017年，SCI&SSCI期刊共刊登体育科学论文133 098篇。其中，中国大陆（不包含中国港澳台地区）参与发表的论文占2 307篇（含非第一署名），并且论文数量和质量也逐步提升，被引用频次高达29 925次，平均每篇论文被引用12.97次，论文H指数达65。然而，在体育科学研究日渐国际化的背景下，我国与世界发达国家相比，在国际体育科学合作方面呈现出怎样的发展特

---

① 贺天伟. 中国国际合作论文的科学计量学研究［J］. 中国科学基金，2009，23（2）：93-97，99.

② The Royal Society. Knowledge，networks and nations：global inter-national collaboration in the 21st century［EB/OL］.（2011-04-28）［2024-06-12］. http://royalsociety.org/policy/projects/knowledgenetuorks-nations/report/.

③ 邱长波，刘兆恒，张凤. SCI收录中国主导国际合作论文被引频次研究［J］. 情报科学，2014，32（8）：108-111.

④ 余新丽，赵文华，杨颉. 我国研究型大学国际合作论文的现状与趋势分析——以上海交通大学为例［J］. 中国高教研究，2012（8）：30-34，39.

⑤ 朱文沓，史豪杰，王弓，等. 从SCI合著论文看中俄两国科技合作［J］. 中国科技论坛，2008（2）：139-144.

⑥ 倪萍，钟华，安新颖. 医学免疫学领域国际合作模式与论文质量的相关性分析［J］. 免疫学杂志，2014，30（12）：1029-1032，1043.

征和趋势？又在哪些方面与发达国家存在差异？解决这些问题，有利于明晰我国当前体育科学研究的国际化现状和问题，从而进一步提高我国体育科学研究国际化水平。本节将以2007—2017年SCI&SSCI数据库收录的中国和美国国际体育科学合作论文文献为样本，采用文献计量和社会网络分析方法对国际合作论文的整体发展趋势、主导从属率、合作研究领域、合作网络结构及核心–边缘合作国家等方面特征进行分析。

3.2.1　数据的来源及处理

本书以汤森路透（Thomson Reuters）公司开发的WOS核心合集引文索引作为数据来源，并按照以下几步进行检索。

第1步：以 "WC=sport sciences and 时间跨度=2007～2017年 and 引文索引=SCI&SSCI and 文献类型=article and 语言=English" 为检索式进行逻辑组合高级检索，共得到83 688篇体育科学研究方向论文。

第2步：作者地址中的"国家/地区"字段分别选择"Peoples R China"和"USA"对中国和美国参与产出的体育科学论文进行精炼检索，分别得到1 941篇和30 922篇相关论文。

第3步：分别以纯文本格式下载相应的文献题录信息，然后利用文献处理软件TDA分别筛选出由两个或两个以上国家参研的论文，中国和美国分别得到821篇和7 008篇国际合作论文，形成本书的文献数据集。

3.2.2　中美国际体育科学合作论文的整体概况

3.2.2.1　时间序列分析

国际合作论文指由两个或两个以上国家的作者共同署名发表的论文。主导从属率指某国作者为第一署名的国际合作论文占该国国际合作论文总数的比例。当该比例大于50%时，表明该国在国际合作中占主导地位；当该比例小于50%时，表明该国在国际合作中占从属地位。①主导从属率可以反映一个国家在国际科学研究活动中所居的地位。2007—2017年，中国和美国分别产出的国际体育科学合作论文数量及两国在这些论文中的主导从属率进行时间序列的统计如图3-2-1所示。

图3-2-1　中美国际体育科学合作论文及主导从属率整体发展态势

图3-2-1显示，10年里中国与美国的国际体育科学合作论文呈现稳步增长的趋势。中国由2007年的30篇增长到2017年的104篇，增长3.47倍，美国由2007年的2007年的451篇增长到2017年的873篇，增长1.94倍。中国和美国平均每年产出的国际合作论文分别为82.1篇和700.8篇，在国际合作论文产出的绝对值上中国与美国还存在较大差距。然而，从在国际体育科学合作论文中的主导和从属情况来看，中国的主导从属率在50%上下波动，2007年高达63.33%，平均主导从属率达51.73%，表明中国在其国际体育科学研究活动中处于主导地位。美国的主导从属率10年间始终低于50%，最高值是2007年的49.67%，平均主导从属率为46.3%，表明美国在其国际体

---

① 郭永正. 中国和印度：国际科学合作的文献计量比较研究［D］. 大连：大连理工大学，2010.

育科学研究活动中处于从属地位。中国的主导程度高于美国，表明随着中国体育科学研究的不断深入，正积极融入国际体育科学研究共同体，探索和整合国际研究资源并参与国际体育科研活动，主导性的研究成果正逐步走向国际，学术成果的国际影响力也在稳步增强。

3.2.2.2　高产机构分布

利用文献统计软件CiteSpaceⅢ对两国国际合作发文的机构进行分析，得到如下结果：

中国合作网络中前10的高产机构分别是香港大学（181）、香港理工大学（69）、上海体育学院（48）、香港浸会大学（40）、香港教育学院（31）、四川大学（27）、天津体育学院（24）、上海交通大学（22）、福建医科大学（21）、南京医科大学（18）。美国合作网络中前10的高产机构分别是匹兹堡大学（319）、哈佛大学（264）、梅奥医学中心（151）、不列颠哥伦比亚大学（145）、北卡罗来纳大学（144）、犹他州立大学（139）、斯坦福大学（137）、康涅狄格大学（135）、密歇根大学（134）、多伦多大学（129）。此外，图3-2-2和图3-2-3中的紫色的圆环表示节点中介中心性不低于0.1的节点，是评价节点在网络中重要程度的指标。中介中心性越高表示节点在合作网络中处于核心地位。从图3-2-2和图3-2-3中可以看出，中国的香港大学、香港理工大学、上海体育学院、香港高等教育科技学院、上海交通大学和宁波大学，美国的斯坦福大学、加利福尼亚州立大学、圣保罗大学以及华盛顿大学具有较高的网络中介中心性，是两国国际合作研究的核心机构。

3.2.3　中美国际体育科学合作的特征解析

3.2.3.1　合作领域及研究热点对比分析

关键词是一篇文章的核心和精髓，是作者对文章的高度概括和凝练。所以，对一篇文章的关键词进行分析，出现频次较高的关键词常常可以用来确定一个学科研究领域的热点问题。[①]为进一步探索中美两国体育科学国际合作论文的研究领域及热点分布，本书首先根据WOS数据库中的研究领域（research area）字段分别对两国的国际合作论文进行统计，然后构建研究领域与作者标注关键词（author's keyword）两字段的共现矩阵，从而进一步对两国不同研究领域的高频关键词进行统计，统计结果见表3-2-1。

表3-2-1　中美国际体育合作研究领域及热点统计表（2007—2017年）

研究领域（美国/中国发文量）	高频热点关键词	
	美国（发文量）	中国（发文量）
运动创伤学（1 867/157）	前十字交叉韧带（276）、膝盖（115）、步态分析（83）、关节镜检查治疗（45）、全膝关节成形术（44）、骨关节炎（42）、核磁共振成像（34）、重建（34）、修复（32）、双束（29）	步态分析（18）、膝关节（9）、前十字交叉韧带（8）、肌电图（5）、关节成形术（5）、膝骨关节炎（5）、核磁共振（3）、动作分析（2）、肘关节（2）、老化（2）
运动生理学（1 302/112）	体育锻炼（99）、肌电图（62）、运动疲劳（33）、体力活动（31）、老化（30）、骨骼肌（28）、一氧化氮（22）、组织缺氧（21）、脑血流量（19）、肥胖症（18）、抗阻训练（18）、炎症（18）、身体成分（17）、肌肉疲劳（15）、自主神经系统（15）、心排血量（15）、阻塞性睡眠呼吸暂停（15）	肌电图（5）、体育锻炼（5）、儿童（4）、耐力训练（3）、儿童肥胖（3）、氧化应激（3）、抗氧化剂（3）、心率（2）、身体成分（2）、优秀运动员（2）
运动康复学（834/107）	康复（291）、肌电图（81）、中风（47）、脊髓损伤（35）、步态（31）、腰痛（24）、生物力学（23）、颅脑外伤（20）、老化（20）、多发性硬化症（19）、功能评定（18）、生活质量（17）、意外跌倒（17）、超声检查（16）、膝关节（15）、散步远足（14）、轮椅（14）、腰椎（12）、操作治疗学（12）	康复（43）、中风（23）、生活质量（9）、脊髓损伤（7）、脑瘫（5）、肌电图（4）、健步走（4）、残疾（4）、心理测验（4）、肌力（3）、截肢（2）

---

① 侯海燕，刘则渊，陈悦，等. 当代国际科学学研究热点演进趋势知识图谱［J］. 科研管理，2006，27（3）：90-96.

续表

研究领域（美国/中国发文量）	高频热点关键词	
	美国（发文量）	中国（发文量）
运动心理学（503/106）	体力活动（25）、动作技能学习（25）、动作练习（19）、动机（18）、自我效能（17）、儿童青少年（16）、运动学（13）、专业知识技能（12）、自我决定理论（12）、步态（10）、情绪（10）、测量（9）、生物力学（8）、运动控制（7）、帕金森病（7）、知觉（7）、肌电图（6）	专业知识技能（15）、觉察力（6）、体力活动（4）、工作记忆（4）、动作技能学习（4）、注意控制理论（3）、动作感知（3）、发展量表（3）、动机（2）、动作控制（2）
体育社会学（451/97）	儿童青少年（25）、身体锻炼（20）、体育暴力（15）、体育政策（14）、性别（10）、女性（10）、体育全球化（10）、肥胖（9）、兴奋剂（9）、体育文化（7）	生活方式（11）、体育消费（7）、体育文化（5）、女性体育（4）、体育暴力（4）、社区体育（2）、儒家（2）
运动神经科学（495/85）	步态分析（70）、肌电图（61）、姿势反射（24）、动作技能学习（20）、平衡能力（19）、帕金森病（18）、变异性（16）、体位控制（14）、压力中心（14）、中风（13）、大脑性瘫痪（12）、动作控制（11）、质心（10）	肌电图（11）、体位控制（10）、中风（7）、强化试验（5）、动作技能学习（4）、脑瘫（4）、动作控制（3）
体育系统工程学（284/55）	测量学（42）、动力学（38）、仿真建模（35）、生物力学（33）、动作分析（32）、模拟建模（28）、运动表面（28）、体育装备（26）、计算流体动力学（25）、动作分析（23）、可靠性（20）、力量训练（20）、生物力学建模（19）、数字模拟（15）	动力学（11）、生物力学（7）、计算机仿真（5）、材料科学（4）、数字体育教学（4）、数据挖掘系统（4）、体育装备（2）、图像捕捉（2）
外科学（920/53）	前十字交叉韧带（175）、膝关节（62）、肩关节（47）、关节镜检查治疗（39）、全膝关节成形术（36）、生物力学（29）、解剖学（27）、重建（25）、骨关节炎（25）、肩袖（22）、整形术（18）、肘关节（17）、轴移试验（16）、全肩关节置换术（16）、核磁共振成像（15）、半月板（13）、髋关节撞击综合征（12）	前十字交叉韧带（6）、膝关节（5）、核磁共振成像（5）、修复（2）、重建（2）、骨折分类（2）、肩胛骨骨折（2）、胫骨平台（2）、全膝关节成形术（2）、肘接（2）

续表

研究领域（美国/中国发文量）	高频热点关键词	
	美国（发文量）	中国（发文量）
体育健康与环境（204/26）	组织缺氧（31）、高山反应（29）、急性高山病（29）、高空（27）、体育锻炼（26）、乙酰唑胺利尿剂（25）、登山运动（25）、尼泊尔（23）、户外医学（23）、低体温症（21）、微重力（20）、冻伤（19）、潜水减压病（18）、低钠血症（15）、珠穆朗玛峰（14）、高原肺水肿（14）、山间救护（13）、血氧不足（11）	高空（4）、组织缺氧（2）、急性高山病（2）、失用性萎缩（2）、动脉血氧饱和度（2）、性别差异（2）、作业治疗（2）、红细胞生成素（2）
运动营养学（222/24）	营养（48）、儿童（42）、体育锻炼（39）、身体活动（39）、身体成分（37）、新陈代谢（35）、肥胖（35）、饮食（34）、炎症（31）、膳食补充（30）、疲劳（21）、代谢症候群（20）、骨骼肌（19）、氧化应激（19）、减重（17）、能量消耗（15）、肌肉损伤（15）、体脂（15）、肥胖（14）、耐力训练（12）	儿童(5)、肥胖(4)、干预(4)、糖尿病（2）体力活动（2）、体育锻炼（2）、氧化应激（2）、身体成分（2）、间歇训练（2）
一般内科学（115/14）	体育锻炼（21）、高胆固醇血症（18）、糖尿病（18）、心率变异（16）、超声检查（15）、晕动病（15）、老年人（15）、高血压（14）、Ⅱ型糖尿病（13）、补充供氧（12）、性别（11）、血压（9）、前庭（9）、动脉粥样硬化（6）、诊断（5）	失用性萎缩（2）、运动员（2）、性别差异（2）、静态平衡（1）、心血管（1）、中草药（1）、糖尿病（1）、高血压（1）
运动生物力学（58/14）	膝关节（17）、旋转袖（15）、实体轴（13）、动作技能（13）、肌电图（11）、核磁共振成像（11）、高速摄像技术（10）、足底压力（10）、人体运动仿真（8）、力学模型（7）	动作技术（3）、计算机模拟（2）、核磁共振技术（2）、肌电图（2）、高速摄影（2）、影像分析（2）
体育教育教学（79/12）	体育教育（28）、体力活动(25)、动机(25)、体育教师教育（21）、教师专业发展（20）、体育锻炼（20）、肥胖（19）、青少年（17）、小学（11）、教育学（10）、体能测试（10）、自我决定理论（7）、中学（7）、性别（4）、技能等级（2）	香港（2）、锻炼（2）、体育教育（2）、儿童肥胖（2）、体力活动（1）、动机（1）、儒教（1）、身体质量指数（1）

续表

研究领域（美国 / 中国发文量）	高频热点关键词	
	美国（发文量）	中国（发文量）
儿童体育（53/4）	体育锻炼（18）、体力活动（17）、儿童（17）、肥胖（14）、儿童肥胖（12）、人体测量（12）、久坐行为（11）、健康行为（11）、代谢症候群（10）、体育教育（10）、能量摄入（10）、身体成分（10）、学业成绩（9）、学龄前儿童（8）、直接观测（7）、运动训练（7）、耗氧量（5）、心血管功能（1）	体适能（1）、体育锻炼（1）、儿童肥胖（1）、心血管功能（1）
老年运动医学（33/3）	老年人（19）、老化（19）、体育锻炼（17）、健步走（15）、耗氧量（15）、自我效能（14）、结构方程模型（13）、康复（11）、力量（9）、生活质量（9）、人体测量（9）、久坐行为（8）、加速度测量术（7）、心率变异性（7）、wingate 试验（6）	老年人（2）、健步走（1）、肌肉力量（1）、自感用力度（1）、长距离步行（1）、
体育经济学（71/2）	制度论（17）、合作（12）、美国职业棒球大联盟（12）、团队认同（10）、领导力（9）、俱乐部管理（9）、奥林匹克运动（9）、大学橄榄球（8）、组织行为（8）、体育迷（7）、品牌结构（7）、品牌联结（6）、组织绩效（6）、满意度（5）、社区体育组织（4）、客户满意度（3）、世界杯（2）、亲社会行为（2）、NBA（1）	体育产业（1）、消费市场（1）、市场经济（1）、体育消费（1）、体育俱乐部（1）

注：表中合作研究领域是基于 WOS 数据库中的 Research Area 字段统计得出。

从表3-2-1中数据可以看出，运动创伤学、运动生理学、运动康复学、运动心理学领域是两国共同的国际合作高产领域，四个领域占中美两国国际合作论文总量的58.7%和64.3%；两国在体育经济学、老年运动医学、儿童体育、体育教育教学、运动生物力学、一般内科学等领域的国际合作论文产出相对较少。从两国各研究领域的热点来看基本相像，这也表明两国在体育领域的国际合作研究紧随世界研究前沿。然而，中国与美国在各领域的国际合作研究产出数量差距较为悬殊，这也说明中国在一些领域的国际合作研究实力相对较弱，如中国在体育经济学、老年运动医学、儿童体育领域仅有几篇国际合作产出论文。

3.2.3.2 不同合作领域的主导从属率对比分析

国际合作论文在不同研究方向的主导从属率可以反映一个国家在体育科学不同研究领域合作研究成果的地位。利用WOS数据库中的研究方向（SU）字段，对中美国际体育科学合作论文不同研究方向的主导从属情况进行分类统计，统计结果见表3-2-2。

表3-2-2　中美国际体育科学合作论文研究领域的主导从属率（2007—2017年）

研究方向	中国合作分布			美国合作分布		
	中国第一署名/篇	总量/篇	主导从属率/%	美国第一署名/篇	总量/篇	主导从属率/%
运动创伤学	68	157	43.31	905	1 867	48.47
运动生理学	58	112	51.79	556	1 302	42.70
运动康复学	50	107	46.73	370	834	44.36
运动心理学	49	106	46.23	210	503	41.75
体育社会学	48	97	49.48	178	451	39.47
运动神经科学	37	85	43.53	204	495	41.21
体育系统工程学	22	55	40.00	122	284	42.96
外科学	26	53	49.06	429	920	46.63
体育健康与环境	19	26	73.08	106	204	51.96
运动营养学	14	24	58.33	88	222	39.64
一般内科学	11	14	78.57	58	115	50.43
运动生物力学	11	14	78.57	23	58	39.66
体育教育教学	7	12	58.33	35	79	44.30
儿童体育	3	4	75.00	16	53	30.19
老年运动医学	2	3	66.67	9	33	27.27
体育经济学	1	2	50.00	29	71	40.85

注：按照 WOS 的分类，体育科学既是一个 WOS 主题类目，同时也是体育科学主题类目下的一个研究方向（SU）。部分文献可能同时归于多个研究方向，故表除中美两国体育科学研究方向之外的其他研究方向论文总量要大于体育科学研究方向。

两国国际体育科学合作论文共涉及运动创伤学、运动生理学等16个研究方向，从各研究方向的主导从属率来看，中国在运动生理学、体育健康与环境、运动营养学、一般内科学、运动生物力学、体育教育教学、儿童体育、老年运动医学和体育经济学9个研究方向中处于主导地位，其中主导程度最高的为运动生物力学与一般内科学，达78.57%。此外，超过70%的还有儿童体育和体育健康与环境两个方向。美国在体育健康与环境和一般内科学两个方向处于主导地位，分别达51.96%和50.43%。从两国体育科学国际合作领域来看，各研究领域之间存在一定的不均衡性：运动创伤学、运动生理学、运动康复学及运动心理学是两国体育科学国际合作的重点领域；运动生物力学、体育教育教学、儿童体育、老年运动医学和体育经济学则处于两国国际合作的边缘。

3.2.4 社会合作网络结构的对比分析

社会网络是社会行动者及其间关系的集合。这里的行动者可以是个体、群体、组织及国家，也包括城市或乡镇等；而关系具有多种类型，包括单一群体间的1-模关系网、两个群体间的2-模关系网，以及某一群体与其他多个组织之间的隶属关系网等类型。社会网络分析法是将社会网络的特性与数学中图论方法相结合，来研究网络中行动者之间的关系。本书利用社会网络分析软件Ucinet对中美与国际体育科学合作国家之间的网络关系进行分析。

3.2.4.1 双边合作网络结构特征

国际合作论文指由N（$N \geqslant 2$）个国家合作发表的论文。当$N=2$时为双边合作论文，$N=3$或4时为多边合作论文，$N>4$时为超多边合作论文。为探索与中美两国进行体育科学双边合作的国家分布情况，首先，分别将两国国际合作论文中仅含两个署名国家的论文进行筛选，其次，分别构建两国与其他国家之间的共现矩阵，最后，利用Netdraw软件绘制双边合作的星状2-模网络（如图3-2-2和图3-2-3）。

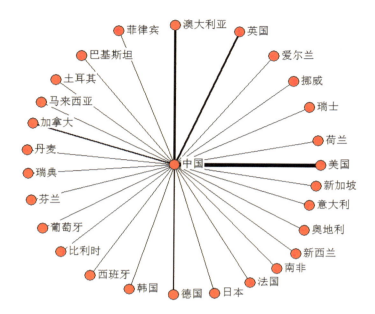

图3-2-2 中国国际体育科学双边合作网络结构

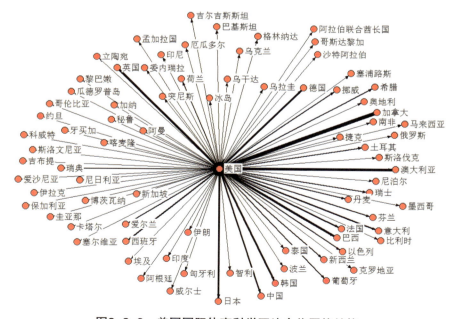

图3-2-3 美国国际体育科学双边合作网络结构

图3-2-2和图3-2-3的中心节点代表中美两国，外围节点代表双边合作国，连线代表国家间的合作关系，连线的粗细代表合作频次的高低。由图3-2-2和图3-2-3可知，中国双边合作国家包括美国、澳大利亚等27个国家，其中频次超过100的国家是美国和澳大利亚，分别合作212次和104次；美国双边合作国家包括加拿大、澳大利亚、英国等83个国家和地区，其中合作频次超过100的有加拿大、澳大利亚、英国、巴西、日本、德国、韩国、中国、意大利、西班牙、法国、荷兰、新西兰、瑞士。从两国双边合作国家范围来看，美国双边合作范围是中国的两倍多。由此，中国的国际双边合作在纵向发展的同时还需进一步扩展合作范围，以在全球更大范围内进行研究资源的整合与科学合作。此外，从双边合作、多边合作和超多边合作比较来看，中国和美国的双边合作论文分别占据主要份额的70.65%和76.80%，多边合作论文分别占25.21%和19.88%，超多边合作论文分别占9.87%和7.45%。其中，中国和美国最大国际合作范围分别为12个和14个国家。

3.2.4.2 整体合作网络结构特征

中美国际体育科学合作整体网络是由两国所有国际体育科学合作关系所形成的节点和连线的集合，其中不但包含两国的双边合作国网络，同时也包含多边合作关系的整体网络。先分别构建两国合作国家之间的共现矩阵，再利用Netdraw软件绘制两国的合作网络（如图3-2-4和图3-2-5）。

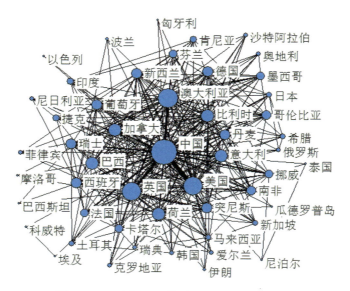

图3-2-4　中国国际体育科学合作整体网络

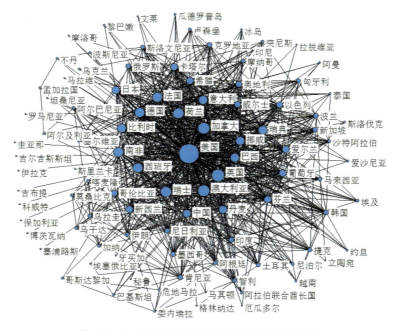

图3-2-5　美国国际体育科学合作整体网络

　　图3-2-4和图3-2-5分别以中国和美国为中心国，展现两国与其他各国的双边和三边等多边合作关系。在社会网络中如果一个行动者与很多其他行动者具有直接关联关系，那么该行动者则居于中心地位，通常用与该行动者直接相关联的行动者总数表示其在网络中的点度中心性；如果行动者之间关系存在方向，则点度中心性分为点入度和点出度；点度中心性的大小表示其在网络中的重要程度。[①]图3-2-4和图3-2-5中的节点表示合作国家，节点大小表示节点在网络中的点度中心度大小，连线表示合作关系，连线粗细表示合作频次多少。

　　从两国合作网络来看，美国合作网络的规模要明显大于中国，美国合作网络含有100个合作国家和地区，中国合作网络含有50个合作国家。从网络点度中心性来看，在中国合作网络中占据重要地位的前3个的国家分别是澳大利亚（39）、美国（36）和英国（36），在美国合作网络中占据重要地位的前3个国家分别是英国（60）、澳大利亚（57）和加拿大（56）。从合作频次来看，与中国合作频次最多的前3个国家分别是美国（272）、澳大利亚（157）和英国（121），与美国合作频次最多的前3个国家加拿大（1124）、英国（921）和澳大利亚（786）。中国的合作网络中不存在仅与中国存在双边合作关系的国家，美国合作网络中存在圭亚那、吉尔吉斯斯坦、伊拉克、吉布提、科威特、保加利亚、博茨瓦纳和塞浦路斯8个国家仅与美国存在双边合作关系。

3.2.4.3　核心-边缘合作网络结构特征

　　关于核心-边缘结构的探讨在世界体系理论都有体现，如世界体系理论将世界划分为核心地位的西方世界、半边缘地区和处于边缘地位的第三世界，整个世界分为核心—半边缘—边缘的三层结构。[②]社会网络研究中

---

①　刘军. 社会网络分析导论［M］. 北京：社会科学文献出版社，2004：94-99.

②　Snyder D, Kick E L. Structural position in the world system and economic grouth, 1955—1970: a multiple-network analysis of transnational interactions［J］. American journal of sociology, 1979, 84（5）：1096-1126.

的核心-边缘结构分析在国家或组织间合作、集体行动、科技期刊引文网络等方面都有涉及。从以往研究来看，核心与边缘合作国是指在某国的国际合作网络中，点度中心性位于前20%的合作国家称为核心合作国，点度中心性位于后80%的合作国称为边缘合作国。按照此定义，可以将中美两国国际体育科学合作关系矩阵划分为由中心国、核心合作国和边缘合作国3类国家构成的对称矩阵，包含9个区。见表3-2-3和表3-2-4，处于对称位的区具有相同的统计值，而处于对角线上的合作国家相同不具统计意义。由于篇幅原因，表3-2-3和表3-2-4仅显示部分核心和边缘合作国家。其中，Ⅰ区是处于对角线的中国与中国合作不具统计意义，Ⅱ区和Ⅳ区为处于对称位的两方合作核心区，Ⅲ区和Ⅶ区为处于对称位的两方合作边缘区，Ⅴ区为三方合作核心区，Ⅵ区和Ⅷ区为处于对称位的三方合作核心-边缘区，Ⅸ区为三方合作边缘区。

从各区的参数值来看，中美国际体育科学合作网络存在核心-边缘结构的特征。第一，从合作关系密度（β参数值）来看，因为本节研究的所有论文都是与中美至少存在双边合作关系的论文，所以Ⅱ区、Ⅲ区、Ⅳ区和Ⅶ区的β参数都为1。而在三方合作关系方面，中美分别有95.56%和98.42%核心合作国与两国存在三方合作关系，分别仅有10.24%和3.94%的边缘合作国与两国存在三方合作关系。这表明两国在国际合作中呈现出明显的核心-边缘结构特征，而美国较中国特征相对更为明显。第二，从合作频次（γ参数值）来看，中美两国与核心合作国之间的两方合作频次分别占66.23%和79.31%，而与边缘国家之间的两方合作频次分别仅占33.77%和20.69%；中美两国与核心合作国-核心合作国的三方合作频次分别占46.07%和73.45%，与核心合作国-边缘合作国的三方合作频次分别占13.64%和7.21%，与边缘合作国-边缘合作国的三方合作频次分别仅占26.64%和12.13%。这进一步表明两国在国际合作中呈现出明显的核心-边缘结构特征。

此外，从中美国际体育科学合作国家共现矩阵还可以发现，中国的两方合作关系频次最多的组合为中国—美国（272）、中国—澳大利亚（157）及中国—英国（121），三方合作关系频次最多的组合为中国—英国—荷兰（17）、中国—美国—澳大利亚（15）及中国—法国—突尼斯（16）。美国的两方合作关系频次最多的组合为美国—加拿大（1124）、美国—英国（921）及美国—澳大利亚（786），三方合作关系频次最多的组合为美国—澳大利亚—英国（140）、美国—加拿大—英国（119）及美国—澳大利亚—加拿大（90）。

表3-2-3　中国国际体育科学合作网络的"核心-边缘"结构

核心边缘合作国家		中心国	10个核心合作国及地区				41个边缘合作国			
		中国	澳大利亚	美国	……	新西兰	突尼斯	西班牙	……	科威特
中心国	中国	I区		II区：两方合作核心区 $\alpha=10\div51\approx19.61\%$ $\beta=1$ $\gamma=800\div1208\approx66.23\%$				III区：两方合作边缘区 $\alpha=41\div51\approx80.39\%$ $\beta=1$ $\gamma=408\div1208\approx33.77\%$		
10个核心合作国及地区	澳大利亚 美国 …… 新西兰	IV区：两方合作核心区 $\alpha=10\div51\approx19.61\%$ $\beta=1$ $\gamma=800\div1208\approx66.23\%$		V区：三方合作核心区 $\alpha=10\times9\div51\div50\approx3.53\%$ $\beta=86\div10\div9\approx95.56\%$ $\gamma=1209\div2624\approx46.07\%$				VI区：三方合作核心-边缘区 $\alpha=10\times41\div51\div50\approx16.08\%$ $\beta=178\div10\div41\approx43.41\%$ $\gamma=358\div2624\approx13.64\%$		
41个边缘合作国	突尼斯 西班牙 …… 科威特	VII区：两方合作边缘区 $\alpha=41\div51\approx80.39\%$ $\beta=1$ $\gamma=408\div1208\approx33.77\%$		VIII区：三方合作核心-边缘区 $\alpha=10\times41\div51\div50\approx16.08\%$ $\beta=178\div10\div41\approx43.41\%$ $\gamma=358\div2624\approx13.64\%$				IX区：三方合作边缘区 $\alpha=41\times40\div51\div50\approx64.31\%$ $\beta=168\div41\div40\approx10.24\%$ $\gamma=699\div2624\approx26.64\%$		

注：1. 参数 α 指所在区理论合作关系数量与该区所在的核算区（如两方合作区）理论合作关系总量的比值。理论上，α 为确定参数值，但由于合作矩阵中对角线数值缺失等原因，α 值存在一定波动。

2. 参数 β 指所在区的合作关系密度，等于所在区实际合作关系数与理论合作关系总量的比值。

3. 参数 γ 指所在区合作论文的占比，等于所在区实际合作论文次数占该区所有核算次数实际合作次数总量的比值。

4. 双方合作关系指完成 N 边合作论文的两个国家之间的关系。

5. 三方合作关系指完成 N 边合作论文的三个国家之间的关系。

表3-2-4　美国国际体育科学合作网络的"核心-边缘"结构

核心边缘合作国家		中心国 美国	20个核心合作国 英国 / 澳大利亚 / …… / 芬兰	80个边缘合作国 希腊 / 卡塔尔 / …… / 吉尔吉斯坦
中心国	美国	I区	II区：两方合作核心区 $\alpha=20\div100=20\%$ $\beta=1$ $\gamma=7507\div9465\approx79.31\%$	III区：两方合作边缘区 $\alpha=80\div100=80\%$ $\beta=1$ $\gamma=1958\div9465\approx20.69\%$
20个核心合作国	英国 澳大利亚 …… 芬兰	IV区：两方合作核心区 $\alpha=20\div100=20\%$ $\beta=1$ $\gamma=7507\div9465\approx79.31\%$	V区：三方合作核心区 $\alpha=20\times19\div100\div99\approx3.84\%$ $\beta=374\div20\div19=98.42\%$ $\gamma=13988\div19045\approx73.45\%$	VI区：三方合作核心-边缘区 $\alpha=20\times80\div100\div99\approx16.16\%$ $\beta=466\div20\div80\approx29.13\%$ $\gamma=1373\div19045\approx7.21\%$
80个边缘合作国	希腊 卡塔尔 …… 吉尔吉斯坦	VII区：两方合作边缘区 $\alpha=80\div100=80\%$ $\beta=1$ $\gamma=1958\div9465\approx20.69\%$	VIII区：三方合作核心-边缘区 $\alpha=20\times80\div100\div99\approx16.16\%$ $\beta=466\div20\div80=29.13\%$ $\gamma=1373\div19045\approx7.21\%$	IX区：三方合作边缘区 $\alpha=80\times79\div100\div99\approx63.84\%$ $\beta=249\div80\div79\approx3.94\%$ $\gamma=2311\div19045\approx12.13\%$

注：1. 参数 α 指所在区理论合作关系数量与该区所在的核算区（如两方合作）理论合作关系总量的比值，等于所在区实际合作关系数与理论合作关系总量的比值。理论上，α 为确定参数值，但由于合作矩阵中对角线数值缺失等原因，α 值在一定波动。

2. 参数 β 指所在区的合作关系密度，等于所在区实际合作关系数与该区理论合作关系数的比值。

3. 参数 γ 指所在区合作频次的占比，等于所在区实际合作频次数与该区所在核算区实际合作频次总量的比值。

4. 双方合作关系指完成的两个国家之间的关系。

5. 三方合作关系指完成的三个国家之间的关系。

3.2.5　主要合作国家领域分布的对比分析

为探索不同研究方向的中美两国的国际合作特征，本书对两国不同研究方向国际体育科学合作论文的主要合作国进行数据统计，统计结果见表3-2-5。

表3-2-5　不同研究领域的中美国际体育科学合作主要国家分布

国家	研究领域	第一合作国		第二合作国		第三合作国	
		国家	占比/%	国家	占比/%	国家	占比/%
中国	运动创伤学	美国	45.28	荷兰	11.95	英国	10.69
	运动生理学	美国	41.07	澳大利亚	14.29	加拿大	13.39
	运动康复学	美国	36.45	澳大利亚	25.23	瑞士	21.50
	运动心理学	澳大利亚	30.19	英国	30.19	荷兰	23.58
	体育社会学	美国	30.93	澳大利亚	28.87	英国	22.68
	运动神经学	荷兰	30.23	美国	25.58	英国	19.77
	体育工程学	美国	41.07	英国	14.29	澳大利亚	14.29
	外科学	美国	50.94	德国	13.21	英国	11.32
	体育健康与环境	美国	42.31	挪威	15.38	奥地利	15.38
	运动营养学	美国	29.17	澳大利亚	25.00	加拿大	16.67
	一般内科学	美国	50.00	奥地利	28.57	英国	14.29
	运动生物力学	美国	50.00	挪威	28.57	瑞士	21.43
	体育教育	美国	75.00	韩国	8.33	澳大利亚	8.33
	儿童体育	澳大利亚	75.00	加拿大	25.00	突尼斯	25.00
	老年运动医学	澳大利亚	100	—	—	—	—
	体育经济学	美国	100	—	—	—	—
	运动创伤学	加拿大	16.26	德国	11.71	日本	9.43

续表

国家	研究领域	第一合作国		第二合作国		第三合作国	
		国家	占比/%	国家	占比/%	国家	占比/%
美国	运动生理学	加拿大	17.86	英国	14.13	澳大利亚	10.64
	外科学	德国	14.59	日本	11.68	加拿大	10.49
	运动康复学	加拿大	21.60	澳大利亚	9.90	英国	7.76
	运动心理学	加拿大	21.68	英国	16.80	澳大利亚	11.13
	运动神经学	加拿大	14.71	巴西	10.54	英国	10.34
	体育社会学	加拿大	25.16	英国	18.38	澳大利亚	14.00
	体育工程学	加拿大	17.48	英国	12.59	日本	10.14
	运动营养学	加拿大	35.43	英国	11.66	澳大利亚	10.31
美国	体育健康与环境	英国	20.67	加拿大	18.75	尼泊尔	10.10
	一般内科学	加拿大	21.01	澳大利亚	12.61	英国	10.08
	体育教育	英国	17.72	澳大利亚	13.92	加拿大	12.66
	体育经济学	澳大利亚	27.78	加拿大	25.00	韩国	9.72
	运动生物力学	英国	22.41	尼泊尔	15.52	加拿大	13.79
	儿童体育	英国	28.30	澳大利亚	15.09	葡萄牙	15.09
	老年运动医学	加拿大	15.15	澳大利亚	9.09	巴西	9.09

从中国的合作数据来看，美国、澳大利亚和英国是中国的最核心合作国，基本涵盖了中国体育科学国际合作的各个研究领域。值得注意的是，荷兰在运动神经学方向是中国的第一合作国，在运动创伤和运动心理学方向也是中国的重要合作国。此外，在中国国际体育科学合作的边缘国家中，德国在外科学方向、挪威在体育健康与环境和运动生物力学方向、奥地利在体育健康与环境和一般内科方向、韩国在体育教育方向以及突尼斯在儿童体育方向进入中国核心合作国的行列。

从美国的合作数据来看，加拿大、澳大利亚和英国是美国的最核心合作国。在美国的体育科学各研究方向中，作为美国核心合作国的中国尚没有进入前3合作国的研究领域。在美国的边缘合作国家中，尼泊尔在体育健康与环境和运动生物力学方向、韩国在体育经济学方向进入美国前3核心合作国行列。整体来看，两国在不同研究方向的核心合作国呈现相对集中和局部离散的分布状态，在保持与核心合作国紧密合作关系的同时，积极争取边缘合作国在各自优势研究领域的资源，从而最大限度地保持本国在各研究领域与世界顶尖水平国家的合作关系，进而提升国际影响力。

3.3 基于引文分析的体育科学跨学科知识流动特征

随着现代科学技术的不断发展进步，多学科间的交叉融合、相互渗透越来越频繁，知识流动（knowledge flow）及跨学科研究（interdisciplinary）也伴随知识进步与学科分化而不断发展，进而逐步形成相对独立的研究主题领域。[①]随着多学科交叉融合发展的不断深入，体育科学也逐步与其他学科间产生越来越多的交叉研究，在与其他学科相互融合中不断产生新的问题突破口和创新点，并极大地推动了体育科学持续创新与发展。然而，在体育科学日益与多学科交叉融合发展的背景下，体育科学与其他学科之间的知识吸收与知识扩散呈现怎样的流动特征？体育科学知识发展的来龙去脉是什么？哪些学科是体育科学的主要交叉学科？解决这些问题，将有利于我们把握当前体育科学跨学科知识流动特征，为探索体育科学未来研究趋势，制定体育科学发展规划，拓宽体育科学研究方向和创新思路提供有力支撑。鉴于此，本书将对体育科学跨学科知识流动特征进行深入分析。

学术论文作为科学知识的重要载体，其在各学科内或学科间的知识流动中发挥着重要作用。知识流动过程中的知识吸收与扩散主要以论文间相互引证的方式来实现。[②]而学术论文的引证与被引证是开展科学研究过程中普遍存在的现象，具体以参考文献的形式得以表现，并在一定程度上反

---

① 叶鹰，张家榕，张慧. 知识流动与跨学科研究之关联［J］. 图书与情报，2020（3）：29-33.

② 邱均平，瞿辉，罗力. 基于期刊引证关系的学科知识扩散计量研究——以我国"图书馆、情报、档案学"为例［J］. 情报科学，2012，30（4）：481-485，491.

映了知识的吸收与传播过程。目前，多数学者主要采用文献计量的相关指标与方法对各自学科领域的知识流动特征进行定量分析。张慧等人[1]利用自引率和知识流动率两个指标，并结合施引和被引的引文网络分析了我国人文社科领域学科间的知识流动特征。邵瑞华等人[2]利用社会网络分析方法，构建84种图书情报学期刊间的互引网络，并探析学科内部的知识流动特征。张家榕等人[3]以中国科学引文索引数据库为数据源，构建了包含5个学科门类中的68个学科间的引文网络，并依此分析我国理工农医之间的跨学科知识流动特征。周秋菊等人[4]从期刊的同被引和互引视角分析了生态学领域的知识流动情况。李明倩等人[5]分别从跨地域知识流动网络特征、知识流动效率特征及知识流动效率影响因素等方面对知识在不同地域间的流动特征及其背后的驱动因素进行了分析。王婉茹等人[6]从量化和质性角度对比分析了国内外图书情报学领域的知识流动和跨学科研究特征；叶鹰等人[7]对知识流动和跨学科研究之间的关联进行了系统分析。宋凯等人[8]

———————————

①　张慧，张家榕，叶鹰. CSSCI体现的我国人文社科领域知识流动探析［J］. 图书与情报，2020（3）：41–48.

②　邵瑞华，张和伟. 图书情报学期刊内部知识流动分析——以2013年SSCI收录的84种图书情报学期刊为例［J］. 情报杂志，2015，34（6）：75–80.

③　张家榕，张慧，叶鹰. CSCD体现的我国理工农医跨学科知识流动探析［J］. 图书与情报，2020（3）：49–54，60.

④　周秋菊，杨立英，岳婷，等. 基于期刊同被引和互引网络的学科结构和知识流动研究［J］. 情报杂志，2014，33（8）：84–91.

⑤　李明倩，叶光辉，彭泽，等. 基于引文网络分析的跨地域知识流动研究［J］. 情报科学，2020，38（7）：37–44.

⑥　王婉茹，张慧，叶鹰. 图书情报学知识流动与跨学科研究的国内外比较分析［J］. 图书与情报，2020（3）：34–40.

⑦　叶鹰，张家榕，张慧. 知识流动与跨学科研究之关联［J］. 图书与情报，2020（3）：29–33.

⑧　宋凯，李秀霞，赵思喆，等. 基于引文分析的学科知识流动计量研究［J］. 情报杂志，2017，36（1）：154–159.

从知识吸收和知识扩散两个维度分析讨论了图书情报学领域的知识流动特征。从以往研究来看，学者们从不同视角，并采用不同的指标对各自学科领域的知识流动特征进行分析，为本书开展体育科学跨学科知识流动提供了丰富的思考及借鉴。

因此，为深化我们对体育科学中知识流动与跨学科研究的认识，本书主要以WOS数据库为数据源，从期刊论文相互引证关系的角度入手，并借助Citespace中的Z值，知识扩散速度、广度和强度等指标来分析体育科学跨学科知识流动特征，进而厘清体育科学发展与知识传播交流的规律，并为体育科学中知识流动和跨学科研究提供参考。

3.3.1　研究方法及数据来源

3.3.1.1　研究方法及工具

学科知识流动过程（如图3-3-1）包括知识吸收和知识扩散两个环节，其中，研究所下载的样本文献即原始文献集，原始文献所参考引证的文献即参考文献集，参考引证原始文献所组成的文献集即为施引文献集。知识吸收环节是指原始文献引用参考文献的过程，知识扩散环节是指原始文献被施引文献引用的过程。

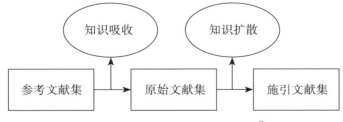

图3-3-1　学科知识流动过程图①

对于体育科学跨学科知识吸收过程特征的研究，本书主要借助2004年

---

①　宋凯，李秀霞，赵思喆，等.基于引文分析的学科知识流动计量研究［J］.情报杂志，2017，36（1）：154-159.

由美国德雷塞尔大学的陈超美教授①所开发的Citespace文献计量软件中的双图叠加（dual-map）功能来分析，通过原始文献集与参考文献集间的引文路径来展现体育科学与其他学科期刊间的知识流动。Citespace中的双图叠加功能是在2014年嵌入软件的，双图叠加由基础图层和叠加图层组成。其中，全景的基础图层描绘了10 000本不同学科期刊间的相互关系，图中将这些期刊归类到特定的区域，并依据Blondel聚类算法从这些期刊名称中抽取相应的标签，如将运动、康复作为一个期刊类群标签，并以此来表示该区域内期刊的学科特征。本书将在WOS数据库下载的体育科学文献数据叠加到基础图层上，从而清晰地展示体育科学发文期刊知识流动的学科特征及主要吸收了哪些期刊类群的知识。本书还借助软件的Z-score标准化功能来挖掘和展示图中重要的引文路径，用通过计算得到的Z值来辨别知识吸收程度的强弱：Z值越大，表明该期刊类群为主要的知识吸收域。

对于体育科学跨学科知识扩散过程特征的研究，本书采用邱均平教授②以往研究所给出的关于知识扩散广度、强度和速度的定义及计算公式来分析。其中，知识扩散广度（knowledge diffusion breadth，KDB）是指某学科领域的期刊总被引频次与统计年数的比值，其计算公式为

$$KDB=N_i/Y_{pub} \hspace{2cm} （式3-3-1）$$

式中，N_i为统计年度中该学科领域期刊的总被引频次，Y_{pub}为统计起始年与终止年的年数。

知识扩散强度（knowledge diffusion intensity，KDI）是指A学科领域期刊被B学科领域期刊引用频次与总被引频次的比值，即A学科领域对B学科领域的知识扩散强度，其计算公式为

---

① Chen C M, Leydesdorff L. Patterns of connections and movements in dual-map overlays：a new method of publication portfolio analysis［J］. Journal of the American Society for information science and technology，2014，65（2）：334-351.

② 邱均平，瞿辉，罗力. 基于期刊引证关系的学科知识扩散计量研究：以我国"图书馆、情报、档案学"为例［J］. 情报科学，2012，30（4）：481-485，491.

$$KDI=N_i/\sum N_i \qquad （式3-3-2）$$

式中，N_i 为 A 学科领域期刊被 B 学科领域期刊引用的频次，$\sum N_i$ 为 A 学科领域期刊的总被引频次。

知识扩散速度（knowledge diffusion speed，KDS）是指某学科领域被引用的不同刊物数量与统计年数的比值，其计算公式为

$$KDS=P_{cit}/Y_{pub} \qquad （式3-3-3）$$

式中，P_{cit} 为统计年度中该学科领域被引用的不同期刊数量，Y_{pub} 为统计起始年与终止年的年数。

借助以上 3 个指标来探析体育科学领域知识主要流向哪些学科，以及呈现出怎样的流动特征。

3.3.1.2 数据来源及处理

本书数据源于 WOS 核心合集数据检索平台中的科学引文索引扩展版（SCI-EXPANDED）和社会科学引文索引（SSCI）数据库，检索策略选择逻辑组合高级检索，以 "WC=sport sciences and 文献类型=article and 时间跨度=2011～2020 年" 为检索式，对 2011—2015 年和 2016—2020 年两个时间段分别进行检索，分别得到 32 928 篇和 46 830 篇原始文献，并以纯文本格式下载包含引文数据的完整题录信息，形成本书的原始文献集。然后，利用 WOS 数据库中的引文分析报告功能来查询记录各年度的被引频次，同时下载纯文本格式的施引文献完整题录信息，形成本书的施引文献集。利用 Bibexcel 文献计量软件对原始文献题录信息中的参考文献数据进行提取，形成本书的参考文献集。具体检索结果见表 3-3-1。

表 3-3-1　文献数据集检索结果一览表

年份	原始文献集/篇	施引文献集/篇	参考文献集/篇
2011 年	7 479	125 774	162 063
2012 年	7 897	114 469	170 141
2013 年	8 122	101 866	172 907
2014 年	8 420	94 143	179 273

续表

年份	原始文献集 / 篇	施引文献集 / 篇	参考文献集 / 篇
2015 年	8 489	79 132	184 491
2016 年	8 688	63 245	189 855
2017 年	9 044	49 661	167 564
2018 年	9 543	34 274	208 200
2019 年	10 251	18 643	214 764
2020 年	9 304	5 393	201 848

注：由于 WOS 引文分析报告的文献上限为 10 000 篇，本书对 2019 年的 10 251 篇原始文献按被引频次排序，并排除 251 篇未被引文献，进而将原始文献精炼至 10 000 篇并以此来分析其被引情况。

利用CiteSpace 5.7.R2软件中的双图叠加功能，把原始文献集的引文数据加载到基础图层上，并对其进行Z-Score标准化处理，并借助原始文献集与被引文献集之间的引文关系，对体育科学的知识吸收特征进行分析。同时，利用WOS数据平台的分析功能及Bibexcel、Excel等软件，对体育科学的知识扩散广度、知识扩散强度和知识扩散速度等知识扩散指标特征进行统计分析。

3.3.2　体育科学跨学科知识吸收特征分析

利用Citespace 5.7.R2将2011—2020年所有的原始文献数据进行双图叠加处理，并对其进行Z-score标准化处理，得到体育科学研究的期刊引文双图叠加图谱（如图3-3-2）。图3-3-2中左侧显示了文献数量≥50篇的施引文献集期刊类群，右侧显示了被引频次≥15次的被引期刊类群；椭圆的纵轴大小代表论文数量的多少，横轴大小代表作者数量的多少；连线的粗细代表Z值的大小，即知识吸收程度的大小。

图3-3-2 体育科学研究的期刊引文双图叠加图谱（2011—2020年）

从图3-3-2中我们可以看出，体育科学研究的发文期刊类群集中在神经科学、运动学、眼科学及医学、临床医学期刊类群，而其主要吸收的期刊类群集中在健康、护理、医学、分子遗传学、生物学、心理学、教育学、社会学、运动、康复学等期刊类群。图3-3-2中显示的期刊类群标签名称是通过Blondel聚类算法从期刊名中抽取得出，能够较好地显示学科特征，然而对学科类别的具体划分则较为模糊。此外，某一学科的论文可能同时包含其他学科的知识，使其具有多学科的属性。[①]因此，我们分析所有的79 758篇原始文献题录的学科属性发现，共有4个学科发文量超过1万篇：骨科学有25 744篇，占总文献量的32.28%；生理学有12 152篇，占总文献量的15.24%；外科学有11 730篇，占总文献量的14.71%；康复学有10 618篇，占总文献量的13.31%。

为了更好地分析体育科学知识吸收的动态演变，本书分别对2011—2015年和2016—2020年两个时间段的数据进行双图叠加，并对Z值和被引频次进行统计，统计结果见表3-3-2。

---

① 关智远，陈仕吉. 跨学科知识交流研究综述［J］. 情报杂志，2016，35（3）：153-158.

表3-3-2　体育科学主要知识吸收路径特征

原始文献集期刊类群	被引文献集期刊类群	Z-score 值		总被引频次	
		2011—2015年	2016—2020年	2011—2015年	2016—2020年
神经学、运动学、眼科学、医学、临床医学	健康、护理、医学	4.252	4.194	31 890	17 960
	分子遗传学、生物学	3.629	3.465	27 614	15 111
	心理学、教育学、社会学	3.001	3.356	23 306	14 685
	运动、康复学	2.126	1.965	17 310	9 248

从期刊类群来看，两个时间段中体育科学原始发文期刊类群与知识吸收的被引期刊类群相同，表明体育科学研究发展较为稳定。从期刊类群的Z值变化来看，虽然发文期刊类群相同，但2016—2020年体育科学对心理学、教育学、社会学期刊类群的知识吸收有增长趋势，吸收和借助此类群学科知识优势解决体育科学相关问题。从知识吸收的Z值大小来看，健康、护理、医学是体育科学最主要知识来源，其次是分子遗传学、生物学。综合来看，体育科学研究知识学科来源更为多元化，拓宽了学科研究方向，并逐步由单一学科内部知识流动模式，转向多学科交叉发展模式。

3.3.3　体育科学跨学科知识扩散特征分析

3.3.3.1　知识扩散广度特征分析

对原始文献集各年度的总被引频次进行统计整理，并根据知识扩散广度的计算公式，本书分别对2011—2015年和2016—2020年两个时间段的KDB指数进行测算。由于各年度施引期刊数量不同造成总被引频次差距较大，为减弱差异对KDB指数值进行Log函数的标准化处理，测算结果见表3-3-3和表3-3-4。同时，为进一步探索KDB指数的变化规律，分别对两个阶段标准化后的KDB指数逐年变化趋势进行曲线拟合（如图3-3-3和图3-3-4），并得出相应的R^2判定系数值。

表3-3-3　体育科学知识扩散广度特征（2011—2015年）

年份	总被引频次/次	KDB 指数	Log1 000KDB
2011 年	3 054	610.80	0.93
2012 年	16 411	4 102.75	1.20
2013 年	37 964	12 654.67	1.37
2014 年	62 764	31 382.00	1.50
2015 年	90 325	90 325.00	1.65

表3-3-4　体育科学知识扩散广度特征（2016—2020年）

年份	总被引频次/次	KDB 指数	Log1 000KDB
2016 年	4 542	908.40	0.99
2017 年	21 879	5 469.75	1.25
2018 年	48 842	16 280.67	1.40
2019 年	83 166	41 583.00	1.54
2020 年	108 685	108 685.00	1.68

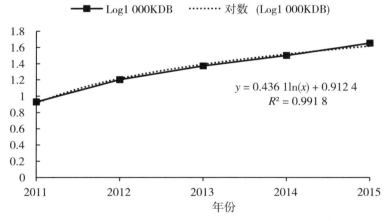

图3-3-3　2011—2015年体育科学知识扩散广度变化趋势图

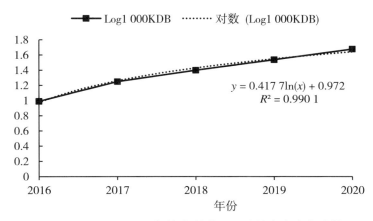

图3-3-4　2016—2020年体育科学知识扩散广度变化趋势图

　　从表3-3-3数据分析来看，2011—2015年，KDB知识扩散广度指数呈逐年增长的趋势。从施引文献学科分布来看，5年内平均每年知识扩散学科达231个（除体育科学自身）。其中，2012年最高，达235个学科。[①]随着时间演变，其他相关学科对体育学科文献的关注程度逐渐增加，体育科学知识扩散的广度得到提高，并逐步趋于稳定，主要涉及骨科学、外科学、生理学、康复学、神经科学等多学科。从图3-3-3中第一阶段知识扩散广度变化趋势拟合图来看，知识扩散指数与时间呈明显的对数函数关系，拟合方程为$y = 0.436\,1\ln(x) + 0.912\,4$，$R^2 = 0.991\,8$，具有较好的拟合效果。

　　从表3-3-4数据分析来看，2016—2020年，KDB知识扩散广度指数继续呈递增趋势，5年内平均每年知识扩散学科达209个（除体育科学自身）。其中，2016年最高，达228个学科。对比两个阶段的平均知识扩散广度来看，第一阶段为1.33，第二阶段为1.37，第二阶段平均KDB指数要高于第一阶段。这表明体育科学研究与更多的其他学科开展交叉研究，知识扩散范围进一步扩展。与第一阶段相同，第二阶段的知识扩散指数

_____

　　① 该部分数据是基于本文web of science 数据库数据样本，对WC（学科类别）字段进行统计得出。

与时间同样呈现对数函数关系，拟合方程为 $y = 0.417\,7\ln(x) + 0.972$，$R^2 = 0.990\,1$，拟合效果较好。

3.3.3.2 知识扩散强度特征分析

根据知识扩散强度的计算公式，分别对2011—2015年和2016—2020年两个阶段各学科的KDI指数进行测算，见表3-3-5和表3-3-6。同时，为进一步探索体育科学与其他学科知识扩散强度的分布规律，对两个阶段引用频次最高的前15个学科的知识扩散强度指数变化趋势进行线性拟合，得到知识扩散强度变化趋势图（如图3-3-5和图3-3-6）。

表3-3-5　各学科体育科学知识扩散强度特征（2011—2015年）

WOS 学科类别	引用频次 / 次	KDI
骨科学	109 172	0.519
外科学	49 020	0.233
康复学	43 692	0.208
生理学	40 885	0.194
神经科学	32 612	0.155
生物医学工程	21 315	0.101
公共、环境与职业卫生	20 133	0.096
社会学	19 164	0.091
一般内科学	17 136	0.081
营养学	14 782	0.070
心理学	12 985	0.062
教育学	8 572	0.041
老年医学	8 508	0.040
生物物理学	7 477	0.036
儿科学	7 435	0.035

注：表中排除了体育科学内部知识扩散。依据 WOS 的学科分类，部分文献可能同时归属于多个学科，故表中 KDI 之和大于 1。

表3-3-6　各学科体育科学知识扩散强度特征（2016—2020年）

WOS 学科类别	引用频次／次	KDI
骨科学	119 247	0.446
外科学	53 538	0.200
康复学	43 366	0.162
生理学	41 281	0.155
神经科学	32 951	0.123
生物医学工程	23 083	0.086
公共、环境与职业卫生	21 884	0.082
社会学	21 570	0.081
一般内科学	19 060	0.071
营养学	16 001	0.060
心理学	13 145	0.049
教育学	10 471	0.039
老年医学	9 481	0.035
生物物理学	8 814	0.033
儿科学	7 663	0.029

注：表中排除了体育科学内部知识扩散。依据 WOS 的学科分类，部分文献可能同时归属于多个学科，故表中 KDI 之和大于 1。

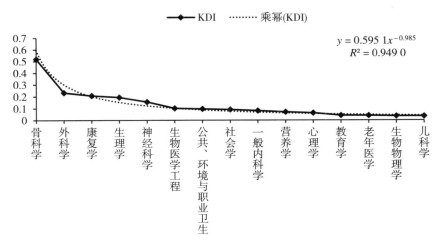

图3-3-5　2011—2015年各学科体育科学知识扩散强度变化趋势图

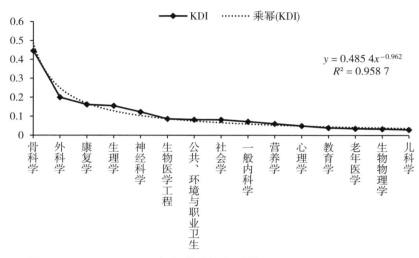

$$y = 0.485\ 4x^{-0.962}$$
$$R^2 = 0.958\ 7$$

图3-3-6　2016—2020年各学科体育科学知识扩散强度变化趋势图

　　表3-3-5和表3-3-6中的知识扩散学科排除了体育科学自身内部的知识扩散，主要统计分析与其他学科间的知识流动。从第一阶段数据来看，共有242个施引学科，除去体育科学自身内部知识扩散，施引频次总量为672 544次，施引频次最高的前20%的学科总施引频次为594 313次，占总施引频次的88%，这基本与加菲尔德的二八定律（即20%的文献占有80%的被引证频次）相吻合。[①]因此，表3-3-5中显示的15个学科均位于体育科学知识扩散的核心区。从施引频次最高的前15个学科来看，骨科学、外科学、康复学、生理学是体育科学知识扩散核心区中的主要学科，4个学科的施引频次占15个学科总施引频次的58.8%。从图3-3-5可以看出，体育科学向其他学科知识扩散的强度呈现出明显的幂律分布特征，拟合方程为$y = 0.595\ 1x^{-0.985}$，$R^2 = 0.949\ 0$，具有较好的拟合程度。

　　第二阶段的知识扩散强度学科分布与第一阶段相比较来看，施引频次最高的前15个学科基本相同，但第二阶段的平均知识扩散强度略微有所减

---

　　①　张良辉，董国雅，刘虹. 利用H指数与二八法则划分期刊文献核心区的优势比较［J］. 中国科技期刊研究，2015，26（9）：1017-1022.

小，第一阶段为0.130 8，第二阶段为0.110 1。与第一阶段相同，第二阶段体育科学向其他学科知识扩散的强度分布同样呈现明显的幂律分布，拟合方程为$y = 0.485\,4x^{-0.962}$，$R^2 = 0.958\,7$，具有较好的拟合程度。综合两个阶段的知识扩散强度特征分布来看，体育科学向其他学科知识扩散强度呈现幂律分布，并且基本符合二八定律，即体育科学研究知识扩散主要集中在少数学科，并且这些主要学科基本稳定，随时间变化不大。

3.3.3.3　知识扩散速度特征分析

在对知识扩散速度进行测算时，首先，需要统计出各年度原始文献的施引文献在不同年度的引用期刊数量；其次，对各统计年度的期刊进行去重处理，得出各统计年度的不同引用期刊数量；最后，再根据知识扩散速度指数计算公式测算出2011—2015年和2016—2020年两个阶段各年度的KDS指数，结果见表3-3-7和表3-3-8。为进一步探索知识扩散速度随时间的变化规律，对各年度的知识扩散速度进行拟合处理，得到知识扩散速度变化趋势图（如图3-3-7和图3-3-8）。

表3-3-7　体育科学知识扩散速度特征（2011—2015年）

年份	引用期刊数量 / 次	KDS 指数
2011 年	540	108.0
2012 年	1 611	402.8
2013 年	2 451	817.0
2014 年	2 953	1 476.5
2015 年	4 196	4 196.0

表3-3-8　体育科学知识扩散速度特征（2016—2020年）

年份	引用期刊数量 / 次	KDS 指数
2016 年	810	162
2017 年	2 072	518
2018 年	3 126	1 042
2019 年	4 224	2 112
2020 年	4 555	4 555

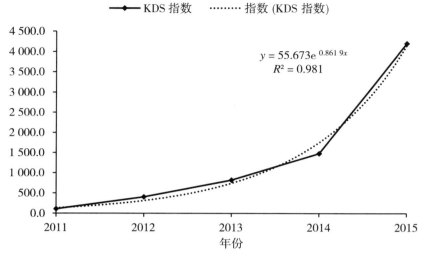

图3-3-7　2011—2015年体育科学知识扩散速度变化趋势图

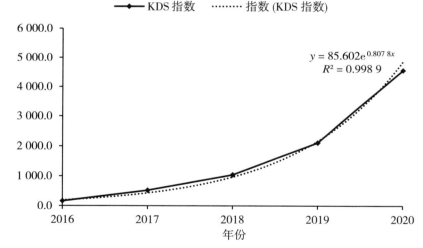

图3-3-8　2016—2020年体育科学知识扩散速度变化趋势图

　　知识扩散速度通常是衡量知识发展进化快慢的指标，而知识扩散对学科发展的促进作用主要表现在其可以降低因为学科知识老化所引起的知识利用价值的损失。①从表3-3-7可以看出，体育科学知识扩散速度

①　王亮. 基于SCI引文网络的知识扩散研究［D］. 哈尔滨：哈尔滨工业大学，2014.

随时间呈递增趋势，并且呈现出明显的指数分布特征，拟合方程为$y = 55.673e^{0.8619x}$，$R^2 = 0.981$，具有较好的拟合程度。

第二阶段的知识扩散速度与第一阶段相比较来看，两个阶段均随时间呈现递增趋势，并同样呈现出良好的指数分布特征，拟合方程为$y = 85.602e^{0.807\,8x}$，$R^2 = 0.988\,9$，具有较好的拟合程度。不同的是，第二阶段的平均知识扩散速度比第一阶段有所增长，第一阶段为1 400.06，第二阶段为1 677.8。知识扩散速度的加快，会缩短学科间知识获取与流通的时间，进而从整体上提升了知识利用的效益，而知识利用效益的提升又进一步促进体育科学的知识创新，并继续推动知识扩散速度的提升。[①]

3.3.4　体育科学跨学科知识流动的热点主题分析

关键词是对一篇论文的高度概括与凝练，显示了文章的核心内容主题，在实际研究中通常可以借助关键词频次的高低来衡量和确定某学科领域的研究热点。[②]因此，为了解体育科学与各主要交叉学科进行跨学科知识流动的主题内容，须对体育科学跨学科研究论文的关键词进行统计分析。首先利用Bibexcel文献统计软件，按照WOS数据库中的学科分类字段提取（除体育科学以外）发文量最多的前15个学科的论文题录数据，并构建相应的原始数据库；其次，构建WOS学科分类与关键词的共现矩阵；最后，利用软件分别对各学科的关键词频次进行统计整理，统计结果见表3-3-9。

---

① 宋凯，李秀霞，赵思喆，等. 基于引文分析的学科知识流动计量研究［J］. 情报杂志，2017，36（1）：154-159.

② 侯海燕，刘则渊，陈悦，等. 当代国际科学学研究热点演进趋势知识图谱［J］. 科研管理，2006，27（3）：90-96.

表3-3-9　体育科学跨学科知识流动的研究热点主题

交叉学科（发文量）	研究热点主题（发文量）
骨科学（25 744）	前十字交叉韧带（2142）、膝关节（1469）、步态与分析（1348）、全膝关节置换术（901）、骨关节炎（717）、核磁共振成像（650）、关节镜检查（534）、肩袖（445）、肘关节（367）、骨折（362）、重建术（349）、关节成形术（332）、半月板（295）、股骨髋臼撞击症（274）、脑震荡（263）、软骨（258）、全肩关节置换术（241）、踝关节（221）
生理学（12 152）	运动（172）、肌电图（446）、运动疲劳（322）、老化（320）、体力活动（274）、肥胖（249）、骨骼肌（244）、运动表现（234）、阻力训练（221）、炎症（205）、肌电图（188）、缺氧（173）、氧化应激（170）、心率（169）、血压（152）、肌力（144）、恢复（142）、身体成分（132）、运动训练（126）、肌肉损伤（124）、耐力（118）
外科学（11 730）	全膝关节置换术（833）、膝（811）、肩（597）、前交叉韧带（572）、关节镜检查（417）、骨关节炎（399）、关节成形术（295）、前交叉韧带重建（239）、全肩关节置换术（224）、肩关节置换术（223）、肩袖撕裂（216）、磁共振成像（198）、反向肩关节置换术（189）、半月板（187）、胫骨高位截骨术（136）、骨折（132）
康复学（10 618）	康复（3382）、中风（729）、肌电图（583）、脊髓损伤（381）、运动（359）、步态（279）、生活质量（235）、膝关节（201）、生物力学（199）、脑损伤（196）、腰痛（183）、多发性硬化症（159）、日常活动（151）、脑瘫（145）、心理测量（144）、姿势平衡（134）、体力活动（132）、骨关节炎（124）、残疾（122）、抑郁（116）、帕金森病（109）
神经科学（6 490）	步态（919）、肌电图（432）、运动学（397）、平衡（351）、生物力学（307）、姿势控制（296）、步态分析（282）、运动控制（229）、行走（223）、老化（204）、脑瘫（199）、帕金森病（157）、中风（154）、跑步（153）、老年人（149）
社会学（5 286）	体力活动（347）、体育教育（319）、体育锻炼（206）、动机（157）、性别（113）、青少年体育（117）、体育政策（108）、女性（105）、体育全球化（102）、肥胖（98）、兴奋剂（93）、体育文化（87）、体育暴力（87）、群体动力学（83）、自我效能（79）、健康（79）、测量（64）、足球（59）、定性研究（57）
心理学（5 141）	体育锻炼（330）、体力活动（257）、动机（156）、运动学习（152）、步态（127）、自我决定理论（127）、运动控制（126）、表现（101）、姿势控制（96）、儿童（82）、运动心理学（70）、注意（69）、体育教育（67）、运动训练（67）、青少年体育（63）、自我效能（62）、康复（60）、认知（60）、自律（57）、足球（54）

续表

交叉学科 （发文量）	研究热点主题（发文量）
生物医学 工程 （3 398）	生物力学（475）、运动学（303）、步态（187）、动力学（144）、肌电图（139）、膝关节（107）、康复（97）、运动分析（87）、步态分析（83）、肩关节（79）、骨关节炎（71）、力量（70）、测量学（68）、仿真建模（65）、体育装备（64）、平衡（64）、肌力（59）、生物力学建模（59）、跑步（50）、中风（48）、有限元分析（47）
营养学 （2 613）	运动（281）、营养（123）、体力活动（120）、肥胖（117）、氧化应激（88）、身体成分（84）、新陈代谢（67）、疲劳（61）、饮食（59）、胰岛素抵抗（55）、阻力训练（52）、肌肉损伤（52）、自行车运动（50）、营养补充（50）、水合作用（48）、营养剂（47）、能量消耗（46）、跑步（42）、碳水化合物（40）、运动营养（40）、运动员（40）
公共、环境与职业卫生 （1 530）	低氧（133）、高海拔（104）、急性高原病（79）、运动（43）、低压缺氧（42）、登山运动（27）、冻伤（25）、适应（24）、肺动脉高压（23）、氧化应激（23）、流行病学（20）、野外（20）
教育学 （1 477）	体育教育（391）、体力活动（113）、体育锻炼（104）、性别（76）、高等教育（76）、动机（73）、儿童（68）、体育教师教育（67）、教师专业发展（63）、肥胖（61）、测量学（55）、评估（54）、自我决定理论（54）、批判性教育（50）、社会支持（48）、青少年体育（45）、训练负荷（40）、专业发展（32）、健康教育（31）、职前教师（27）、态度（25）
一般内科学（945）	运动（66）、运动员（53）、运动成绩（47）、阻力训练（43）、高胆固醇血症（40）、缺氧（38）、Ⅱ型糖尿病（35）、高血压（29）、补充供氧（25）、动脉粥样硬化（25）
老年医学 （608）	体力活动（133）、老年人（117）、运动（89）、加速度计（44）、行走（24）、认知（18）、久坐行为（17）、平衡（16）、步态（14）、动机（14）、生活质量（14）、康复（13）、肌力（13）、测量（12）、力量训练（12）、健康老龄化（12）、阻力训练（11）、健康促进（11）、自我效能（11）、身体机能（10）、wingate 试验（10）
儿科学 （501）	体力活动（38）、运动（32）、青少年（28）、儿童（24）、肥胖（22）、加速度计（20）、身体素质（16）、久坐行为（14）、学龄前儿童（13）、阻力训练（10）、减肥（10）、流行病（10）、青春期（7）、有氧适能（7）、测量（6）、身体成分（6）、运动员（6）、运动营养（6）、运动成绩（6）
生物物理学（457）	运动（121）、膝关节（98）、旋转袖（83）、动作技能（82）、核磁共振成像（79）、肌电图（75）、实体轴（73）、高速摄像技术（68）、力学模型（65）、人体运动仿真（61）、足底压力（57）、计算机模拟（54）

注：发文量单位为篇。

从表3-3-9数据来看，骨科学、生理学、外科学和康复学是体育科学的最主要交叉学科。通过对各学科领域的高频关键词分析可以看出，体育科学与骨科学、外科学、康复学、神经科学的交叉研究主要涉及运动创伤的治疗与关节修复，以及一些诸如中风、抑郁、脑瘫、帕金森病等疾病的运动康复治疗，如前十字交叉韧带、步态与分析、关节镜检查、全膝关节置换术、骨关节炎、中风、脊髓损伤、步态等高频关键词；与生理学的交叉研究主要涉及运动疲劳的恢复、肌肉运动的肌电分析以及各生理指标的测量等研究，如肌电图、运动疲劳、体力活动、肥胖等主要关键词；与社会学的交叉研究主要涉及青少年体育、体育教育、体育文化、体育暴力、体育政策以及肥胖等社会问题的研究；与心理学的交叉研究主要涉及体育锻炼、运动学习以及运动训练等过程中的认知、自律、动机、注意、表现等心理学方面的问题；与生物医学工程学的交叉研究主要涉及综合运用生物力学、运动学、动力学、测量学等学科领域方法，对体育运动过程中人体各关节和肌肉的生物力学建模，并进行相应的运动分析、步态分析和有限元分析等；与营养学的交叉研究主要涉及体力活动、肥胖、氧化应激、身体成分、新陈代谢、疲劳、饮食、胰岛素抵抗、营养补充、营养剂等研究主题；与公共、环境与职业卫生学科的交叉研究主要涉及在高海拔的低压缺氧环境中人体运动适应、氧化应激、急性高原病以及冻伤等方面问题；与教育学的交叉研究主要涉及体育教育、体育教师教育、教师专业发展、肥胖、健康教育、职前教师等研究主题；与一般内科学的交叉研究主要涉及高胆固醇血症、Ⅱ型糖尿病、高血压、动脉粥样硬化等人群的运动康复干预研究，此外还包括运动员的运动成绩、阻力训练等研究主题；与老年医学的交叉研究主要涉及老年人久坐行为、生活质量、运动康复、健康老龄化、健康促进、自我效能、身体机能等方面；与儿科学的交叉研究主要涉及儿童青少年和学龄前儿童的肥胖、久坐行为、身体素质、阻力训练、流行病、身体成分、运动营养等方面的研究；与生物物理学的交叉研究主要涉及旋转袖、动作技能、核磁共振成像、肌电图、实体轴、高速摄像技术、力学模型、人体运动仿真、足底压力、计算机模拟等研究主题。

通过分析体育科学跨学科知识流动的热点主题，从侧面也看出体育科学与其他学科间的交叉研究是一个辩证的发展过程，呈现出相互促进、相互制约、相互影响的辩证关系。体育科学借助其他学科的理论和方法来解决体育领域的相关问题。同样，其他学科利用体育科学中的运动干预方法和手段来攻克自身学科中的难题。这也表明体育科学正朝向多学科交叉融合的方向发展，在学科领域的交叉点上寻求创新点。

3.3.5　思考与讨论

3.3.5.1　体育科学跨学科知识流动呈现普遍性、多样性和持续增长性的特点

随着体育学科与其他相关学科间的不断交叉融合，促使体育科学研究范式逐渐发生变革，体育科学跨学科知识流动现象明显，并呈现出普遍性、多样性和持续增长性的特点。

第一，从体育科学跨学科交叉融合研究的总量与占比来看，依据WOS数据库的学科分类，所有79 758篇原始文献中有54 630篇文献涉及跨学科交叉融合，占文献总量的68.49%，即有超过半数的体育科学研究源于同其他学科的交叉融合。[①]多学科交叉融合成为体育科学研究的普遍性特征。

第二，从体育科学跨学科知识扩散的学科分布来看，体育科学跨学科知识流动具有明显的多样性特点。在2012年，体育科学知识扩散学科高达235个，并且跨学科知识扩散的学科频次分布呈现明显幂律分布特征，即小部分学科占据大部分的引证频次。这部分学科与体育科学存在非常密切的联系，属于体育科学知识扩散的核心学科；而大部分学科引证频次较低，属于体育科学知识扩散的边缘学科。此外，从学科属性来看，体育科

---

① 该部分数据是本书对2011—2015年和 2016—2020年2个时间段32 928篇和46 830篇原始文献的参考文献进行统计分析得出。

学所研究的主体是人，而人既具有自然属性又具有社会属性，从而使体育科学与自然科学、社会科学和人文科学呈现多维交叉的特点，同三大学科领域的众多学科存在跨学科知识流动情况，这表明体育科学具有较强的学科交叉性。

第三，从体育科学跨学科知识扩散的纵向发展演变来看，知识扩散广度和速度均呈现增长趋势。特别是随着大科学时代的到来，体育科学研究领域出现了大批的跨学科、跨领域、跨专业的学者，他们运用诸如医学、生物学、计算机等多学科的新方法来充实体育学科的理论、研究方法和工具，从而形成新的研究前沿和创新点，解决体育领域的诸多问题，对推动体育学科与其他多学科间的知识交流产生重要影响。此外，跨学科知识流动除推动学科间知识扩散广度外，也必然加强知识扩散深度。①②从研究结果来看，隶属自然学科领域的学科知识扩散强度明显要高于隶属社会学科领域的学科。其中，骨科学、外科学、康复学、生理学与体育学科知识扩散强度最高，在第一阶段引证频次占所有242个学科总量的36.1%。这些学科均属自然科学领域，表明自然科学在体育科学跨学科知识流动中起到重要的基础性作用。

3.3.5.2　多学科交叉融合是体育科学持续发展的必然趋势

自然界中的各种现象构成了一个相互联系、相互影响、相互制约的有机整体。人类社会是自然界的重要组成部分，人们在认识自然的过程中所形成的知识体系必然也具有整体性的特征。科学是一个"综合—分化—再综合—再分化"的动态发展过程。③交叉科学集分化和综合于一体，最

<hr>

① 曾德明，于英杰，文金艳，等. 基于Web of Science分类的学科交叉融合演化特征分析［J］. 情报学报，2020，39（8）：872–884.

② 张金柱，韩涛，王小梅. 利用参考文献的学科分类分析图书情报领域的学科交叉性［J］. 图书情报工作，2013，57（1）：108–111.

③ 李喜先，等. 科学系统论［M］. 北京：科学出版社，1995：25.

终实现科学的整体化。①跨学科研究是通过整合两个或多个学科领域的理论、概念、工具、视角、信息、材料或技巧等，来加强对超越单一学科认识与实践范围问题基础性理解的研究模式②，是实现科学整体化的重要途径。

　　体育科学作为众多学科中的一部分，其发展必然遵循科学发展的一般规律。在与众多学科交叉融合的过程中，体育科学不断从中汲取养分，实现学科自身的持续发展。体育科学是研究体育现象、揭示体育内部和外部规律的一个系统的学科群。③随着人类社会知识的不断创新与发展，体育科学研究所面临的诸多问题更为多元化和复杂化，④仅从单一学科内部视角来研究其规律，必然存在较大的局限性，难以揭示其本质及全部规律。因此，要形成对体育现象全面、系统、科学的认识，还需通过多学科交叉融合的思维方式，进行相应的跨学科知识交流与研究，利用跨学科间的潜在知识关联攻克相对复杂的体育学科领域问题，⑤在同多学科理论、方法与经验等方面的相互渗透、相互作用中实现体育科学的持续发展。体育科学逐步由"小科学"转变为整体化与综合化的"大科学"，成为一个兼具社会属性和自然属性且介于社会科学与自然科学之间的交叉学科。⑥体育

---

　　①　路甬祥. 学科交叉与交叉科学的意义［J］. 中国科学院院刊，2005，20（1）：58-60.

　　②　National Academy of Sciences，National Academy of Engineering，Institute of Medicine. Facilitating interdisciplinary research［M］. Washington，D. C：The National Academies Press，2005.

　　③　柴王军，邢鸿，吉满红，等. 论现代体育科学概念［J］. 北京体育大学学报，2007（S1）：64-66，68.

　　④　王璐，马峥，潘云涛. 基于论文产出的学科交叉测度方法［J］. 情报科学，2019，37（4）：17-21.

　　⑤　王思茗，魏玉梅，滕广青，等. 图书情报学领域中的学科交叉现象及其地区差异［J］. 情报理论与实践，2019，42（12）：8-15.

　　⑥　赵丙军，司虎克. 基于知识流动的体育亲缘学科定量识别探索［J］. 图书情报工作，2013，57（1）：122-129.

科学体系的形成是同众多学科理论与方法相互吸收、借鉴、辐射、融合的结果，[①]多学科交叉融合是体育科学持续发展的必然趋势。

3.3.5.3 跨学科知识流动培植新的体育科学研究生长点

体育科学在同多学科交叉融合的跨学科知识交流中不断得到发展。在不同学科的交叉点上往往会培植出新的学科生长点，并拓展新的学科研究前沿，甚至解决学科领域重要难题，推动学科发生革命性的发展。

第一，跨学科研究是创建体育科学新学科的主要方法，是推动体育学科体系不断发展完善的重要动力。[②]体育科学的学科体系发展演变是与自然科学、社会科学和人文科学领域其他学科知识的交叉融合的结果。例如，体育科学与人文社会科学领域的哲学、社会学、教育学、心理学、管理学、法学、经济学、统计学、政治学、艺术学、情报学等众多学科交叉融合，形成体育哲学、体育社会学、体育教育学、学校体育学、体育心理学、运动心理学、体育管理学、体育法学、体育经济学、体育统计学、体育政治学、体育美学、体育情报学等新体育社会科学学科及研究领域。再如，体育科学与自然科学领域的医学、生理学、生物学、力学、数学、化学等众多学科交叉融合，形成了运动医学、体育保健学、运动生理学、体育仿生学、运动生物力学、运动生物数学、运动生物化学等新体育自然科学学科及研究领域。此外，体育科学与工程技术科学交叉融合催生了体育系统工程学等。

第二，跨学科研究有利于体育学科与不同学科领域在理论方法、学术思想以及研究范式等方面的交叉融合，从而极大地丰富和扩宽了体育科学领域的研究方向。德国著名的物理学家沃纳·海森堡曾说："在人类思想史上，重大成果的发现常常发生在两条不同思维路线的交叉点上。"随

---

① 张岩. 体育学的结构论［J］. 体育与科学，2006（3）：1-4.

② 王永盛. 试论交叉科学对体育科学的影响和发展［J］. 中国体育科技，1997（10）：35-38.

着体育科学体系的发展，体育科学的学科分支也越来越多，越来越细。多数的研究前沿都产生于学科交叉过程中。多学科、多理论的相互渗透，不断拓展出新的交叉学科研究前沿。例如，分子遗传学与分子生物学领域的DNA重组技术在体育领域的应用，使我们从基因水平上探索决定人类运动能力的基因；生物芯片与功能基因组在运动兴奋剂检测中的应用，实现微量、快速、高通量的检测效果；分子生物学、移植生物学以及生物力学的快速发展，使得运动创伤学成为医学领域最为活跃的学科之一；通过应用人工神经网络相关理论，可以建立有效的运动技术诊断模型，并为训练决策提供科学依据；动力学测量领域的步态分析技术，实现对肌肉运动的力学特征与机理的分析等。[①]这都是体育科学与其他相关学科相互融合渗透的结果。

第三，跨学科研究有利于解决体育领域所面临的一些重大问题。当今社会，体育已逐步渗透人类社会文化生活的方方面面，包括教育、政治、经济、文化、教育等各个领域，成为必不可少的重要部分。这也使得体育科学研究的广泛性和复杂性更强，需要融合多学科的力量解决体育所面临的诸多复杂问题。[②]例如，我国在举办北京奥运会过程中提出了"科技奥运、人文奥运、绿色奥运"的口号。为落实"科技奥运"的要求，我国实施了数字奥运、新建筑、新材料、环保科技、生物医药科技五大战略。五大科技奥运战略的实施，涉及交通、环境、信息化、安全、体育科研、场馆设施等多个领域。在北京奥运会的科技攻关期间，我国共设立1 209个相关的科技攻关专项课题，而这些课题大多综合了多学科领域知识才得以完成。其中，反兴奋剂运动的相关检测工作就涉及化学、生物、教育、管理

---

① 田野，王清，李国平，等. 中国体育科学学科发展综合报告（2006—2007）［J］. 体育科学，2007（4）：3-14.

② 马卫平，游波，李可兴. 体育研究中的跨学科取向——内涵、意义与方法［J］. 体育科学，2009，29（8）：90-96.

等多学科领域。①

3.3.5.4　新时期社会主义现代化体育强国建设需要不断加强多学科间交叉融合

"十四五"时期是开启我国全面迈向社会主义现代化体育强国的新征程。2021年10月8日，国家体育总局在印发的《"十四五"体育发展规划》②文件中，全面准确地阐述了新时期我国体育发展所面临的机遇与挑战，指出"我国体育发展仍存在国内体育发展不平衡不充分；全民健身公共服务还无法有效满足人民群众美好生活需要；竞技体育体制机制与经济社会发展不相适应，运动项目发展不均衡、核心竞争力不强等；体育产品和服务有效供给不足，体育消费潜力尚未充分释放"等诸多挑战。这些问题包括大众体育、竞技体育、学校体育、体育产业、体育文化、体育外交、体育科教和体育法治等多个领域，单凭体育学科的力量难以攻克。我们需要进一步营造利于多学科交叉融合发展的制度环境，广泛依托各类高等院校、科研院所等科研机构，综合多学科的知识力量，组织多学科的科研团队，开展跨学科科学研究与技术创新合作，进而确保"十四五"期间体育发展各项目标的有效达成。

3.4　小结

我国体育科学从20世纪80年代初起步以来，经过40年的发展取得了长足的进步。在2008—2018年，我国发文量与总被引量世界排名均跃居世界前10，2010年发文量更是跃居世界第2。香港在提升我国体育科学研究国

---

① 赵丙军，司虎克. 体育跨学科知识流动特征研究：基于中国引文数据库（CCD）的分析［J］. 西安体育学院学报，2015，32（1）：60-64，70.

② 国家体育总局. 体育总局关于印发《"十四五"体育发展规划》的通知［EB/OL］.（2021-11-01）［2024-06-30］. http://www.sport.gov.cn/n315/n20001395/c23655706/content.html.

际影响力上发挥了重要作用。此外，一批诸如香港大学、香港理工大学、香港中文大学和上海体育学院等国际高影响力的体育科研机构，凭借高产和高质的论文成果跻身世界顶尖级研究机构行列，这标志着中国体育科学研究步入了新时代。然而，我们还需注意到，我国体育科学研究国际影响力虽然已进入高产高影响力行列，但影响力并未处于世界领先地位，与全球领先国家和机构相比尚有较大差距，缺少全球广泛认可和关注的高影响力成果。

随着体育科学发展的日益成熟，体育科学研究也逐步进入"大科学"时代，国际化合作研究日渐加强。从国际体育科学合作整体发展来看，我国合作论文产出呈现稳步增长趋势，并在合作研究中处于主导地位，特别是在运动生物力学、内科学和体育健康与环境研究领域主导性最强。但在国际合作论文产出的绝对值上我国与美国仍存在较大差距。运动创伤学、运动生理学、运动康复学及运动心理学等是两国国际合作频率最高的领域；体育教育、儿童体育、老年运动医学和体育经济学等领域的国际合作研究频率相对较低。我国和美国的国际合作网络呈现出明显的核心-边缘结构特征：我国的核心合作国包括澳大利亚、美国和英国等10个国家；美国的核心合作国包括加拿大、英国和澳大利亚等20个国家。双边合作是我国和美国主要的合作方式，两国都占到70%以上。在合作网络规模上，美国的核心圈和外围圈明显大于我国。

4　我国体育科技进步中的
专利技术研发特征

　　从某种程度上讲，现代各国竞技体育的竞争已逐步演化为竞技体育科技的竞争。谁走在体育科技发展的前列，谁掌握最新的体育科技成果，谁就能成为竞技体育的强者。

　　体育专利成果在我国竞技体育发展中的应用与转化，是提升各类体育运动装备、器材等科技含量的重要因素和环节，其与竞技体育各环节之间存在着相互影响、双向作用、互为需求和因果的重要依存关系。例如，纳米技术和碳纤维复合材料技术对体育器材的改进、各类符合运动生物力学原理的训练器材和设备、各类对训练水平进行有效监控的可穿戴监测设备等，极大地改善了运动训练的效果，这些科技产品中的技术创新大多以专利形式呈现。

　　本章将注重探讨我国体育科技进步在体育专利成果研发方面呈现出的特征，并与发达国家技术研发特征进行比较分析。

4.1　我国体育专利技术研究与开发的时空分布特征

　　本书主要以Incopat专利数据库中收录的中国体育专利为样本数据，从专利技术的时间、地域、专利权人、研发机构、技术领域、专利价值等方面进行数据挖掘，同时结合数据结果对我国体育专利技术研发的时空特征进行综合分析。

4.1.1 数据来源与检索

在Incopat专利检索平台上，以"（TIBI（标题和摘要关键词）=（体育or运动训练or运动竞赛）and（PD（公开或公告日期）=〔19850101 to 20181231〕））"为检索式进行逻辑组合高级检索，数据范围选择中国专利（国家知识产权局受理专利），共检索得到24 167条专利数据。

4.1.2 我国体育专利技术研发的时间分布特征

《中华人民共和国专利法》在1984年第六届全国人大常委会第四次会议上正式通过，并于1985年正式实施。经过40年发展，中国专利制度在实践中得到健全与完善。进入21世纪，中国高度重视科技创新驱动发展。在此背景下，中国专利申请数量高速增长。《中国知识产权指数报告（2013）》数据显示，2012年中国专利申请数量首次超过美国，位居全球首位。2012年，国家知识产权局受理来自全球140多个国家和地区专利申请，专利申请数量占据世界申请总量的近30%，我国正式进入世界专利产出大国行列。

从我国体育专利申请数量的时间趋势（如图4-1-1）来看，2009年以后中国体育专利申请数量快速增长，并在2015年申请数量占世界总量的54.6%，世界排名第一。从数量上来看，中国已步入体育专利产出大国的行列。从中国24 167项体育专利的类型细分来看，发明专利授权为1 403项，发明专利申请为6 202项，实用新型专利为12 805项，外观设计专利为3 757项。在这些专利中实用新型专利占52.99%，而正式授权的发明专利仅占5.81%。可以看出，我国体育专利虽然数量上占据绝对优势，然而高质量发明专利比例相对较低。

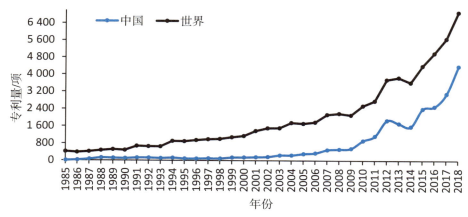

图4-1-1　我国体育专利时间分布趋势

4.1.3　我国体育专利技术研发空间分布特征

4.1.3.1　地域分布特征

4.1.3.1.1　我国体育专利申请人国别分布

从我国国家知识产权局受理的中国专利申请人国家/地区分布来看（如图4-1-2），共有37个国家和地区申请了中国专利，中国本国申请23 175项（占95.9%），外国申请991项（占4.1%）。其中，美国、日本、德国、韩国、法国、瑞士、意大利、澳大利亚、英国和荷兰这10个国家专利申请数量共831项，占外国专利申请总量的83.85%。

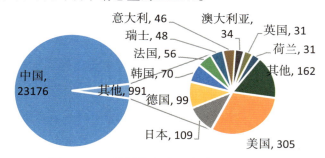

图4-1-2　我国体育专利申请人国别分布

4.1.3.1.2 我国体育专利申请人的省域分布

从我国体育专利申请人的省域分布（如表4-1-1）来看，我国体育专利申请人涉及33个地区。其中，山东、浙江、江苏和广东专利申请量超过2 000项，处于第一梯队；北京、河北、河南和黑龙江专利申请量超过1 000项，处于第二梯队；上海、安徽、江西、辽宁、四川、湖南、陕西、福建和湖北专利申请量超过500项，处于第三梯队；甘肃、天津、重庆、吉林、广西、山西、贵州、云南、内蒙古专利申请量超过100项，处于第四梯队；新疆、海南、宁夏、青海和西藏专利申请量低于100项，处于第五梯队。

表4-1-1　我国体育专利申请人省/市分布①

排名	地区	专利量 / 项	占比 /%	排名	地区	专利量 / 项	占比 /%
1	山东	3 134	12.97	17	湖北	527	2.18
2	浙江	2 213	9.16	18	甘肃	419	1.73
3	江苏	2 177	9.01	19	天津	362	1.50
4	广东	2 075	8.59	20	重庆	280	1.16
5	北京	1 484	6.14	21	吉林	273	1.13
6	河北	1 212	5.02	22	广西	259	1.07
7	河南	1 081	4.47	23	山西	237	0.98
8	黑龙江	1 037	4.29	24	贵州	228	0.94
9	上海	812	3.36	25	云南	198	0.82
10	安徽	746	3.09	26	内蒙古	178	0.74
11	江西	726	3.00	27	新疆	88	0.36
12	辽宁	709	2.93	28	海南	32	0.13
13	四川	693	2.87	29	宁夏	28	0.12
14	湖南	653	2.70	30	青海	20	0.08
15	陕西	593	2.45	31	西藏	3	0.01
16	福建	535	2.21				

4.1.3.2　我国体育专利权人机构分布

从我国专利申请人的类型来看，个人专利申请量最多，共10 626项，

---

① 全部专利总量为24 167项。

占专利申请总量的43.97%。除此之外，企业专利申请量为7 099项、大专院校专利申请量为6 312项、科研单位专利申请量为425项、机关团体专利申请量为127项，其他类型的专利申请量为28项。

表4-1-2显示了前40位高产机构申请人。其中，燕山大学以455项专利申请量遥遥领先。专利申请量超过100项的机构还有山东理工大学和陇东学院，分别为194项和157项。

表4-1-2　前40位体育专利高产机构申请人

排名	机构	专利申请量/篇	排名	机构	专利申请量/篇
1	燕山大学	455	21	宜春学院	50
2	山东理工大学	194	22	新余学院	47
3	陇东学院	157	23	平湖市酷风文体用品有限公司	45
4	青岛瑞箭机电工程技术有限公司	97	24	清华大学	45
5	淄博天燧工贸有限公司	95	25	耐克创新有限合伙公司	45
6	泰山体育产业集团有限公司	83	26	佛山市神风航空科技有限公司	44
7	哈尔滨师范大学	82	27	江苏长青轻工制品有限公司	44
8	咸阳师范学院	74	28	河南科技学院	42
9	江西师范大学	74	29	青岛农业大学	41
10	德州学院	73	30	温州大学	40
11	宿州学院	67	31	湖南文理学院	39
12	山东泰山体育器材有限公司	65	32	江苏横渡体育用品有限公司	37
13	江苏金陵体育器材股份有限公司	65	33	江西科技学院	36
14	上海体育学院	63	34	成都问达茂源科技有限公司	34
15	哈尔滨体育学院	62	35	新乡职业技术学院	34
16	吉首大学	59	36	武汉体育学院	34
17	许昌学院	57	37	山东科技大学	33
18	湖州师范学院	54	38	浙江大学	33
19	临沂大学	53	39	东华大学	33
20	新奥特（北京）视频技术有限公司	51	40	中国海洋大学	33

4.1.3.3　专利技术分布

4.1.3.3.1　专利技术总体分布特征

国际专利分类标准（IPC）是目前国际通用的专利文献分类及检索工具。IPC分类系统根据技术主题来设立相应类目，将所有技术分为5个不同的等级：部、大类、小类、大组和小组。其中，部级共8个类目，分别为A（生活必需品）、B（作业与运输）、C（化学与冶金）、D（纺织与造纸）、E（固定建筑物）、F（机械工程、照明、加热、武器、爆破）、G（物理）、H（电学）。IPC分类号示例如下。

部：A（生活必需品）。

大类：A63（运动；游戏；娱乐活动）。

小类：A63B（体育锻炼、体操、游泳、爬山、击剑用的器械；球类；训练器械等）。

大组：A63B53/00（高尔夫设备）。

小组：A63B53/02（球棍头部和长柄间的接合结构）。

以IPC的小组分类为标准，将前20个主要体育专利技术和所涉及的国民经济分类进行整理统计，统计结果见表4–1–3和表4–1–4。从表4–1–3和表4–1–4中可知，A63B（运动训练器械设备）的专利申请量最多，共11 599项。

表4-1-3　前20个主要体育专利技术分类

序号	IPC 分类号
1	A63B（体育锻炼、体操、游泳、爬山或击剑用的器械；球类；训练器械）
2	A61H（理疗装置，例如用于寻找或刺激体内反射点的装置；人工呼吸；按摩；用于特殊治疗或保健目的或人体特殊部位的洗浴装置）
3	A63C（冰鞋；滑橇；滚轮溜冰鞋；球场、冰场或类似场地的设计或布局）
4	A47B（桌子；写字台；办公家具；柜橱；抽屉；家具的一般零件）
5	A63K（赛马；骑马运动；所用的设备或附件）
6	C08L（高分子化合物的组合物）
7	C08K（使用无机物或非高分子有机物作为配料）
8	A61B（诊断；外科；鉴定）
9	G06F（数据处理入 G06F7/00；输入，输出；功能元件之间的互入 G06F3/00；G06F13/00；寻址或地址分配入 G06F12/00；转换；程序控制；错误检测；监控入 G06F5/00; G06F9/00;G06F11/00 零部件 G06F1/00；安全装置入 G06F21/00）
10	E04H（专门用途的建筑物或类似的构筑物；游泳或喷水浴槽或池；桅杆；围栏；一般帐篷或天篷）
11	F21V（照明装置或其系统的功能特征或零部件；不包含在其他类目中的照明装置和其他物品的结构组合物）
12	G09B（教育或演示用具；用于教学或与盲人、聋人或哑人通信的用具；模型；天象仪；地球仪；地图；图表）
13	H04N（图像通信，如电视）
14	A63F（纸牌，棋盘或轮盘赌游戏；利用小型运动物体的室内游戏；视频游戏；其他类目不包含的游戏）
15	A63D（保龄球游戏，如九柱戏、意大利滚木球游戏或保龄球；其相关装置；弹子游戏或类似的游戏；台球）
16	A01G（园艺；蔬菜、花卉、稻、果树、葡萄、啤酒花或海菜的栽培；林业；浇水）
17	A43B（鞋类的特征；鞋类的部件）
18	A41D（外衣；防护服；衣饰配件）
19	E04B（一般建筑物构造；墙，例如，间壁墙；屋顶；楼板；顶棚；建筑物的隔绝或其他防护）
20	E01C（道路、体育场或类似工程的修建或其铺面；修建和修复用的机械和附属工具）

表4-1-4　体育专利所涉及的国民经济分类

国民经济行业分类（注释）	数量／篇	国民经济行业分类（注释）	数量／篇
C24（文教、工美、体育和娱乐用品制造业）	15 088	C31/32（基本金属的制造）	126
C35（专用设备制造业）	1 135	E50（建筑装饰、装修和其他建筑业）	119
C38（电气机械和器材制造业）	737	C36（汽车制造业）	73
C37（铁路、船舶、航空航天和其他运输设备制造业）	682	A04（渔业）	67
C40（仪器仪表制造业）	643	C14（食品制造业）	35
C21（家具制造业）	583	C15（酒、饮料和精制茶制造业）	35
C26（化学原料和化学制品制造业）	576	C28（化学纤维制造业）	30
C39（计算机、通信和其他电子设备制造业）	562	C29（橡胶和塑料制品业）	28
E47（房屋建筑业）	451	C20（木材加工和木、竹、藤、棕、草制品业）	22
C41（其他制造业）	420	D46（水的生产和供应业）	14
C33（金属制品业）	397	A03（畜牧业）	8
C34（通用设备制造业）	366	C23（印刷和记录媒介复制业）	8
C18（纺织服装、服饰业）	363	C13（农副食品加工业）	7
I63（电信、广播电视和卫星传输服务）	350	A01/02（农、林业混合）	6
C19（皮革、毛皮、羽毛及其制品和制鞋业）	270	D44（电力、热力生产和供应业）	6
C30（非金属矿物制品业）	227	C22（造纸和纸制品业）	5
A01（农业）	214	A02（林业）	4
E48（土木工程建筑业）	184	C42（废弃资源综合利用业）	4
C17（纺织业）	145	E49（建筑安装业）	4
C27（医药制造业）	141	C25（石油加工、炼焦和核燃料加工业）	2

4.1.3.3.2　申请人专利技术构成特征

本书将前40位体育专利高产机构申请人与前20个主要体育专利IPC小

类进行共现数据整理。得出A63B、A61H、A63K、A47B、A63C、A61B、A41D和G09B 8个技术领域是40个机构申请人所涉及的重点领域，机构申请人数量都超过了10个。在主要机构申请人中，燕山大学和江苏横渡体育用品有限公司的中心性最高，其技术涉及A63B等11个技术领域；江西师范大学和咸阳师范学院紧随其后，其涉及10个技术领域。

进一步分析主要技术领域前2位高产机构申请人的情况：A63B、A61H为燕山大学（369）和山东理工大学（168）；A47B为燕山大学（22）、宜春学院（5）；A63C为燕山大学（8）、哈尔滨体育学院（8）；A63K为燕山大学（13）、江苏金陵体育器材股份有限公司（6）；C08L为东华大学（10）、浙江大学（5）；A61B为耐克创新有限合伙公司（10）、浙江大学（8）、清华大学（8）；G06F为耐克创新有限合伙公司（16）、新奥特（北京）视频技术有限公司（11）；E04H为江苏金陵体育器材股份有限公司（9）、咸阳师范学院（7）；C08K为东华大学（6）、浙江大学（5）；F21V为燕山大学（4）、咸阳师范学院（2）；G09B为燕山大学（10）、耐克创新有限合伙公司（9）；H04N为新奥特（北京）视频技术有限公司（28）、耐克创新有限合伙公司（4）；A63F为燕山大学（6）、清华大学（3）；E01C为咸阳师范学院（1）、南京万德体育产业集团有限公司（1）、江西科技学院（1）、泰山体育产业集团有限公司（1）；A01G为浙江大学（3）；A63D为燕山大学（5）、哈尔滨师范大学（2）、许昌学院（2）、昆明理工大学（2）；E04B为浙江大学（5）、山东科技大学（2）；A43B为耐克创新有限合伙公司（8）、桐乡波力科技复材用品有限公司（3）；A41D为耐克创新有限合伙公司（3）、燕山大学（3）。

4.1.3.3.3　申请人专利技术价值特征

Incopat数据库根据专利的引证、同族范围等指标，将专利的价值分为1～10个等级。本书根据数据库的等级划分标准，将专利价值等级6～10的前10位高产机构申请人进行数据整理并绘制共现图谱（如图4-1-3）。

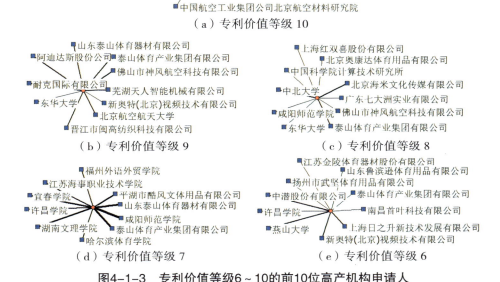

（a）专利价值等级 10

（b）专利价值等级 9　　　　　　　（c）专利价值等级 8

（d）专利价值等级 7　　　　　　　（e）专利价值等级 6

图4-1-3　专利价值等级6～10的前10位高产机构申请人

在图4-1-3中圆形节点代表专利价值等级6～10，方形节点代表高产机构申请人，连线粗细代表申请专利数量多少。

在图4-1-3中，专利价值等级为10的高产机构为耐克国际有限公司（32）、阿迪达斯股份公司（9）、中国航空工业集团公司北京航空材料研究院（9）、天津大学（6）、北京有色金属研究总院（5）、皇家飞利浦电子股份有限公司（5）、微软公司（4）、浙江大学（4）、上海日之升新技术发展有限公司（4）、南京林业大学（4）；专利价值等级为9的高产机构为耐克国际有限公司（15）、北京航空航天大学（15）、晋江市闽高纺织科技有限公司（14）、阿迪达斯股份公司（13）、泰山体育产业集团有限公司（13）、山东泰山体育器材有限公司（12）、佛山市神风航空科技有限公司（10）、芜湖天人智能机械有限公司（10）、新奥特（北京）视频技术有限公司（8）、东华大学（8）。

4.2　基于专利质量的中外体育专利技术研发特征比较——以运动鞋相关专利为例

本节主要从专利质量角度入手，以收录在《德温特专利创新索引》数据库中的运动鞋相关专利为研究样本数据，借助文献统计工具Bibexcel对原始数据进行统计整理，并综合采用相应的专利质量评价维度和指标，对中国、美国、日本和德国在运动鞋技术领域的专利质量进行了全面的评价。

4.2.1　数据检索和处理方法

选择德温特专利创新索引数据库（DII），以"'IPC=A43*'and'主题=sport* or sneaker* or sport shoe*'"为检索式进行逻辑组合高级检索，检索范围选择1963—2014年（检索时间：2014年6月20日），共检索到6 477项基本专利，即6 477个专利家族（不包含同一技术在不同国家重复申请的同族专利）。

由于专利存在多个编号（如申请号、公开号、优先权号等），这就不可避免地导致一定程度的数据重复。为了确保数据的准确性和唯一性，本书采用专利申请号对检索到的数据进行合并处理。同时，为了保证数据的质量和相关性，本书还剔除了数据不全以及与研究主题不相关的噪声数据。经过上述处理，最终获得的5 964项与运动鞋相关的基本专利以及13 583项同族专利，构成了本书的专利数据集。将检索到的专利题录数据以纯文本格式下载并妥善保存，并借助文献统计软件Bibexcel，按照相应的维度和指标对这些数据进行系统的统计整理。

4.2.2 指标选取

目前，国内外学术界对专利质量尚未形成严格的定义①②，部分学者分别从技术、经济和价格等方面来定义专利质量③④，也有学者从法律制度以及专利质量的内涵和外延等对其进行研究和限定⑤。虽然目前专利质量没有统一的定义，但是我们仍然可以从专利申请文献中挖掘整理一些重要的指标来综合评价专利质量。本书将着重根据表4-2-1列出的主要指标对中国、美国、日本、德国4个主要的运动鞋专利申请大国的技术研发水平进行综合对比分析。

表4-2-1 本书采用的主要专利质量评价指标

序号	指标名称	指标释义
1	发明专利所占比率	发明专利/基本专利总量
2	专利被引证频次	基本专利被后续专利引用的数量
3	专利家族规模大小	同一技术在不同国家申请的同等专利数量
4	学术性引文量	引用学术性论文的数量
5	专利性引文量	引用专利性成果的数量
6	权利要求数量	说明书中的权利要求项数

① 石书德. 从主要专利质量指标看我国专利的发展水平［J］. 科技和产业，2012，12（7）：123-126，162.

② Fabry B，Ernst H，Langholz J，et al. Patent portfolio analysis as a useful tool for identifying R&D and business opportunites-an empirical application in the nutrition and health industry［J］. Word patent information，2006，28（3）：215-225.

③ 程良友，汤珊芬. 我国专利质量现状、成因及对策探讨［J］. 科技与经济，2006（6）：37-40.

④ 刘玉琴，汪雪峰，雷孝平. 基于文本挖掘技术的专利质量评价与实证研究［J］. 计算机工程与应用，2007（33）：12-14.

⑤ GRAF S W. Improving patent quality through identification of relevant prior art：approaches to increase information flow to the patent office［J］. Lewis and Clark Law Review，2007，11（2）：495-519.

续表

序号	指标名称	指标释义
7	三边专利数量	同一专利分别在 EP、US、JP 3 个专利机构同时提出专利申请的数量
8	跨国专利数量	同一专利分别在 WO 和 EP 两个专利机构同时提出专利申请的数量
9	核心专利	本书定义被引用频次在 10 次以上的专利为核心专利

4.2.3　整体发展对比分析

4.2.3.1　专利申请的发展趋势对比

从专利申请的时间变化（如图4-2-1）来看，美国、日本、德国3个国的发展历程较为相似。这3个国家早在20世纪70年代就开始涉足相关专利研究，20世纪70年代至20世纪80年代它们正处于探索萌芽阶段，20世纪90年代进入快速发展阶段。例如，目前运动鞋制造行业的代表性龙头企业——美国耐克公司和德国阿迪达斯公司，均在这一时期取得了技术突破。耐克公司早在20世纪70年代就研发出NIKE的"灵魂"技术——气垫鞋底专利（AIR-SOLE），并于1979生产出第一双利用该技术的顺风（Tailwind）气垫跑鞋，也因此迅速占据了美国50%的跑步鞋制造市场。随着技术的不断发展，耐克公司在20世纪90年代又相继研发出了AIR HUARACHE脚踝防护技术、ZOOM AIR和TUNED AIR气垫技术，从而形成了其在运动鞋技术上的霸主地位。阿迪达斯公司则早在1979年推出COPA MUNDIAL足球鞋，该足球鞋在国际足球比赛中被超过80%的出场运动员选用。随后，阿迪达斯公司在20世纪80年代研发出APS减震鞋底技术和TORSION系统技术，并在20世纪90年代研发出TUBULAR TECH技术。

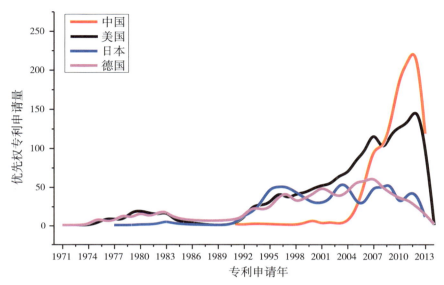

图4-2-1 中国、美国、日本、德国运动鞋相关专利申请对比

从我国的运动鞋相关专利发展来看，20世纪90年代初对至2004年为探索萌芽阶段；2004年以后，随着中国加入WTO及各项经济迅速增长，专利申请数量几乎呈直线上升趋势，并在2008年超过美国。我国主要的体育用品公司多数都成立于20世纪90年代以后，如李宁公司创建于1990年。然而，尽管我国在专利申请数量上增长显著，但在核心技术上国外企业仍占据主导地位。

总体而言，中国在运动鞋专利申请方面起步较晚，但在21世纪发展迅速。2008年以后，中国在年度专利申请量上超过了美国、德国和日本，并在专利总量上超过了日本和德国，见表4-2-2。需要注意的是，我国在1985年才颁布《中华人民共和国专利法》，至今仅有几十年的历史。相比之下，美国、日本和德国分别在1790年、1885年和1877年实行了专利保护制度，至今已有几百年的历史。因此，这些国家的专利制度相对较为完善。由于我国专利制度尚不完善，在专利申请、审查等过程中仍存在弊端。尽管在专利数量上取得了长足进步，但专利质量参差不齐，缺乏国际领先的核心技术支撑，这是制约我国运动鞋行业进一步发展的重要因素。

表4-2-2　中国、美国、日本、德国运动鞋相关专利申请总量对比

国别	基本专利		同族专利	
	数量 / 项	占有率 /%	数量 / 项	占有率 /%
中国	1 136	19.05	1 505	11.08
美国	1 259	21.11	1 885	13.88
日本	768	12.88	1 153	8.49
德国	724	12.14	1 087	8.00

注：国际范围内基本专利总量为 5 964 项；同族专利总量为 13 583 项。

4.2.3.2　基于不同专利机构的对比分析

本书对中国、美国、日本、德国4个国家优先申请的中国专利、美国专利、日本专利和德国专利进行了总量和时间变化统计，统计结果见表4-2-3。

表4-2-3　中国、美国、日本、德国分别在四国产权局受理专利申请情况统计

国别	中国专利		美国专利		日本专利		德国专利	
	数量 / 篇	占比 /%	数量 / 篇	占比 /%	数量 / 篇	占比 /%	数量 / 篇	占比 /%
中国	1 135	75.42	43	2.28	20	1.73	6	0.55
美国	164	10.90	1 175	62.33	139	12.06	114	10.49
日本	49	3.26	79	4.19	747	64.79	30	2.76
德国	57	3.79	202	10.72	96	8.33	692	63.66

注：表中的专利数据都表示基本专利，不包含同族专利。

从表4-2-3中发现，中国、美国、日本、德国4个国家在本国专利机构的专利申请数量明显高于其他专利机构：中国国家知识产权局（SIPO）受理的专利共有1 505项，其中中国有1 135项，占75.42%；美国专利及商标局（USPTO）受理的专利共有1 885项，其中美国有1 175项，占62.33%；日本专利局（JPO）受理的专利共有1 153项，其中日本有747项，占64.79%；德国专利商标局（DPMA）受理的专利共有1 087项，其中德国有

692项，占63.66%。可以看出，4个国家在本国专利机构的申请专利比例都超过了60%，表现出较强的"本土优势"①现状。虽然具有本土优势的影响，我们还是可以看出美国和德国在非本国专利机构的专利申请数量要高于中国和日本在非本国专利机构的专利申请数量，这也在一定程度上体现出了两国在运动鞋技术上的优势。

4.2.4　专利质量对比分析

4.2.4.1　专利类型和引证分析

中国、日本和德国的专利类型都分为发明专利和实用新型以及外观设计；美国只有发明专利这一类别。发明专利是指在某一技术领域内对产品的生产、加工、材料等方面具有突破性的创新成果。在实际申请过程中，发明专利要经过专利的实质性审查。实用新型和外观设计专利是对产品的外观、色彩、结构等提出一定的创意和改进。在实际申请过程中，这两类专利无须经过实质性审查。因此，发明专利的比例是评价专利质量的一个重要指标。

对中国、美国、日本、德国4个国家的基本专利按照专利类型进行分类统计，统计结果见表4-2-4。因为美国授权的专利只有发明专利，所以美国的1 259项专利全部都为发明专利。中国的1 136项基本专利中有284项是发明专利，仅占总量的25%；日本和德国的基本专利分别有768项和724项，其中发明专利分别有683和453项，分别占总量的89.93%和62.57%。由此可知，中国虽然在总量上占据一定优势，但是具有较高技术含量的发明专利的比例却非常低。中国的优势主要体现在一些低质量、边缘技术的发明专利数量方面，在高质量的发明专利上仍处于劣势。

①　杨利锋，陈凯华. 中国电动汽车技术水平国际比较研究——基于跨国专利的视角［J］. 科研管理，2013，34（3）：128-135.

表4-2-4　中国、美国、日本、德国专利类型对比统计

国别	专利总量 / 项	发明专利		实用新型及外观设计专利	
		数量 / 项	占比 /%	数量 / 项	占比 /%
中国	1 136	284	25	852	75
美国	1 259	1 259	100	—	—
日本	768	683	89.93	85	11.07
德国	724	453	62.57	271	37.43

此外，从中国、美国、日本、德国4个国家基本专利的被引证统计（如表4-2-5）来看，中国1 136项基本专利的总被引次数有947次，篇均被引次数仅为0.83次，单项专利最多仅被引8次；美国1 259项基本专利的总被引次数高达13 309次，篇均被引证次数为10.57次，单项专利最多被引184次；日本和德国基本专利的被引次数也远高于中国。从被引频次这一指标上也再次印证了中国在运动鞋专利技术研发质量上的不足。

表4-2-5　中国、美国、日本、德国专利被引频次对比统计

国别	专利总量 / 项	总被引频次 / 次	篇均被引频次 / 次	单项专利最大被引值 / 次
中国	1 136	947	0.83	8
美国	1 259	13 309	10.57	184
日本	768	2 249	2.93	144
德国	724	5 285	7.29	125

4.2.4.2　基于三边专利和跨国专利的对比分析

基于特定的专利机构进行国家间的研发实力对比存在一定的缺陷。如果从国际范围内的专利数据总和来进行国家间的比较，那结果就会较为客观。因为国际范围内的专利数据不仅包括来自本国的专利申请，也包括其他机构的跨国申请，使得数据来源符合同一标准。鉴于此，本书引入三边专利和跨国专利的指标来进行对比分析。

三边专利（traidic patent）是1996年提出的，其定义是具有同一专利优先权号（即同族专利），并且就同一技术同时在欧洲专利局、美国专

利及商标局和日本专利局提出申请的专利技术。跨国专利（transnational patent）的概念是2010年提出的，其定义是向世界知识产权组织或者向欧洲专利局提出保护申请的专利技术。①

表4-2-6显示了中国、美国、日本、德国4个国家的三边专利和跨国专利的分布情况。中国的1 136项专利中仅有19项三边专利和45项跨国专利，分别占其专利总量的1.67%和3.96%。美国的1 259项基本专利有110项三边专利和482项跨国专利，分别是中国的5.79倍和10.71倍。中国和美国在三边专利和跨国专利的数量上差距非常显著。德国的三边专利（81项）和跨国专利（254项）数量仅次于美国，也占其专利总量较大的份额。日本在两个指标上的对中国的优势没有美国和德国明显，分别有43项和72项。

表4-2-6 中国、美国、日本、德国三边专利和跨国专利统计

国别	专利总量 / 项	三边专利		跨国专利	
		数量 / 项	占比 /%	数量 / 项	占比 /%
美国	1 259	110	8.74	482	38.28
中国	1 136	19	1.67	45	3.96
日本	768	43	5.60	72	9.38
德国	724	81	11.19	254	35.08

注：表中的专利数据都为基本专利的数据，不包含同族专利的数据。

从三边专利和跨国专利这两个重要指标来看，虽然中国在专利总量上占据一定的优势，但这种量的优势仅局限于国内申请，真正能够体现专利质量的国际专利申请数量明显不足。一方面，中国多数专利的市场价值较低，不能很好地将成果应用于产业制造，经济效益不高。申请人没有必要也没有能力每年耗费大量的专利维护成本向国外进行保护申请。因此，我们在加大科研投入的基础上，应对已有技术进行全面的市场调研，积极

① 杨利锋，陈凯华. 中国电动汽车技术水平国际比较研究——基于跨国专利的视角[J]. 科研管理，2013，34（3）：128-135.

探索国际技术市场。另一方面，我国运动鞋制造企业多数都创办于20世纪90年代以后。为实现在国内市场占据一席之地，运动鞋制造企业将大部分精力都集中在了产品的营销策略、降低成本等环节，技术保护意识较为淡薄。但我们从国际知名品牌的发展历程来看，这些品牌无一不把技术创新作为企业发展的核心主线。例如，阿迪达斯公司从创办以来就把产品的技术创新作为开拓市场、抢占市场份额和提高品牌实力的动力，把"功能第一"作为品牌的主导，把"给予运动员最好的"作为口号。很明显专业和质量是阿迪达斯产品的生命，而维系这一生命的动力就是技术创新。[①]因此，增强专利保护意识和建立技术创新理念对国内企业的长远发展至关重要。

从中国、美国、日本、德国4个国家三边专利和跨国专利的B-spline模型拟合时间变化曲线（如图4-2-2和图4-2-3）来看，它们的整体趋势十分相似。在20世纪90年代前，美国在两个指标上的占有率分别在50%和30%以上。在三边专利上，德国在1992年首次出现三边专利后，占有率呈波动上升的趋势，进入21世纪基本保持在30%左右；日本在1990年首次出现三边专利后，占有率维持在30%以下；中国在2001年首次出现三边专利后，占有率维持在20%以下。在跨国专利上，在2004年之前德国与美国基本平分秋色；日本和中国的占有率变化相差不大，都低于10%。由此可见，美国和德国在运动鞋专利技术的研发水平上位于国际领先地位，并且两国的研发实力差距也在逐步缩小；日本在运动鞋专利技术的研发水平上对中国的优势没有美国和德国那么明显；中国在三边专利和跨国专利上占有率明显低于其他3个国家。

---

① 宏飞. 阿迪达斯：运动品牌的"领跑者"［J］. 东方企业文化，2008（9）：18-21.

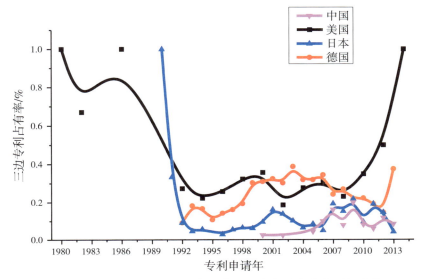

图4-2-2　中国、美国、日本、德国三边专利占有率时间变化

（B-spline模型拟合曲线）

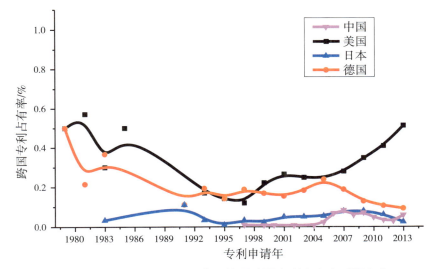

图4-2-3　中国、美国、日本、德国跨国专利占有率时间变化

（B-spline模型拟合曲线）

4.2.4.3 基于专利家族（成员 >1）的对比分析

专利家族是指一项专利技术在优先权国申请后，又在其他国家的专利机构进行重复申请，从而构成具有相同优先权申请号的同族专利。在德温特专利数据库中每一条专利即一条基本专利，也构成一个专利族。本书在用同族专利进行国家间专利质量评价时主要看两方面：一是中国、美国、日本、德国4个国家规模在2个及以上的专利家族数量的时间分布特征（如图4-2-4）；二是4个国家专利家族成员数量的区间规模分布（如图4-2-5）。

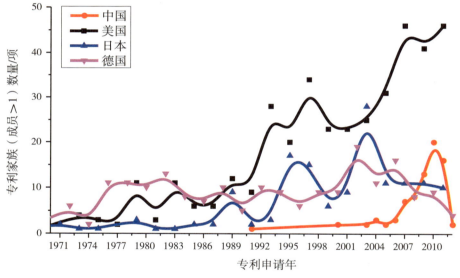

图4-2-4　中国、美国、日本、德国专利家族（成员>1）数量的时间变化

（B-spline模型拟合曲线）

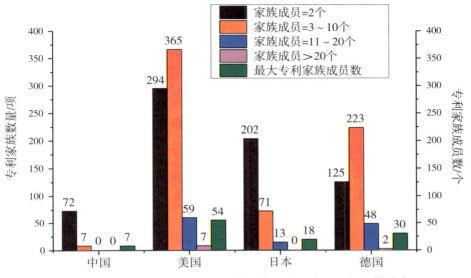

图4-2-5 中国、美国、日本、德国专利家族成员区间规模分布

从专利家族数量的时间变化来看，美国、德国和日本在20世纪70年代就开始出现成员在1个以上的同族专利家族，美国呈现明显的波动上升的趋势；日本和德国的专利家族数量变化幅度没有美国明显，在20世纪90年代后总体保持在较为平稳的水平；中国1991年首次出现专利家族，其数量在2004年后呈现上升的趋势，与日本和德国水平相似，保持在10项左右。这说明当前中国在专利跨国、同族专利申请上有了一定的提升。

然而在专利家族成员数量区间规模上，由于其他3个国家步入国际专利申请行列的时间较早，中国明显要落后于其他3个国家。在家族成员为2个的区间中，美国有294项，是中国72项的4.08倍；德国（125项）和日本（202项）也明显高于中国；在家族成员为3～10个的区间中，中国仅有7项，而美国、德国、日本分别高达365项、223项、71项。在家族成员为10个以上的区间中，中国为0，美国、德国、日本分别为66项、50项、13项。最大专利家族成员中国只有7个，而美国、德国、日本分别为54个、30个、18个。

从专利家族角度来看，中国虽然在2004年以后有一定的提升，但是由于发展时间较晚，专利家族的规模较小，大部分专利家族成员为2个；美国、日本、德国不管是在总量上还是在规模上都占据明显的优势。因此，中国在专利家族的规模上还需进一步的提升。

4.2.4.4　基于专利引文量的对比分析

专利的引文数据可以看出技术创新的知识基础，也能从侧面反映专利的技术含量，分为专利引文和非专利引文两种。专利引文是指目标专利引用先前他人的专利成果；非专利引文是指目标专利引用非专利的其他文献，本书称为学术性引文。[①]

技术创新通常情况下是一个由无形的理论思想向实体产品转变的过程，要经历设想构思、理论探索、技术支撑、生产流程和产品创新以及改进阶段。非专利引文是设想构思、理论探索阶段所必需的，专利引文则是技术支撑、生产流程、产品创新以及改进阶段所必需的。因此，一项高质量的技术创新通常要有一定的知识基础。[②]引文数据越多说明技术在研发过程中各阶段的知识基础越稳固，也从侧面体现了专利质量越高。对两种引文按照不同的区间进行分类统计得到图4-2-6和图4-2-7。

[①]　马天旗，刘欢. 利用专利引证信息评价专利质量的改进研究［J］. 中国发明与专利，2013（1）：58-61.

[②]　王燕玲. 基于专利分析的行业技术创新研究：分析框架［J］. 科学学研究，2009（4）：622-628，568.

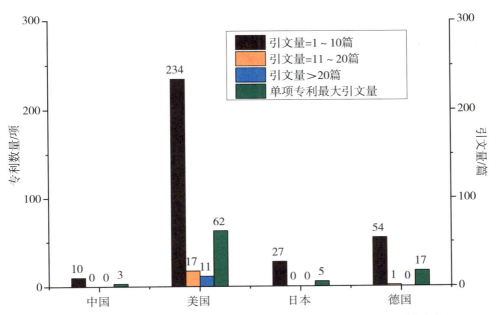

图4-2-6　中国、美国、日本、德国专利学术性引文量的区间规模分布

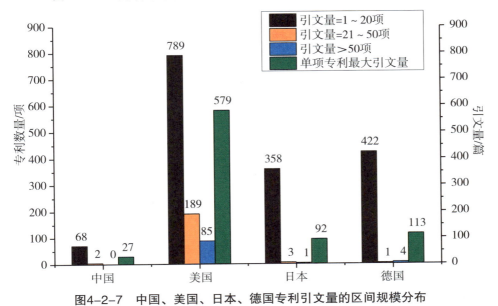

图4-2-7　中国、美国、日本、德国专利引文量的区间规模分布

从学术性论文引文量的分布来看，美国专利的引文量最多。美国引文

量在1～10篇的专利有234项，分别是中国（10项）、日本（27项）、德国（54项）的23.4倍、8.7倍、4.3倍。在高引文区间（大于10篇）中，中国和日本都为0；德国有1项；美国有28项。美国的单项专利最大引文量高达62篇；中国仅为3篇。

从专利引文量的分布来看，美国仍然是引文量最多的国家。美国引文量1～20项的专利有789项，20项以上的专利也有244项，单项专利最高引文量高达579项，各项指标数据都明显高于其他3个国家。中国仅有70项专利拥有专利引文，占全部专利的6.16%；引文量在20项以上的只有2项。

从专利引文量的对比分析中可以发现，中国专利的知识基础较为薄弱，多数技术还滞留在低技术含量的外观设计和实用新型边缘技术上，不能形成持续系统的专利技术研发引文线路；真正创新度较高的技术都有较强的继承性和关联性。

4.2.4.5 基于专利权利要求项的对比分析

权利要求项数是指在专利说明书中来限定技术保护范围的独立和从属权利要求的数量。权利要求在专利申请过程中是一项非常重要的文件，它是将技术创新原始思路方法进行法律化保护的中介。专利技术只有在特定的权利要求范围内才能受到法律的保护。通常情况下，一项技术的权利要求数量越大，说明专利的保护范围越广泛，技术创新水平越高，专利质量也相对越高。因此，权利要求项数指标可以作为评定专利质量的重要指标之一。[1][2]

本书对中国、美国、日本、德国4个国家优先申请专利的权利要求项数按照不同的区间进行了统计（如图4-2-8）。从结果数据来看，中国

---

[1] 郑金，张驰，文毅. 我国电力行业专利质量研究及发展建议［J］. 中国发明与专利，2014（1）：11-14.

[2] 卞志昕. 专利长度指标对比分析及实证研究［J］. 图书情报工作，2013，57（8）：97-103.

专利的权利要求数量有1 115项，专利集中在10项以下，占总专利数量的98%；最高的权利要求项数也仅有32项。美国专利的权利要求数量与其他3个国家的不同，多数集中在11～20项的区间；此外，在21～50项和50项以上的区间也有高达341和51项专利。德国和日本专利的权利要求虽然多数也集中在了10项以下的区间，但是其他几个区间的数量也远超中国。

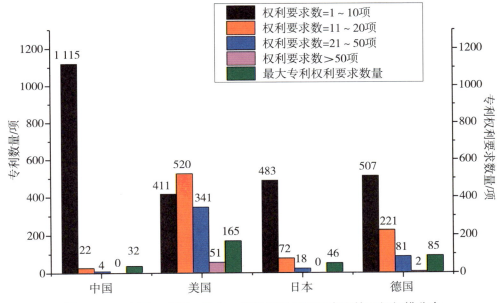

图4-2-8　中国、美国、日本、德国专利权利要求项的区间规模分布

从单项专利最高权利要求数量来看，美国有高达165项，德国有85项，日本有46项，中国最少只有32项。从专利审查角度来看，中国专利的权利保护范围明显要落后于其他3个国家，专利技术创新程度不够，专利质量较低。这也从侧面说明了我国的专利审查制度不完善，难免使得一些低质量的专利侥幸通过审查而得到授权，从而影响整体质量。相反，美国专利及商标局是世界公认的审查制度最严格的机构之一，从美国专利的权利要求数量也可以充分体现这一点，这也使得美国专利整体的创新程度和质量较高。因此，要想提高国内专利质量，还应进一步完善专利审查监管

制度，从整体上引导技术研发人员扩大专利技术保护范围，进而提升技术的创新性和专利质量。

4.2.4.6 核心专利对比分析

核心专利是指在某一特定的技术领域内，具有较高影响力的专利技术，即在产品的设计、生产以及材料等多方面都具有突破性的创新，在短时间内无法被其他技术所逾越或取代的关键技术。对核心技术的识别通常采用专利的被引用频次，被后续专利引证次数越多，证明专利的价值越高，创新程度也较高。[1][2]本书限定被引证次数超过10次的专利定义为核心专利，统计后共得到473项基本核心专利和2 638项同族专利。

从图4-2-9的中国、美国、日本、德国4个国家核心专利优先申请的时间分布来看，美国从1974年首次出现核心专利之后，核心专利数量呈现出波动上升的趋势，直到进入21世纪呈现下降的趋势；德国则保持相对稳定的水平，基本保持在每年4项左右；日本核心专利的年度分布波动较小，1994年以后每年基本保持在2项左右；中国从1985年以来还没有相关的核心技术，以中国为优先权国家的5项核心专利也分别是由耐克公司、阿迪达斯公司以及约翰逊持有。

---

① 孙涛涛，唐小利，李越. 核心专利的识别方法及其实证研究［J］. 图书情报工作，2012，56（4）：80-84.

② 张元梁，司虎克，蔡犁等. 体育用品核心企业专利技术发展特征研究——以耐克公司为例［J］. 中国体育科技，2014，50（3）：124-131.

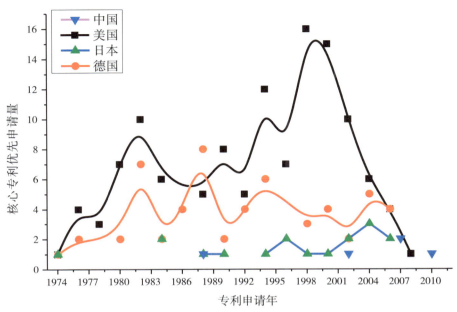

图4-2-9　中国、美国、日本、德国核心专利优先申请时间分布
（B-spline模型拟合曲线）

　　对中国、美国、日本、德国4个国家的核心专利按照不同的维度指标进一步统计得出表4-2-7的数据。从数据结果来看，美国优先申请的核心专利有240项，占据了所有核心专利50.74%的份额；并且涉及38个国家和地区，共有1 139项同族专利。可以看出，美国在核心技术领域的霸主地位极为稳固，它不仅局限于国内技术市场，还积极开拓国际市场。德国和日本分别拥有103和29项核心专利。从国际范围来看，德国涉及39个国家和地区，日本涉及17个国家和地区。从4个国家的专利局受理核心专利数量来看，德国有229项，日本有130项，美国有434项。这表明除了美国本身掌控的240项核心技术，同时也吸引了全球194项他国专利申请。中国目前还没有被引频次超过10次的核心专利，我国国家知识产权局受理的全球核心专利仅有75项。

表4-2-7　中国、美国、日本、德国核心专利对比分析

国别（机构）	基本专利		同族专利受理量		三边专利/项	跨国专利/项	家族范围/个	同族专利量		被引用频次/次	篇均被引量/次
	数量/项	占有率/%	数量/项	占有率/%				数量/项	均值		
中国（国家知识产权局）	—	—	75	2.84	—	—	—	—	—	—	—
美国（美国专利及商标局）	240	50.74	434	16.45	45	53	38	1 139	4.75	5913	24.64
日本（日本专利局）	29	6.13	130	4.93	1	3	17	194	6.69	588	20.28
德国（欧洲专利局）	103	21.78	229	8.68	27	28	39	686	6.67	2 579	25.04

注：优先基本专利总量为473项。同族专利受理总量为2 638项。家族范围为国家。

上述情况表明，美国、德国和日本在占据本国市场的同时积极开拓全球市场；而中国在核心技术方面不仅不能掌控本国市场的主动权，国内的技术市场还都被其他国家侵占。中国受理的他国申请的核心专利越多，对中国企业造成的冲击会越大。这种恶性循环持续下去，最终会使得国外的公司在国内申请各种难以逾越的核心专利，国内的公司则只能在边缘技术上进行低质量的开发生产。因此，说到底专利数量不能完全掌控技术领域的话语权，要想在领域内取得一席之地还要靠专利质量的提升。

4.3　基于专利战略的中外体育专利技术研发特征比较——以运动鞋相关专利为例

本节从专利技术创新驱动战略角度入手，以德温特专利数据库中囊括

的世界各国运动鞋相关专利数据为镜，采用专利计量分析的方法，对体育用品业技术市场主要国家和企业的战略布局进行信息挖掘和特征分析。

4.3.1　数据来源及相关术语说明

4.3.1.1　数据检索与处理

本书选择DII数据库，以"'IPC=A43*'and'主题=sport * or sneaker * or sportshoe*'"为检索式进行逻辑组合高级检索，检索范围选择1971—2015年（检索时间：2016年4月14日），共检索到7 980项基本专利（一项基本专利代表一项技术），17 429项同族专利（一项基本专利在不同国家或地区申请形成同族专利）。按照申请号对原始数据（application number）进行去重处理，最终得到7 969项基本专利和17 369项同族专利。这些专利形成本书的专利数据集。利用Bibexcel等工具软件按照各项专利战略维度指标对原始数据进行数据统计，再通过Excel形成矩阵数据并利用数据可视化工具Ucinet进行中外运动鞋专利战略知识图谱的呈现。

4.3.1.2　相关专业术语说明

（1）专利文献术语：一篇专利文献包含20多个术语字段，本书涉及的主要字段见表4-3-1。

表4-3-1　专利文献主要字段及含义说明

主要字段名称	含义
PN（patent number）	专利号：代表基本专利或同族专利。专利号可能有多个，通常将第一个视为基本专利号
TI（title）	主题
AU（author）	发明人：专利技术的主要研发者
AE（assignee）	专利权人：享有专利技术所有权的个人或法人
GA（given accession）	德温特录注号：DII 数据库赋予每个专利族的唯一标注号
AB（abstract）	摘要：对专利新颖性、实用性和技术优势及图示的技术信息阐述
DC（derwent class code）	德温特代码：DII 数据库对不同技术领域标注的分类代码

续表

主要字段名称	含义
MC（derwent manual code）	德温特手工代码：DII 数据库按照专利文摘技术特性、功能特点等对专利技术进行的独家标引，较德温特代码更为详细，便于快速检索
IP（International patent classification）	国际专利分类代码：目前国际通用的专利文献分类代码分为部、大类、小类、大组、小组
PD（patent publication date）	专利公开日期
AD（application date）	专利申请日期
PI（priority application information and date）	优先权申请信息和日期
PC（priority country）	优先权国：首次提出申请获得优先保护的国家
FC（family member country）	同族专利国家：同族专利申请的制定有效国家
CP（cited patent）	参引专利：专利族参考引用的专利
DS（designated states）	同族专利指定国家或地区：专利国际申请中指定的有效国家或地区

（2）数据范围：本节涉及数据不包含港澳台地区。

（3）"中外"的界定：鉴于在国际运动鞋专利技术领域，中国、美国、日本、德国4个国家专利申请占据国际总量63.56%的技术份额，由此本节"中外"特指此4个国家。

4.3.2 国家专利战略分析

4.3.2.1 专利技术市场中心演变

依据汤浅光朝对世界科学技术中心的定义，即某国在特定时期的科学成果占据世界成果总量的25%以上，则称为世界科协技术中心。[1]本书将专利技术市场中心界定为在特定技术领域和时间段内，受理的专利申请超过国际申请总量10%的某国或地区的专利组织。

对美国专利及商标局、中国国家知识产权局、欧洲专利局、日本专利

---

[1] 冯烨，梁立明. 世界科学中心转移的时空特征及学科层次析因（上）[J]. 科学学与科学技术管理，2000，21（5）：4-8.

局、德国专利商标局5个专利授权组织各年度专利受理量的国际比例进行
统计，统计结果如图4-3-1所示。

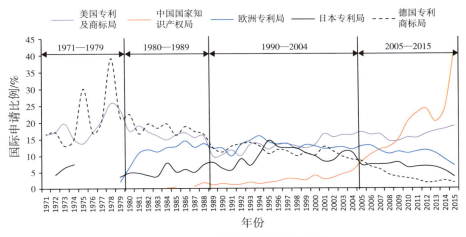

图4-3-1　专利申请国际比例演变

　　图4-3-1可以清晰反映出技术市场中心的演变过程。1971—1979年，
美国专利及商标局和德国专利商标局的专利申请量占据绝对优势，分别
占国际申请总量的20.11%和22.99%。该时期呈现两足鼎立的局势。1977
年，欧洲专利局成立，以欧盟成员国为首的欧洲国家迅速加入相关技术
领域的研发中。在1980—1989年，欧洲专利局受理量占据了国际申请总量
的12.5%，成为美国专利及商标局和德国专利商标局之外的新技术市场中
心。该时期呈现出三足鼎立局势。另外，该时期日本专利局的专利申请量
也逐步增长，10年内其专利申请量占据国际总量的5.87%。进入20世纪90
年代，日本专利局的专利申请量稳步上升，迅速成为第4个新的技术市场
中心，10年间专利申请量占国际总量的10.64%，并在1995年以14.9%占据
世界首位。该阶段中国涉足相关技术领域的专利申请量逐步攀升，占据国
际申请总量的3.36%。进入21世纪，中国加入WTO，并且其专利制度逐步
得到完善，国家和企业对技术创新重视程度逐渐提高。这引起世界各国
企业的重视，中国专利的受理量迅猛增长。在2009年，中国国家知识产权

局的专利申请比例超过美国专利及商标局，成为世界第一。在2005—2015年，中国国家知识产权局的专利申请量占国际申请总量的18.92%。该时期日本专利局和德国专利商标局的专利申请量呈下降趋势，逐步失去技术市场中心的地位。该时期呈现出中国国家知识产权局、美国专利及商标局、欧洲专利局三足鼎立的局势。德国专利商标局、日本专利局和欧洲专利局的专利申请量出现一定的下降趋势，一方面，由于国际商贸活动的日益增多，这部分国家和地区的企业对海外技术市场的技术保护意识日益增强，通过申请海外专利技术保护来垄断产品市场①；另一方面，随着技术的不断创新，产品市场日趋饱和，包括日本、欧盟成员国在内的其他技术强国为拓展更广阔的产品市场，将技术转向中国等市场拓展空间相对更大的国家进行专利保护申请，因此，本国或本地区受理的专利量有一定的下降趋势。中国国家知识产权局专利受理量的增长在一定程度上可能源于此，这也表明未来的市场竞争是全球范围内的竞争，凭借高新技术抢占更有发展空间的全球产品市场。

4.3.2.2　中国、美国、日本、德国国际技术市场范围

本书对中国、美国、日本、德国4个国家基本专利的同族专利国家建立2-模共现矩阵，并利用Ucinet软件的Netdraw功能生成4个国家同族专利的覆盖国家，即国际技术市场范围，如图4-3-2，连线越粗表明市场关注度越高。

---

① 柳鹏. 日本专利申请量连续5年走低［N］. 中国知识产权报，2011-07-21（4）.

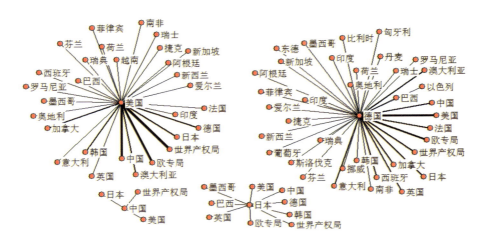

图4-3-2　中国、美国、日本、德国国际技术市场范围

从图4-3-2中可以发现，美国的1 650项基本专利在29个国家和地区有2 399项同族专利，在31个技术市场中关注度最高的分别是世界产权局（251项）、欧洲专利局（209项）、中国（158项）、日本（75项）、加拿大（74项）。德国的884项基本专利在36个国家和地区有1 323项同族专利，核心市场集中在美国（174项）、欧洲专利局（116项）、法国（93项）、世界产权局（89项）、日本（69项）、中国（45项）。日本的906项基本专利在9个国家和地区有989项同族专利，核心技术市场集中在中国（12项）、美国（11项）、韩国（10项）。中国拥有最多的1 752项基本专利，却仅在3个国家和地区有1 771项同族专利，专利技术显著局限于国内市场，对国际市场的关注度不高。

4.3.2.3　核心专利战略

核心技术通常是指产品生产过程中，在材料加工、生产工艺、产品设计等技术环节有突破性创新研发，而在一定时期内其他技术方法又不能对其进行替代的关键性技术。此类技术往往可以利用专利权的独享来垄断产品市场，从而具有较高的市场价值。

在专利计量分析中，对核心专利的识别和界定尚未形成严格的规定。

目前，多数研究采用专利的被引证次数的多寡来评价专利技术的科技含量和核心度。通常一项专利技术被后者引证次数越多，表明专利的技术价值越高。[1][2]本书核心专利界定为被引证次数≥10次的专利，经统计共得到473项基本专利，并对中国、美国、日本、德国4个国家的核心专利按照不同维度指标进一步统计。本书根据中国、美国、日本、德国4个国家基本专利的专利文献，利用Bibexcel软件对4个国家核心专利、三边专利、跨国专利及同族专利进行统计，统计结果见表4-2-7。

从4个国家的核心专利分布来看，美国和德国占据绝对优势，分别占核心专利总量的50.74%和21.78%，并且拥有较高的国际市场覆盖范围，而中国尚未拥有相应的核心技术。这表明美国、日本、德国已不再局限于本国市场，而是将矛头指向全球市场，利用对核心技术的掌握来垄断国际技术市场，从而谋取更高的市场利润。这也从侧面表明中国目前仍滞留于国内市场，虽然专利总量有了一定的优势，然而多数专利都是边缘技术，有量而无质，没能形成具有较高影响力的核心技术。虽然利用边缘技术采用价格战来占据低端产品市场在特定时期内可以带来一定可观的市场效益，然而随着国内经济水平和国民消费水平的不断提高，需求侧对产品的要求已不再全然停留于低端产品，更热衷于中高端产品带来的价值。此外，随着国外核心技术对中国市场的不断侵蚀，最终也使得中国所持有的边缘技术失去竞争力。总之，当前阶段研发高质量的专利技术，提高供给侧的产品质量和性能是掌控和占据未来市场主动权的必由之路。

---

[1] 徐明. 科技产业专利诉讼的影响因素研究 [J]. 情报杂志，2015，34（8）：43-47.

[2] 栾春娟. 专利文献计量分析与专利发展模式研究——以数字信息传输技术为例 [D].
大连：大连理工大学，2008.

4.3.3　核心企业专利战略分析

4.3.3.1　核心企业专利技术研发分析

4.3.3.1.1　高产企业演化趋势

本书利用excel软件对1971—2015年各年度最高产公司或个体专利权人的专利产出量和国际比例进行统计，得出45个年度最高产权人（如图4-3-3）。

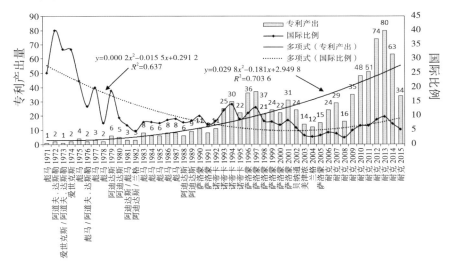

图4-3-3　年度专利申请国际比例最高公司机构演变

从图4-3-3中可以看出，在这45年中，年度最高产权人为美国公司的有14年，为德国公司的有17年，为法国公司的有9年，为日本公司的有3年，为意大利公司的有2年。在1971—1989年，最高产权人主要集中在德国的彪马公司和阿迪达斯公司上，其中彪马公司占了11年，阿迪达斯公司占了6年；1990—2005年，法国的萨洛蒙公司占了9年，美国的诺帝卡公司占了4年；在2006—2015年，耐克公司连续10年成为最高产权人。虽然中国自进入21世纪以来，专利申请总量迅速增长，并在2009年一度超过美国成为最高产国家，但从各年度最高产权人来看，中国无一家公司入围。这表明国外一些大型公司拥有强大的科研团队支撑，可以保证技术研发的持续性和高产，从而在本国形成专利技术高产核心公司的集聚；中国相关企业没有较大规模的研发团队，技术研发处于散而不聚的状态，未能形成高产公司的集聚。

此外，从各年度最高产权人的专利产出和国际比例的拟合曲线来看，专利产出呈现逐年增长的态势，而国际比例却有下滑的趋势。这表明涉足运动鞋相关技术研发的公司或个体权人数量逐步增长，从而使得专利申请国际总量迅猛增长的同时，高产权人的国际比例出现一定的下滑趋势。因此，要在未来众多公司权人中占据技术话语权，还需以坚实的研发团队为基础，形成高产公司机构集聚效应，以争夺和巩固技术的领先地位。

4.3.3.1.2 企业核心专利战略——以耐克公司为例

从前面最高产权人的演变过程来看，最高产机构经历了以下3个阶段：20世纪70代年和80年代，最高产机构为阿迪达斯公司和彪马公司；20世纪90年代，最高产机构为萨洛蒙公司和诺帝卡公司；自2006年以后，耐克公司连续10年成为专利申请国际比例最高的企业，并最终占据国际2.91%的运动鞋专利技术市场份额，成为该技术领域的领头羊。耐克公司之所以能够保持良好的技术市场占有率，与其的核心专利战略以及技术转型发展有密切关系。

表4-3-2显示了耐克公司232项运动鞋基本专利中被引频次最高的前10项核心专利的基本情况。

表4-3-2　耐克公司前10项高被引核心专利

序号	专利号	主题	被引频次/次	申请年
1	US5257470	气垫缓冲技术系统 Air Sole	80	1991 年
2	US2010184563	由计算机分析系统、压力传感器、信息传输系统等元件组成的球类项目运动和训练性能监控系统	55	2010 年
3	US2007260421	运动中物理和生理检测系统，包括时间、距离、速度、温度、环境湿度、GPS 定位、心率、卡路里燃烧率等数据信息	44	2007 年
4	US4354318	运动鞋稳定和减震鞋底设计，包括材料、倾斜角度、结构设计等	32	1981 年
5	US4255877	运动鞋鞋帮以及防滑耐磨结构设计	27	1979 年
6	US2006101671	专业运动鞋结构设计	26	2006 年
7	US2005172518	专业运动鞋结构设计	26	2005 年
8	US5392535	运动鞋紧固系统装置设计	25	1995 年
9	US2007119074	压力缓冲系统，包括可拉伸弹簧元件、拱形缓冲区、弹性材料等	23	2007 年
10	US2007277395	运动鞋剪力墙构造，可以抵抗不同方向的弯曲或压缩的冲击力，起到抗侧力和改善抗震性能的作用	18	2007 年

从纵向时间上来看，耐克公司核心技术经历了从20世纪七八十年代的实体减震材料以及提高运动性能的鞋体结构设计等技术，到20世纪90年代发展起来的气垫减震技术，再到21世纪以后的运动鞋与运动信息监控的结合技术的几个阶段。其中，被引频次最高的是耐克公司的技术基石——气垫减震系统。该系统从最初的Air Sole缓冲技术不断更新维护，发展到目前的冲击气垫（Zoom air）、高压气垫（Max air）、全脚掌气垫（Total air）、可调节气垫（Tuned air）等新一代技术，可以有效缓冲运动中产生的冲击力，从而起到对膝、踝关节的保护作用。气垫技术在全球体育用品业引起较大反响，成为各大体育用品公司都争相抢夺的技术点。US2010184563和US2007260421两项专利也是新时代体育用品发展的一个新趋势。它们将运动鞋原来的缓冲保护功能与信息传输和检测系统相结合，

可以更加准确地掌握运动中人体生理指标、外界环境信息以及各项物理指标，从而有效地对人体运动性能进行检测。

从耐克公司核心专利分布来看，耐克公司更加注重可穿戴智能运动检测设备、新材料的运用、符合运动人体科学原理的鞋体结构设计等高端产品。这些高端产品是耐克公司成为市场领头羊的重要战略之一。

4.3.3.1.3　核心企业国际技术市场战略

本书以中国、美国、日本、德国4个国家中专利申请量较多的耐克公司、阿迪达斯公司、彪马公司等10家核心企业为例，对其基本专利的同族范围进行数据挖掘，并建立核心企业与同族国家或地区的2-模矩阵，通过Ucinet软件的Netdraw功能绘制出图4-3-4。在图4-3-4中，连线越粗表明关注度越高。

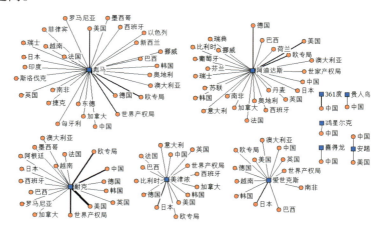

图4-3-4　中国、美国、日本、德国核心企业国际技术市场范围

美国耐克公司同族专利覆盖17个国家和地区，德国彪马公司和阿迪达斯公司分别覆盖27和25个国家和地区，日本美津浓公司和爱世克斯公司分别覆盖14和12个国家和地区，中国安踏公司、361度公司、鸿星尔克公司、贵人鸟公司和喜得龙公司主要都局限于国内专利申请。此种现状也再次表明中国体育用品企业目前仍局限于国内技术市场。出现这种现象的原因如下：一是由于国内企业对高新技术创新的重视程度不高，生产和营销理念陈旧，仍希望利用低廉原材料和劳动力优势，通过低端产品的大量生产和价格战来占据三四线城市的市场份额。这种理念随着国内经济的增长，劳动力和原材料成本的提高，人们生活水平和消费理念的转变以及国外大型跨国公司竞争渐渐被削弱，导致部分企业出现库存积压和打折甩卖的现象。二是因为国内企业未能形成具有高科技含量的核心专利技术，并且一项技术要进行跨国专利保护每年要缴纳高额的维护费用，所以就目前国内部分企业所掌握的技术而言，尚没有能力也没有必要来进行跨国专利申请。反观国外大型跨国企业，其技术市场战略目标明显指向全球市场，依靠对先进技术的掌握和不断更新维护来侵占和垄断国际市场，以获取更高的市场份额。因此，加强对科技创新研发的重视程度，提升产品的科技含量，逐步转变陈旧的产品生产和营销理念是目前国内多数企业应该深思的问题。

4.3.3.2　核心企业专利发明人合作战略

4.3.3.2.1　专利的合作率与合作强度

有效的合作可以集思广益，发挥群体智慧，提高科研效率。合作率和合作强度通常是用来呈现科学研究合作度的指标：合作率反映了科学研究合作成果的广度；合作强度显示科学研究合作的深度。本书中的合作率指合作研发的专利项数占专利研发总量的比例，即

$$X = 1 - m_1 / N \qquad （式4-3-1）$$

式中，m_1指独立发明人的专利量，N指专利总量。

合作强度指专利研发的篇均发明人数，即

$$Y = \sum_{j=1}^{n} j m_j / N \qquad （式4-3-2）$$

式中，m_j指发明人数为j的专利量，n指合作人数的最大值，N指专利

总量。①

研究利用Bibexcel筛选出中国、美国、日本、德国4个国家的耐克公司、阿迪达斯公司、彪马公司等10家核心企业的基本专利，再通过软件按照每项专利的发明人人数进行分类计数统计，得出发明人不小于2的专利数量、参研人次、发明人数等数据，最终将数据代入前述公式得出核心企业的合作率和合作强度（如表4-3-3）。从数据可以看出耐克公司的合作率和合作强度最高，其次是阿迪达斯公司和爱世克斯公司。这表明这3家公司技术研发成果的合作程度较高，可以更有效地组织分配研发人员，取长补短，提高研发效率。从国内主要企业的合作情况来看，鸿星尔克公司、安踏公司、贵人鸟公司和361度公司的合作强度也较高，然而由于专利量和参研人数的基数较小，合作率和合作强度的高低不能完全显示出合作程度，较难形成坚实的合作团队，提高研发效率。

表4-3-3 核心企业专利发明合作情况一览表

公司	国家	专利总量/项	发明人人数/人	合作专利数/项	参研人次/人次	最高参研人次/人次	合作率/%	合作强度
耐克公司	美国	316	390	252	1038	16	79.75	3.28
阿迪达斯公司	德国	112	149	63	328	23	56.25	2.93
彪马公司	德国	104	59	32	142	8	30.77	1.37
美津浓公司	日本	98	75	38	148	7	38.78	1.51
爱世克斯公司	日本	94	138	65	271	10	69.15	2.88
361度公司	中国	53	15	20	92	3	37.74	1.74
鸿星尔克公司	中国	31	8	17	58	4	54.84	1.87
安踏公司	中国	25	17	12	63	6	48.00	2.52
喜得龙公司	中国	23	1	0	1	1	0.00	0.04
贵人鸟公司	中国	22	7	21	59	4	95.45%	2.68

① 王纬超，武夷山，潘云涛. 中国高校合作强度及官产学研合作的量化研究［J］. 科学学研究，2013，31（9）：1304-1312，1337.

4.3.3.2.2　核心企业专利外部合作战略

外部合作率指某公司与其他机构或个人合作研发的专利量占公司专利总量的比例，即

$$X=m/M \qquad （式4-3-3）$$

式中，m指某公司与其他机构或个人合作研发专利量。

外部合作率反映公司与外部机构的沟通程度和合作密度。外部合作率越高，各方面越能发挥各自的优势，弥补自身的缺陷，进而提高研发效率，实现互利共赢的局面。[1][2]

本书利用Bibexcel首先筛选出中国、美国、日本、德国4个国家的耐克公司、阿迪达斯公司、彪马公司等10家核心企业的基本专利，再按照每项专利权人的个数对所有基本专利进行分类统计，最终计算合作完成的专利量，从而得出企业外部合作量和外部合作率（如表4-3-4）。

表4-3-4　核心企业专利发明外部合作情况一览表

公司	国家	基本专利总量 / 项	外部合作量 / 项	外部合作率 /%	合作机构数 / 个
耐克公司	美国	316	133	42.09	101
阿迪达斯公司	德国	112	62	55.36	39
彪马公司	德国	104	16	15.38	8
美津浓公司	日本	98	26	26.53	23
爱世克斯公司	日本	94	35	37.23	23
361 度公司	中国	53	0	0.00	0
鸿星尔克公司	中国	31	0	0.00	0
安踏公司	中国	25	0	0.00	0
喜得龙公司	中国	23	0	0.00	0
贵人鸟公司	中国	22	0	0.00	0

---

[1]　沈喜玲，曲昭，丁堃. 基于专利计量视角比较中美石油企业技术差异［J］. 科技管理研究，2015，35（7）：152-157.

[2]　栾春娟，侯海燕. 国内外主要公司专利外部合作的计量与比较——以数字信息传输技术为例［J］. 科学管理研究，2008（5）：86-88.

数据显示，耐克公司、阿迪达斯公司、彪马公司、美津浓公司等国外公司都表现出较高的外部合作率，外部合作网络的疏密程度较高。与之形成鲜明对比的是，中国的5家公司外部合作率全部为0，这意味着这些企业的所有技术研发都是独立完成的，未与其他机构或个人建立合作关系。实际上，不同企业或机构间广泛而深入的合作关系可以有效地促进信息和知识的流通、交流和传播，各方发挥自身优势共同攻克技术壁垒，从而大幅提升研发效率和成果质量。因此，国内企业还需在外部合作技术研发方面进一步思考和反思。

4.3.3.2.3　核心企业发明人合作网络演变分析——以耐克公司为例

随着社会的不断进步，科学技术的迅猛发展。在科学研究工作中依靠单打独斗已很难取得突破，任何科研创新都离不开合作。马克思主义观点认为，科学研究成果的产生前提是多种科研生产要素之间有机组合和优化统一，科研团队之间的合作关系便是连接技术研发创新诸要素的桥梁和纽带。①

本书以耐克公司为例，分析国外核心企业的发明人合作网络。因为耐克公司总体网络规模与国内核心企业相差较大〔耐克公司总体网络规模达390人（如图4-3-5）；国内的361度公司、鸿星尔克公司、安踏公司的研发团队规模人数都低于20人，分别为15人、8人、16人（图4-3-6）〕，根据社会网络分析理论可知，在网络规模相差悬殊的情况下较难对其网络特征进行比较，所以本书主要以耐克公司为例，从社会网络分析角度探索其发明人合作网络演变的特征。

---

① 洪银兴. 现代化的创新驱动：理论逻辑与实践路径［J］. 江海学刊，2013（6）：20-27.

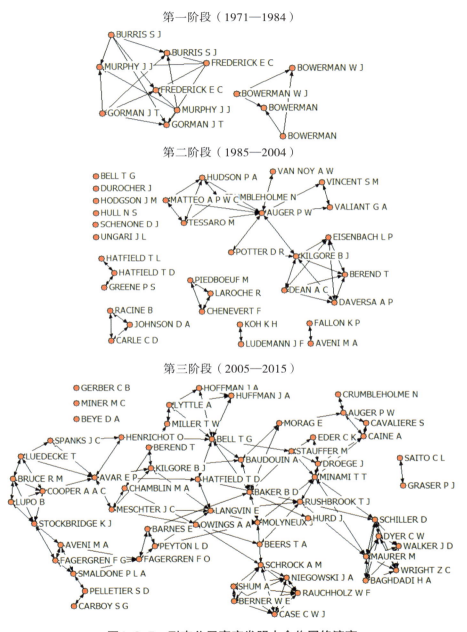

图4-3-5　耐克公司高产发明人合作网络演变

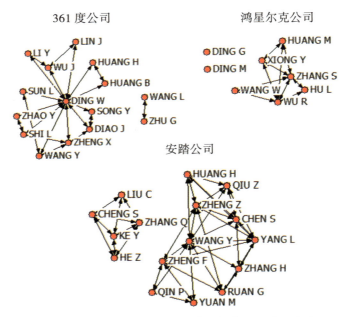

图4-3-6　361度公司、安踏公司、鸿星尔克公司发明人合作网络

　　本书分3个阶段对耐克公司的高产发明人合作网络进行分析：先利用大型文献统计软件Bibexcel提取各阶段前60名高产发明人，并建立发明人间的共现合作矩阵；再通过Ucinet软件的Netdraw功能绘制各阶段的合作网络图谱；最后计算出不同网络的网络密度。网络密度是指一个网络中实际存在的连线数量与此网络规模理论连线的最大值之间的比值。对于本书中的方向关系网络，如果网络的实际连线为m，节点规模数为n，则该网络的密度$Q=m/〔n×（n-1）/2〕$。从社会网络分析角度讲，对于相同规模的网络，在一定范围内网络密度越大，则网络的凝聚力越强，网络对每个成员的影响也就越大，各种信息资源在成员间的互通性和流通性也就越强，从而提高研发工作效率；然而如果网络密度过大，则起到相反作用，影响新信息的融入，从而制约研发创新的进程。①②③

　　从耐克公司合作网络图谱可以看出，其研发团队在3个发展阶段中，网络规模逐步扩大，网络密度也在逐渐增加。此外，利用Ucinet软件的核心-边缘社会网络分析功能，得出耐克公司在第三阶段（60位高产发明人）合作网络的核心-边缘密度矩阵（如图4-3-7），且其符合"核心-边缘"的社会网络结构特征。从图4-3-7中可以看出耐克公司形成了以Walker J D和Wright Z C等6位核心层成员为中心的合作网络，60名高产发明人共有240条合作连线，网络总密度为0.135 6，其中，核心层成员之间的合作网络密度为0.529，外围层成员之间的合作网络密度为0.047，核心与外围层成员之间的合作网络密度为0.057。核心层间的相对较强的连接关系可以较好地巩固网络的稳固性；而相对适中的外围层以及外围与核心层的合作关系又有效地促进外围新知识信息的融入，保证新知识网络中知识的流通性。此外如前所述，网络间的强连接关系会在一定程度上约束新知识流的传播，从而限制研发创新程度。因此在研发团队建设方面，国内核心公司尚未形成一定规模的研发团队，也未形成研发资源高效流通的"核心-边缘"合作关系网络。

density matrix
（核心-外围矩阵密度）

	1	2
1	0.529	0.057
2	0.057	0.047

density（总密度）=0.135 6

图4-3-7　耐克公司研发团队合作网络的核心-边缘密度矩阵

---

　　①　胡改丽，陈婷，陈福集. 基于社会网络分析的网络热点事件传播主体研究［J］. 情报杂志，2015，34（1）：127-133.

　　②　石彭辉. 基于社会网络分析的网络舆情实证研究［J］. 现代情报，2013，33（2）：27-31.

　　③　明宇，司虎克. 耐克运动鞋专利研发团队网络结构对技术创新影响的研究［J］. 体育科学，2013，33（2）：92-97.

4.3.4 国外专利战略特征分析

4.3.4.1 完善的专利制度

美国作为目前世界最大的经济和科技大国之一，早在1790年就建立了专利制度，其专利制度已有200多年的发展历史，专利战略的实施也有近80年的历史。①日本和德国也分别于1855年、1877年通过专利法，成立国家知识产权机构。随着专利制度在世界各国相继实行，促进了专利制度的国际化发展，美国等11个国家于1883年通过了《保护工业产权巴黎公约》，各成员国必须严格遵循公约的规则。在1970年和1977年，世界知识产权组织和欧洲专利局先后成立，进一步促进了专利制度的国际化发展进程。完善的法律制度保障是实施专利战略、促进科学技术创新的重要前提。②美国、日本、德国这3个国家的专利制度较为完善，为其各自国家的相关企业营造了良好的技术创新环境，为实施专利战略提供了切实的法律保障。从国外一些体育用品核心企业在技术研发方面申请的大量专利成果中我们可以看出，其创新领先优势明显，这在很大程度上得益于知识产权保护制度的建立和不断完善。

因此，我国需要积极借鉴和研究国外专利制度的成功经验，在此基础上不断完善国内专利制度。在结合国内现状的基础上，合理选取国外先进的管理经验融入我国的专利制度体系，并积极探索适合国情的创新管理制度。

4.3.4.2 积极探索国际技术市场垄断

随着全球经济一体化进程的加速，各国经济的相互关联和依存性越来越强。在日益激烈的市场竞争中，专利技术成为各国企业抢夺技术市场

---

① 张昌廷，田宝玉. 美日企业专利战略的差异及其启示［J］. 经济与管理，2004（10）：37–39.

② 张元梁，司虎克，卞志昕，等. 中、美、日、德运动鞋技术研发水平对比研究——基于专利质量视角［J］. 上海体育学院学报，2015，39（6）：39–44.

制高点和占据更多市场份额的重要砝码。在运动鞋相关专利申请中，中国、美国、日本和德国虽然在总量上差距相对较小，但保护策略存在明显差异。美国、日本、德国的专利族（同族专利）规模最大，这反映了3个国家所实施的跨国专利市场战略。美国、日本、德国在本国市场发展空间受限的情况下，积极将重心转移到中国及世界产权组织等更广阔的国际市场，不断进行高新技术的跨国专利保护申请。当前，国内体育用品业仍处于发展时期，我国拥有广阔的市场发展空间，也是世界各国企业纷纷抢占的大市场。

从相关研究分析来看，目前国内体育用品市场分为高端和中低端市场两部分，国外知名品牌凭借高新技术占据高端市场的较大份额，本土品牌凭借边缘技术和相对低廉价格占据中低端市场。[1][2]在国家体育总局发布的《2023年全国体育产业总规模与增加值数据公告》[3]中指出：2023年，中国体育用品及相关产品制造业总规模达到14 696亿元，占体育产业总规模的40%；增加值3 832亿元，占体育产业增加值的25.7%。行业细分领域包括健身器材、运动鞋服、智能可穿戴设备、户外用品等，其中，健身器材2020年销售收入达395.2亿元，2023年预计突破400亿元，未来有望冲击600亿元规模。从2023年市场份额来看，安踏体育、李宁、特步、申洲国际4家公司领跑，2023年市场份额分别占到4.25%、1.88%、1.21%和0.98%，业务收入超过百亿，国内体育用品行业出现全面回暖的趋势。[4]一方面，

---

①　布和. 中国体育用品行业发展现状［J］. 内蒙古统计，2014（1）：29-30.

②　喻坚. 中国体育用品业发展的瓶颈与路径选择［J］. 中国商贸，2012（25）：253-254.

③　国家体育总局. 2023年全国体育产业总规模与增加值数据公告［EB/OL］.（2024-12-31）［2025-01-25］. https://www.sport.gov.cn/n20001280/n20067608/n20067635/c28382702/content.html.

④　前瞻网. 洞察2024中国体育用品行业竞争格局及市场份额［EB/OL］.（2024-11-05）［2025-01-25］. https://xw.qianzhan.com/analyst/detail/220/241105-c51bbaf9.html.

可能由于国内本土企业正逐步实施产品生产和营销策略的转型调整，另一方面，可能在一定程度上源于本土品牌产品所呈现出的大众化、低价位的特征，迎合了国内二三线城市大众消费者群体，从而在销售总额方面处于优势。但从长远来看，随着国内经济的迅速增长，人们的消费水平不断提高，消费观念也会发生转变，逐步有需求也有能力消费高端产品，就此国内企业还需加大产品技术研发投入，提升产品质量，积极应对国外品牌的市场竞争。摆脱过去所谓"低价、劣质、山寨、次等产品"的标签，稳步实现产品技术创新和营销策略的转型发展，重塑品牌形象。

4.3.4.3 凭借高质量核心专利制胜

从专利质量角度分析，国外专利技术在质量上遥遥领先于国内。例如，美国、日本、德国在运动鞋技术领域的专利申请中，同族专利、三边专利和跨国专利申请在专利总量中占据了较大的比例。从国外核心专利申请角度来看，美国、德国和日本在占据本国市场的同时积极开拓亚洲、欧洲等国家和地区的全球市场。

国内体育用品企业多数都成立于20世纪90年代左右，发展历史相对较短。这些企业成立初期，由于中国经济发展水平和人们的消费水平较低，企业产品原材料和劳动力方面有天然的优势。在此优势下，企业利用劳动密集型的产业模式，凭借一些边缘技术大量生产相对低端的产品，从而迅速占据三四线城市的低端市场份额，在一定时期内也取得了较好的成绩。然而，随着国内经济和科技实力的迅速发展，以及国外大型跨国企业的竞争，这种天然优势也渐渐消失。一方面，国外企业凭借先进技术，外加廉价生产成本，迅速占据国内大部分高端市场份额，并逐步向三四线城市的低端市场蔓延；另一方面，近十年国内经济发展迅猛，人们的消费和生活水平直线上升，消费观念也发生较大转变，更加热衷追求高质量产品，导致出现国外代购现象频繁，这给国内企业造成一定的冲击。在这种大背景下，国家政府提出供给侧结构性改革的思想顺应了时代发展的需求，也切中肯綮地指出了目前国内多数体育用品企业的产业经营理念弊病，即规模有余而质量不足，存在供需错位的现象，供给侧低质量的产品供给不能满足需求侧对高质量产品的需求。追根究底，还是缺乏高科技含量的核心技术作为提高产品质量的有力支撑。对于国际大型体育用品企业，以高科技核心技术为支撑生产高质量产品是他们领跑国际市场的重要战略决策。因此，目前乃至未来提高产品核心技术竞争力，研发拥有自主知识产权的高新技术产品，积极调整供需错位的营销理念是国内企业需要深思的问题。

4.3.4.4 人性化智能运动监测系统和符合运动人体科学原理结构设计成为未来研究趋势

从耐克公司高被引核心专利分析可以看出，在运动鞋中植入人性化智能运动监测系统是近几年该公司的研发重心。耐克公司将芯片、传感器、无线通信等信息处理和传输技术融入运动鞋中，实时监测人体运动中各项物理和生理指标，如距离、速度、心率、卡路里燃烧率、GPS定位等数据信息，从而为训练者提供更加准确、全面的信息，提高锻炼效果。相信随着近两年"互联网＋"的不断发展，未来互联网技术也逐步与体育用品相结合，数字化的运动设备为人们提供了更加人性化的智能监测数据和服务。此外，当前运动鞋内压力分布检测系统已是各大运动品牌进行专业运动鞋技术研发和创新不可或缺的重要基础系统。耐克公司和阿迪达斯公司早在20世纪80年代就已成立自己的运动人体科学实验室，还与相关运动人体科学研究部门合作，通过动力学和生物力学实验检测鞋内压力分布，根据压力分布来进行运动鞋的结构设计和舒适度评估，并设计出适合不同人群需求的运动鞋。国内的安踏和李宁公司也在2005年前后引进欧洲压力检测系统，并成立各自的运动科学实验室。虽然这两家公司拥有自己的实验室，但是对运动鞋压力测评系统的认知以及技术开发流程存在一定的局限性，未能研发出较为理想的核心技术。总之，未来的运动鞋不单纯具有保护和运动的功能，而是更有利于人体健康、可提供更多信息化服务的智能数字化运动鞋，而耐克公司等知名运动公司之所以能日渐壮大，正是源于可以抓住消费者的需求，紧跟时代发展的脚步，不断改革创新，与时俱进。

4.3.4.5　核心企业稳固高效的研发团队合作关系

从耐克公司专利研发团队的合作网络分析来看，耐克公司经过40多年的发展逐步形成了规模相对较大的研发团队，合作关系网符合社会网络研究中的"核心–边缘"结构特征，核心层间相对较强的连接关系可以较好地巩固网络的稳固性，而相对适中的外围层以及外围与核心层的合作关系又有效地促进外围新知识信息的融入，保证新知识网络知识的流通性。规模强大的研发团队和稳固高效的团队合作关系，为耐克公司顺利实施专利战略提供了强有力的支撑，使公司的技术始终处于连续升级和不断创新可持续发展的状态中。这一方面与耐克公司成立相对较早有一定关系，其在经营理念和技术研发方面经验相对丰富；另一方面，美国200多年的专利制度大环境，使其形成较强的专利保护意识和注重技术创新的观念。

在技术研发团队方面国内多数企业还应进一步加强。国内企业尚未形成相对较大规模的研发团队。国内体育用品企业多数成立于20世纪90年代前后，与国外核心企业相比相对年轻，我们应该从他们的发展历程中汲取经验，树立新时代的营销理念，建立自己强大的技术研发团队，为向技术型企业方向转变提供有力支撑。

4.4　小结

从总体发展趋势来看，中国从1985年才颁布首部专利法，使得涉足运动鞋相关技术研发的时间较晚。在20世纪以前，美国、日本和德国在专利申请量上占据了绝对优势。随着中国加入WTO以及各项专利制度的不断完善，中国在2004年之后专利申请量不断增长，甚至一度超过日本和德国，从而在专利申请量上占据了一定的优势。

从专利质量的各项指标来看，中国发明专利所占比例仅有25%，美国、日本和德国发明专利占比都在60%以上。并且，中国在专利被引频次上也较低，篇均被引次数仅有0.83次；能够体现专利质量的跨国专利、三边专利和异国同族专利较少，多数申请仍然局限在国内技术市场；专利的引文量较少，技术的知识基础较为薄弱，技术研发没有较好的关联性和持续性。在专利的审查方面，中国专利的权利保护范围明显要小于美国、日本和德国，这反映专利质量低下的同时也体现了专利审查制度的不完善。在专利的核心技术方面，美国和德国在量上占据了绝对的优势，在掌控本国市场主动权的同时，并积极对他国进行技术市场的争夺，国内尚未出现高被引的核心技术。

虽然中国在运动鞋专利技术领域的申请量上有了较大的进步，但是在专利质量的各项指标中都明显处于劣势。中国申请的多数技术还停留在低技术含量的外观设计和实用新型的边缘技术，这也成为中国取得国际技术市场主动权的重大障碍。由于国外知名品牌不断在国内进行核心专利技术的布局，控制国内高端技术市场，严重影响国内企业在技术研发方面的发展和整个产业的发展，提升国内体育用品专利技术研发质量迫在眉睫。

美国、日本和德国完善的专利制度体系培养了各自企业良好的技术创新和专利保护意识，并凭借高质量的核心技术在本国技术市场的基础上逐步扩展至国际市场。耐克公司经历不同阶段的发展，逐步形成具有"核心-边缘"高效合作网络特征的研发团队，依靠核心专利领跑高端技术产品市场，这成为其主要的专利战略决策之一。依靠廉价原材料和劳动力成本优势走低端市场的路线已日渐狭窄，未来体育用品市场的竞争是高端产品的技术市场竞争。因此，国内企业需汲取国外先进经验，认真贯彻和领悟国家政府提出的"供给侧结构性改革"重要方针的核心理念，稳步实现产业转型发展，积极应对国外知名品牌的竞争和挑战。

5 我国体育科技与竞技体育
融合发展

2008年北京奥运会成功举办，我国奥运会金牌总数跃升为世界第一，我国竞技体育的发展方式也发生了重大转变。几十年来，依托体育科技进步，我国竞技体育取得了前所未有的发展成就，竞技体育综合实力大幅提升，我国也因此跻身竞技体育强国的行列。我国竞技体育能够取得如此耀人的成绩，一个重要的经验就是我国实施了竞技体育科研攻关与服务制度，为竞技体育科学化训练与发展提供重要的制度保障。在奥运会上，运动员所获取的每一枚金牌，除了运动员与教练员的辛勤付出之外，也离不开背后科研团队的全力支撑与攻关服务。[①]国家队备战奥运会等国际大赛工作是一个系统工程，不仅涉及运动员与教练员的备战训练，还包括科研人员、组织管理人员、政府人员等多方面的协调配合。我们通过开展大量奥运相关科研项目，以各项目教练员为核心，以科学医务人员为辅助配合，组织科研攻关人员长期深入国家队训练一线，从训练水平监控、体能与技战术训练、心理调控、伤病的预防与康复、运动营养补充以及信息分析等方面，为举重、游泳、跳水、田径、乒乓等20多个运动项目的国家队

① 顾宇，刘昕彤. 体科所竞技体育科研团队金牌后默默奉献［N］. 中国体育报，2018-09-12（3）.

备战奥运会、世锦赛、世界杯等国际大赛提供系统全面的科技保障。

5.1　我国竞技体育科研攻关与科技服务的运行机制

5.1.1　竞技体育科研攻关与科技服务的范围界定

竞技体育科研攻关与科技服务是集中力量解决竞技体育发展所面临的重大关键技术问题，是以提高竞技体育运动水平为核心的科技创新过程。从宏观方面而言，只要是解决竞技体育运动水平提升过程中特殊疑难问题的应用性研究，均可称之为竞技体育科技攻关；从微观方面而言，竞技体育科技攻关主要指由科技部牵头并给予资助的科研项目，即所谓的竞技体育科技攻关项目。该项目一般由相关科学技术支撑与应用、过程评价与分析、应用科技方法与手段的实际效果评估、及时总结与调整备案等工作环节组成。

5.1.2　竞技体育科研攻关与科技服务的内容

竞技体育科研攻关与科技服务作为竞技体育科学化训练的重要组成部分，其服务内容主要包括技术支撑、科学化训练监控、体能恢复与医疗保障、运动心理调控、运动膳食与营养补充、体育信息服务等方面。

5.1.2.1　技术支撑

技术支撑是竞技体育科研攻关与科技服务的重要内容，主要包括对运动员运动能力的测评及对关键技术环节的分析和改进。[①]在训练实践中，通常根据生理、心理及技术动作等多项测评指标进行判定、分析与改进。这些测评指标分为共性技术指标和反映项目特征的个性指标。

共性技术指标主要有反映训练强度的心率、反映体能水平的最大吸氧

---

① 吴嘉玲，平越. 竞技体育科技服务的内容及其影响因素与发展对策［J］. 科技管理研究，2010，30（11）：57–59.

量、技术动作的各项运动学参数及反映运动员疲劳与恢复程度的血乳酸值等。这些共性测评指标与方法发展较为规范和成熟，教练员和科技人员可以根据项目训练需求选择相应的指标进行测评应用。

反映项目特征的个性指标主要有短跑运动中的步频和步幅、投掷类项目中的出手角度和速度、赛艇运动中的划桨动作与频速、球类项目击球动作的生物力学原理、比赛中的技术战术分析及各项目体育器材的革新与改进等。这些技术指标的科学性对运动员的竞技能力和运动成绩的提升具有重要影响，是教练员最为关心和重视的技术指标，也是竞技体育科技攻关服务的关键。

5.1.2.2 科学化训练监控

科学化的训练监控是竞技体育科技攻关服务的重要内容，它的主要任务是利用各种运动训练监控系统仪器设备对运动员的训练水平、运动能力以及关键技术环节等进行系统的监测、分析与调控，从而为训练过程提供科学化的训练依据。例如，公路自行车项目训练中采用的GPS定位跟踪监测系统，能够对运动员脉搏快慢、骑行时间和骑行距离等指标进行远程监测和控制，并依此给予相应的训练指导。同时，该系统还可以对运动员在特定时间段内的训练数据进行存储、整理和动态分析，从而为教练员制订系统性的训练计划提供科学依据。再如，在田径径赛类项目训练中，教练员运用各种生理生化技术对运动员的血乳酸及尿成分等指标变化情况进行监测，以此来科学合理地安排训练负荷等。

5.1.2.3 体能恢复与医疗保障

体能恢复与医疗保障是保证运动员进行高效训练与顺利比赛的重要科技攻关服务内容，主要包括大负荷训练过后的体能恢复及运动员伤病后的康复等。例如，在2008年北京奥运会备战期间，国家体育总局科教司设立专门的医疗小组为国家队提供专家巡诊和会诊服务；并组织专家下队，为重点项目运动员进行长期系统的伤病医疗与康复性体能恢复训练；同时还联合北京重点医院为运动员提供绿色通道，最大限度地保证运动员伤病的治疗效率。

5.1.2.4　运动心理调控

运动员备战大赛过程中的心理调控是影响运动竞赛成绩的重要因素，特别是诸如射击、跳水及体操等对运动员心理稳定性要求较高的项目。若是运动员心理产生轻微的波动或背负沉重压力参赛，将严重影响运动员竞技水平的发挥，因此，对运动员的心理调控也是竞技体育科技攻关服务的重要内容。科技服务人员可以根据运动员的表象特征及借助心理测试技术来了解运动员的心理状态，并提供相应的心理疏导方法和措施，以保证运动员在训练和竞赛中保持良好的心理状态。例如，在2008年北京奥运会备战期间，为克服国家队运动员主场参赛的心理影响问题，国家体育总局采取了筹建心理专家组进行下队诊断和咨询，建立心理服务专门网站，设置心理服务流动车，编制心理调控功能性电影、音乐及奥运心理调控手册等科技服务措施。

5.1.2.5　运动膳食与营养补充

科学合理的膳食与营养补充是保证运动员能量充足的重要手段。长期进行高强度训练和竞赛的运动员不仅要吃得好，还要保证膳食营养的均衡，如补充一些人体必需的微量元素等。因此，运动员的膳食与营养补充也是竞技体育科研攻关与科技服务的重要内容。例如，在2008年北京奥运会备战期间，国家体育总局为各项目训练基地的国家队配备专业的膳食营养师，并与医疗保障人员协同配合，根据不同运动员的身体情况，专门为其膳食营养补充提供指导服务，以保证运动员的营养均衡。

5.1.2.6　体育信息服务

随着计算机信息技术在竞技体育训练和比赛中的应用日益增多，作为竞技体育科技攻关服务重要内容的体育信息服务也逐步成为影响运动员训练水平和竞赛成绩的重要因素。体育信息服务主要包括运动员训练信息数据库建设、运动队管理工作信息、运动员及竞争对手技战术分析数据以及比赛中的竞争情报信息等。训练和比赛实践中，体育科技人员根据教练员和运动员的实际需求，对各方面的信息数据进行搜集、整理、信息挖掘和分析，进而为教练员制订针对性的科学化训练计划和比赛战术安排等提供可靠的信息保障，提高训练、比赛和管理等工作的效率。在2008年北京奥运会备战期间，为充分挖掘信息数据和提供体育信息服务，国家体育总局自2006年起分别在17支国家队中建立体育科技信息化服务平台，以保证国家队训练和参赛期间能够全面、准确和及时地了解各类体育信息，并依此制订相应的训练计划和做好比赛安排。

5.1.3 竞技体育科研攻关与科技服务的管理模式

5.1.3.1 竞技体育科研攻关与科技服务管理模式的发展演变

运动竞赛胜负的决定因素，从20世纪30年代的运动员天赋主导，到20世纪中叶的运动员天赋与后天训练并重，再到20世纪60年代后的训练科学化程度，体现了人们在此方面认知的3个阶段性发展。在此过程中，科学化训练越来越受到重视，竞技体育运动训练也逐步由经验走向科学、由单一学科转向多元学科综合、由教练员个体参与发展为"训科医"等复合群体参与。面对这一转变，要想在竞技赛场上立于不败之地，就需要转变发展思路，树立体育科技与竞技体育融合发展的理念，通过体育科技成果的研究、开发、应用与转化，助力运动员科学化训练和竞技水平的提升。我国的竞技体育科研攻关与科技服务制度也因此应运而生。

竞技体育科研攻关与科技服务管理模式经历了从科技攻关人员下队形式、科技攻关课题形式，到多学科科技攻关组、科技先导型运动队、最后发展为"科训"一体化和"训科医"一体化（如表5-1-1）。这一演变过程使体育科研攻关、科技服务与训练竞赛实践紧密结合，使体育科技与竞技体育融合程度不断得到提升，使体育科技真正成为促进运动训练科学化、有效提升训练质量和竞技水平的有力保障与可靠途径。

表5-1-1　我国竞技体育科研攻关与科技服务模式演变①

服务模式	内容
下队形式	倡导并要求科研人员下队，参与运动员训练实践一线，提供科技服务。实施初期服务内容较为单一，研究缺乏深度，带有一定行政命令
课题形式	20世纪70年代末，国家体育总局及各地方体育部门成立一批体育科学研究所来服务于运动队，并让科研人员带着课题下队进行科研攻关与科技服务。科技服务的内容更具针对性、科研深度得到加强、训练中的科技含量大幅提升。但由于科研人员的考核与评价依据主要侧重鉴定和评奖的课题形式，对解决训练实践中的关键问题存在一定局限性
科技攻关组	20世纪80年代，从国外引进的组织发展形式，通过融合运动医学、运动生物力学、运动生物化学、运动心理学、运动训练学等多学科、多层次、多方面的科研人员与综合学科内容，组建多学科综合性科技攻关小组，并通过科技攻关组的会诊制度，为运动员提供科技攻关服务。例如，通过研制游泳转身测试仪器，来克服游泳运动员接力中的转身技术问题，以及利用血乳酸检测仪器来监测运动员的训练水平等
科技先导型运动队	在借鉴科技先导型企业组织基础上提出的服务模式，根据运动队的实际需求，主动引入和消化体育科技成果，依靠体育科技进步来实现训练科学化，提升训练水平。该模式注重激发运动队训练系统对科技服务的内在需求，使其由被动接受转为主动寻求科技辅助
"科训"一体化	"科训"一体化是将科研人员及仪器设备和运动队结合在一起。其实施方法为利用市场机制，训练单位与科研单位签订技术合同，科研单位根据训练需求提供科技服务，训练单位支付酬劳；或通过专门的科技服务中介，为运动队提供技术支持。"科训"一体化主要通过两种途径实现，一是将科研人员与设备调至运动队；二是单独配备专门的科研人员与设备
"训科医"一体化	"训科医"一体化是在下队形式、课题形式及"科技教练"等三种模式基础上发展而来。其中，"训"是竞技体育训练、竞赛及管理等工作；"科"是针对运动员的训练和竞赛，以及管理等方面展开的科技攻关服务工作，包括自然科学范畴的训练监控、技术诊断、营养补充等和社会科学范畴的信息化和数据库建设等；"医"是对运动员训练和竞赛中伤病的预防、治疗及体能恢复等医疗工作

---

① 卢天凤，司虎克，王恩锋. 竞技体育科技服务模式及影响因素〔J〕. 体育科研，2007（4）：25-29，38.

5.1.3.2　"训科医"一体化

5.1.3.2.1　"训科医"一体化的含义

"训科医"一体化是以取得奥运会等大型赛事金牌为目的，以国家队运动训练基地为主体、以教练员为主导、以科技攻关服务为支撑、以高质量的医务监督服务为保障，实现训练计划三方一起定、训练管理三方一起抓、训练难点三方一起攻、训练保障三方一起搞，形成三方的合力，共同推动训练质量和竞技水平提升的管理模式。①

5.1.3.2.2　"训科医"一体化的组织机构及工作职责

"训科医"一体化的主体是训练基地，其组织管理结构如图5-1-1所示。

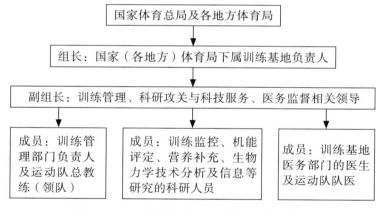

图5-1-1　"训科医"一体化组织管理结构

国家体育总局及各地方体育局主要负责对"训科医"一体化的指导思想、目标及相关任务和工作计划进行总体部署。

各训练基地的组长及副组长主要负责拟定所属训练基地的"训科医"一体化工作计划；审定基地重点项目训练、科研与医务的工作目标及任

---

① 陈森兴. 竞技体育"训科医"一体化的理论与实践探索［J］. 中国体育科技，2004（5）：12-13，16.

务；完善组织结构及落实管理责任；协调和推进各项工作有序开展；监督和考核各项工作的完成进度、质量和效益；科学统筹经费分配，规范资金使用流程。

训练管理部门负责人及运动队总教练（领队）主要负责制订各周期训练计划；对训练过程进行协调控制，确保各项训练计划的有效实施；根据年度训练计划和比赛要求，同相关成员共同拟定"训科医"一体化工作计划，并在训练过程中予以落实；认真贯彻严格管理与严格要求的两严方针，并及时同科研人员共同做好攻关课题与训练总结。

科研人员主要负责依据生理和生化指标，对运动员在不同训练阶段和时期的身体素质、专项能力及训练负荷等作出量化监测与分析，并及时向教练员提出反馈和参考建议；借助医学检查，对运动员的一般能力、专项能力及训练与机能状态作出综合评定，为训练计划的制订提供依据；做好运动员的营养与膳食工作，科学合理搭配膳食，为运动员提供有效的营养补充，同时综合运用物理、医学、心理等学科内容，消除运动员的训练疲劳，促进运动员的体能恢复；做好反兴奋剂的宣传工作，加强各类食品和补品的管理，严防误服兴奋剂类物品；做好训练的科学监控工作，通过研制、开发和应用相应的仪器设备，对运动员的身体素质、机能水平及技术等数据进行系统跟踪监测，并对训练水平作出及时反馈与评价；做好体育信息情报工作，全面及时地搜集国内外优秀运动员或运动队的比赛录像、训练资料等，并通过信息整合与分析得出主要竞争对手的技战术特点等，为教练员进行训练和竞赛安排提供参考。

训练基地的医务部门的医生及运动队队医主要负责做好各类运动创伤知识的宣传工作，对运动员的一般性疾病（如感冒、胃肠疾病等）及运动伤病进行预防与治疗；建立和健全重点队员的医疗档案，承担医务监督的工作；根据运动员的训练需求，与运动员和教练员共同完成训练前的准备活动、训练后的放松活动和体能恢复治疗。

5.1.3.2.3 "训科医"一体化的科研攻关课题

科研攻关课题研究是"训科医"一体化模式的核心，其主要特点如下：①课题围绕重点运动员或重点项目训练和竞赛中亟须解决的关键问题进行立项。②课题研究分别设立基地负责人担任的行政组长和科研领导担任的学术组长。行政组长对课题研究中的训、科、医各方进行统筹；学术组长负责具体课题研究的实施工作。③课题研究的经费直接下拨至训练基地，并且教练员主动参与课题研究中的实际工作，确保课题研究的针对性和实效性。④课题研究计划涵盖训练、科研和医务，从这三个方面进行综合科研攻关。

5.1.4 竞技体育科研攻关与科技服务的保障机制

5.1.4.1 竞技体育科研攻关与科技服务的组织保障机制

竞技体育科研攻关与科技服务的组织保障机制主要由国家层面的科技工作领导小组、国家体育总局层面的科技保障领导小组、科技攻关服务工作专家小组、各运动项目国家队攻关服务科研团队及相关的联合攻关服务课题等方面组成（如图5-1-2）。①

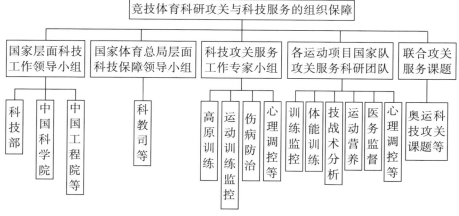

图5-1-2 竞技体育科研攻关与科技服务的组织保障结构

---

① 蒋志学. 2008 年奥运会中国体育代表团科研攻关服务组织与管理［J］. 北京体育大学学报，2009，32（1）：1-5.

　　国家层面科技工作领导小组主要负责对如奥运会等重大国际赛事科技工作的整体领导并提供相应的科技服务支撑。例如，在2008年北京奥运会备战期间，在"科技奥运"理念的引领下，由科技部、中国科学院以及中国工程院等11个国家政府隶属单位和北京市科委等市属单位联合成立了第29届北京奥运会科学技术委员会，共同领导和支撑奥运期间的各项科技攻关与服务工作。

　　国家体育总局层面科技保障领导小组统筹负责大赛备战期间科技保障服务的组织与协调。例如，在2008年北京奥运会期间，国家体育总局成立了科技备战服务工作领导小组，来负责对奥运期间的科技医疗保障工作进行领导。

　　科技攻关服务工作专家小组由全国各相关领域的专家学者组成。该组织直接参与训练和比赛工作，其主要工作任务是根据国家队在大赛备战期间的需求，从科技备战方面为国家队科学训练与竞赛提供相应的技术咨询与服务。例如，在2008年北京奥运会期间成立的高原训练、运动训练监控、伤病防治以及心理调控4个专家小组，通过"专家下队"的工作形式为30多个国家重点项目运动队提供科技咨询服务，解决了运动队及重点运动员关于训练和竞赛的关键问题，从而提升了国家队科学化训练和竞赛水平。

　　各运动项目国家队攻关服务科研团队是为训练和竞赛提供直接科技支撑的重要组织。通过吸纳相关领域的高水平科技人员，并建立诸如训练监控、体能训练、技战术分析、运动营养、医务监督以及心理调控等方面的攻关服务科研团队，同时结合运动项目的特点以及运动员和教练员的科技需求，来解决备战过程中的重点、难点和关键问题，进而为国家队训练和竞赛提供全方位的科技保障。例如，在2008年北京奥运会期间，国家体育总局分别在36支国家队中成立了各自相应的攻关服务科研团队。各团队结合项目特点和训练竞赛需求开展相应的科技攻关课题研究。比如，中国跳水国家队在备战北京奥运会期间，从科技人才募集、科研经费投入、科技资源整合及科研物质资源配置等方面，构建了完备的跳水项目科技保障体系，开展了包括科学化训练管理软件的开发研究、计算机监测与反馈系统的研制、运动员心理及中枢神经系统的监控与调节研究等11项攻关课题，为中国跳水"梦之队"在北京奥运会上夺得7枚金牌的优异战绩奠定了坚实的科技保障服务支撑。

在竞技体育科研攻关与科技服务过程中，通常是以联合攻关课题的形式来解决影响和制约国家队运动员竞技水平发展的重点、难点和关键问题，如在2008年北京奥运会期间组织开展的我国优秀运动员竞技能力诊断与监测系统构建、高原训练的理论与实践研究及主场参赛心理研究等方面的课题研究。此外，为保障运动员比赛期间能够以健康的身体状态进行训练和竞赛，国家体育总局科教司安排相应的医疗专家小组进行会诊和巡诊工作，同时组织医疗专家下队，为重点运动队和运动员进行长期、系统的运动伤病防治和康复体能训练，最大限度地保障运动员的顺利训练和竞赛。

5.1.4.2　竞技体育科研攻关与科技服务的人才保障机制

高水平科技人才团队是大型赛事科技备战工作的关键和重要保障。长期以来，我国坚持通过在竞技体育科研攻关与科技服务工作中发现和挖掘科技人才；通过在实际的科技攻关服务活动中培养和塑造科技人才；同时，借助各项人才培养计划、重大科研攻关项目、重点学科和科研基地建设以及国内外学术交流与科研项目合作，培养一批具有国际视野和国际领先水平的体育科研团队，为有效开展备战大型赛事的科研攻关与科技服务提供坚实的科技人才保障基础。[1]例如，在2008年北京奥运会备战期间，全国80多个单位的3 600多位体育科技人员参与其中。36支不同项目国家队科研攻关团队（如表5-1-2）的科技人员有428人。在43支夏季奥运会项目国家队中有522名教练员、2 118名运动员、110名科技人员、152名医务人

① 赵岱昌. 复合型训练团队的合作研究［D］. 上海：上海体育学院，2009.

员和86名管理人员。①此外，有1 000多名体育科技人员参与奥运科技攻关课题研究，并成立由50多名国内相关领域知名专家组成的科技攻关服务专家组。科技攻关服务专业领域涉及运动员竞技能力水平监测与诊断、体能训练与恢复、运动营养补充、伤病的防治与医疗保障、心理调控与训练、体育信息咨询与服务、反兴奋剂工作服务以及运动竞赛的科技服务等，密切结合训练和竞赛实践开展科技服务工作，为奥运科技攻关服务提供了坚实的科技人才队伍保障。

表5-1-2　2008年奥运会36支国家队科研团队项目

序号	运动项目名称	运动项目主管中心
1	射击、射箭	射击射箭运动管理中心
2	足球	足球运动管理中心
3	男篮、女篮	篮球运动管理中心
4	排球、沙滩排球	排球运动管理中心
5	乒乓球、羽毛球	乒羽运动管理中心
6	网球	网球运动管理中心
7	田径	田径运动管理中心
8	跳水、游泳、花样游泳、水球	游泳运动管理中心
9	帆船帆板、赛艇、皮划艇激流回旋、皮划艇静水	水上运动管理中心
10	体操、蹦床、艺术体操	体操运动管理中心
11	举重、摔跤、柔道	举重摔跤柔道运动管理中心
12	自行车、击剑、现代五项、铁人三项、马术	自行车击剑运动管理中心
13	跆拳道、拳击	拳击跆拳道运动管理中心
14	手球、垒球、棒球、曲棍球	手曲棒垒运动管理中心

5.1.4.3　竞技体育科研攻关与科技服务的物质保障机制

体育科技工作的基础条件建设是开展竞技体育科研攻关与科技服务的重要物质保障，主要包括国家体育总局重点实验室建设、国家队训练基地的科技平台和高原训练基地科技服务站建设，以及体育信息化服务平台建

---

① 张霞. 国家运动队复合型科学训练团队建设初探［D］. 上海：复旦大学，2006.

设等方面。

5.1.4.3.1　国家体育总局重点实验室建设

国家体育总局重点实验室是为推动我国体育科技进步，依据国家体育事业发展的总体战略规划，为我国高水平运动队备战国际大型赛事以及开展群众体育研究提供的高水平体育科技保障平台。国家体育总局于2002年在直属的科教单位布局成立6个直属重点实验室（如表5-1-3），并于2008年在全国体育系统成立28个首批重点实验室（如表5-1-4）。目前，国家体育总局重点实验室已发展至41所，涉及运动训练监控、运动心理、运动创伤与医务监督、运动营养及体育信息等专业领域。这些研究领域均具有较强的针对性，与国家队日常训练和竞赛极为相关且迫切需求的学科领域。这些重点实验室通过纵向衔接与横向合作的方式，形成以国内知名专家学者为引领，多学科、多层次、跨单位的科技攻关科研团队。各团队充分利用各自重点领域专长和优势条件，开展相应的科技攻关科研课题研究，为我国高水平运动队备战国际大型赛事提供了坚实的科研基础条件保障。在2008年奥运会备战期间，28个重点实验室共承担完成246项科研攻关课题，其中有27项国家级课题和93项奥运科技攻关课题。其间，跟队服务的科技人员涵盖67个运动项目。

表5-1-3　国家体育总局6个直属重点实验室名单

序号	实验室名称	单位名称
1	运动训练监控	国家体育总局体育科学研究所
2	运动心理	国家体育总局体育科学研究所
3	运动创伤和医务监督	国家体育总局体育科学研究所
4	运动营养	国家体育总局体育科学研究所
5	体能训练与身体机能恢复	北京体育大学中国运动与健康研究院
6	体育信息研究	国家体育总局体育信息中心

表5-1-4　首批28个全国体育系统重点实验室名单①

序号	实验室名称	单位名称
1	运动能力监测与分析	北京市体育科学研究所
2	优秀运动员训练负荷诊断与调控	河北省体育科学研究所
3	运动人体生物电与训练监控	山西省体育科学研究所
4	冬季运动训练监控	黑龙江省体育科学研究所
5	竞技运动能力综合评定	上海体育科学研究所
6	机能评定与体能训练	江苏省体育科学研究所 / 苏州大学
7	运动训练监控与评定	安徽省体育科学研究所
8	模拟训练与训练技术创新	山东省体育研究中心
9	运动员机能评定	河南省体育科学研究所
10	运动员科学选材及机能评定	湖北省体育科学研究所
11	运动机能评定与恢复	湖南省体育科学研究所
12	体能与训练适应控制系统	广东省体育科学研究所
13	亚高原	贵州省体育科学研究所
14	高原训练	云南省体育科学研究所
15	亚高原训练	甘肃省体育科学研究所
16	高原训练研究	青海省体育科学研究所
17	重竞技项目训练监控	新疆体育科学研究所
18	运动训练	北京体育大学
19	运动应激适应	北京体育大学
20	运动技战术诊断与分析	上海体育学院
21	体育工程	武汉体育学院、武汉理工大学
22	运动技术分析与技能评定	西安体育学院
23	运动医学	成都体育学院
24	冬季运动项目技术诊断与机能评定	沈阳体育学院
25	冬季耐力项目	吉林体育学院
26	冰雪运动基础理论与训练方法	哈尔滨体育学院
27	运动技战术诊断与机能评定	广州体育学院
28	水上运动科学	浙江体育职业技术学院

① 首批全国体育系统重点实验室名单［J］．中国体育教练员，2008，16（2）：39.

5.1.4.3.2　国家队训练基地的科技平台建设

训练基地是各项目国家队运动员进行日常训练和备战大型体育赛事集训的重要训练场所。运动训练基地的科技工作基础条件建设直接关系到国家队科研攻关与科技服务工作的顺利开展。

从2001年我国获得2008年奥运会举办权开始，国家体育总局依据各直属训练基地的运动项目设置及训练需求，逐步对训练局、奥林匹克体育中心、射击射箭运动管理中心、自行车击剑运动管理中心、北京体育大学、秦皇岛以及冬季运动管理中心7个国家队训练基地进行先进科研仪器设备的配备。同时，为保障高原训练基地的训练需求，国家体育总局在2008年奥运周期向青海、云南和贵州等高原训练基地投入930万元科研经费，用于改善训练基地的科研条件，重点更新体能训练与恢复、运动训练的监测与控制、运动康复等仪器设备，为训练基地开展科学化训练提供基础条件保障。此外，针对那些尚没有固定的训练基地或难以利用固定训练基地的国家队，为其配备小型便携式的科研仪器、运动医疗与康复设备以及训练监控设施等，为其训练开展科研攻关与科技服务创造较好的物质保障基础条件。

为改善高原训练基地的科学化训练基础条件，在对各高原训练基地的海拔、训练条件、科研设施及科技人才资源等方面情况进行科学论证的基础上，国家体育总局分别在以云南昆明海埂体育训练基地为中心，辐射至呈贡、松茂和会泽等训练基地；以青海多巴训练基地为中心，辐射至西宁和甘肃等训练基地，建立了两个国家队高原训练科研监测服务工作站。在2008年北京奥运会备战期间，两个高原训练科研监测服务工作站的所属主体单位——云南省体科所和青海省体科所，分别迁至海埂和多巴两个训练基地，为国家队有效开展科学化高原训练提供有力的科技攻关服务保障。

5.1.4.3.3　体育信息化服务平台建设

在计算机与通信技术高速发展的信息化时代，体育科技发展的信息化水平逐渐成为影响运动队科学训练与管理的重要因素。为充分利用科技信息，提升我国体育科技信息化水平，国家体育总局从2006年开始，分别在17支国家队中建立首批试点体育科技信息化平台（如表5-1-5）。该平台的建立主要涉及训练信息数据库构建、应用性训练辅助分析系统开发及运动队管理信息整合等方面。体育信息化服务平台可以通过对各项目运动员基本信息、身体机能和训练水平监测信息、比赛竞争情报信息、技战术分析等多方面信息数据资源进行积累、整合与统计，并交由科技人员进行数据分析和信息挖掘。这为教练员进行针对性的科学化训练和比赛战术安排等提供可靠的信息保障，进而提高训练、比赛和管理等工作的效率。[1]

表5-1-5　首批体育信息化服务平台建设项目试点名单

序号	名称	主管单位
1	国家篮球队	国家篮球运动管理中心
2	国家田径重点项目	国家田径运动管理中心
3	国家举重队	国家举重摔跤柔道运动管理中心
4	国家乒乓球队	国家乒羽运动管理中心
5	国家羽毛球队	国家乒羽运动管理中心
6	国家排球队	国家排球运动管理中心
7	国家皮划艇队	国家水上运动管理中心
8	国家赛艇队	国家水上运动管理中心
9	国家帆船帆板队	国家水上运动管理中心
10	国家激流回旋队	国家水上运动管理中心
11	国家体操队	国家体操运动管理中心
12	国家游泳队	国家游泳运动管理中心
13	国家跳水队	国家游泳运动管理中心
14	国家女子曲棍球队	国家手曲棒垒球运动管理中心
15	国家射击队	国家射击射箭运动管理中心
16	国家网球队	国家网球运动管理中心
17	国家击剑队	国家自行车击剑运动管理中心
18	平台总服务器建设	国家体育总局科研所/体育信息中心

① 蔡有志. 我国体育科技创新体系构建研究 [D]. 上海：上海体育学院，2015.

5.2　我国竞技体育科研攻关与科技服务课题研究特征分析

5.2.1　数据检索及研究方法

5.2.1.1　数据检索

竞技体育科技攻关隶属于体育科技攻关的一部分。本书选择中国知网文献检索平台，以"'文献分类目录=体育'and'支持基金=国家科技攻关计划+国家科技支撑计划+国家高技术研究发展计划（863计划）+国家重点基础研究发展计划（973计划）+攀登计划+科技基础性工作专项计划+国家软科学研究计划+社会公益研究专项计划+国家重点实验室建设项目计划'and'检索时间=2019年9月23日'"为检索式进行逻辑组合高级检索，共检索得到932篇由科技部支持的体育科技攻关课题文献，并从这些文献中遴选出434篇直接针对具体运动项目及与竞技体育结合紧密的应用性课题文献。这些课题成果文献与竞技体育具有直接关联性：国家科技攻关计划、国家科技支撑计划两类课题中包含了奥运科技攻关项目；其他计划也包括了一些竞技体育科技攻关项目。从宏观角度而言，竞技体育科技攻关并不仅包含竞技体育科技攻关项目，如果将竞技体育科技攻关局限于竞技体育科技攻关项目，必然会以偏概全。竞技体育科技攻关的复杂性决定了竞技体育科技攻关形式的多样性。因此，本书在对科技部所列计划进行分析外，又对教育部、国家体育总局的课题进行了遴选，从国家体育总局体育社会科学、软科学研究基金和教育部基金支持的1 047篇课题文献中，遴选出82篇与竞技体育直接相关的课题文献。这些课题文献再加上科技部所遴选的课题文献，共计516篇。这些课题文献与竞技体育密切相关，具有明确的运动项目或研究对象，研究目的以竞技体育为核心，其内容涵盖了体能训练、技战术研究、选材、赛前体重控制等方面。

5.2.1.2　研究方法

本节采用定量和定性相结合的研究方法。定量分析主要借助Bibexcel、Excel、Ucinet及SPSS等工具，采用词频分析法、共现聚类分析法及多维尺度分析法来对相应的研究热点进行统计分析。词频分析法是指通过对文献核心思想和成果高度凝练与浓缩的关键词和主题词在某学科或研究领域文献中所出现的频次，来间接推测与发现该研究领域的热点内容及发展趋势的一种文献计量学研究方法。共现聚类分析法是利用聚类的计算方法，依据文献中关键词或主题词等共现频次测算关键词或主题词等的关联性，关联性强的关键词或主题词等被聚集到同一簇类，从而得到相应的聚类结果及隐含信息。[1]多维尺度分析法是源于心理学领域的一种无监视可视化机器学习工具，最早由托格森在1952年提出。该方法通过对研究对象的样本或变量进行降维处理（由多维降至低维空间），然后进行研究对象的定位、分类和分析，以保留研究对象间原始关联。[2]在定量分析的基础上，利用内容分析法对不同研究方向的热点进行定性分析。

5.2.2　竞技体育科研攻关课题研究的机构合作网络分析

5.2.2.1　竞技体育科研攻关课题研究的高产作者与机构分析

本书对516篇竞技体育科研攻关课题论文的作者进行挖掘统计，发现共有1 473名作者，其中，发文频次不少于10次的高产作者有45名（如表5-2-1）。发文频次不少于1次的第一作者有313名，占第一作者总数（392名）的79.85%，这表明体育科研攻关课题研究具有一定的核心作者群体。此外，218个参与竞技体育科研攻关课题研究的机构单位中，发文量不少

---

①　张洁，王红. 基于词频分析和可视化共词网络图的国内外移动学习研究热点对比分析［J］. 现代远距离教育，2014（2）：76-83.

②　张文彤，等. SPSS 11.0统计分析教程:高级篇［M］. 北京：北京希望电子出版社，2002：123.

于10篇的高产机构单位共29个（如表5-2-2），体育院校、综合类高校体育学院系及省区市体育科研院所成为竞技体育科研攻关的核心主体单位。

表5-2-1　竞技体育科研攻关课题研究高产作者群体

序号	关键字段	出现频次/次	占总课题论文百分比/%	序号	关键字段	出现频次/次	占总课题论文百分比/%
1	陈月亮	54	10.47	24	衣雪洁	10	1.94
2	黄达武	34	6.59	25	王传平	10	1.94
3	冯连世	28	5.43	26	董德龙	10	1.94
4	胡扬	26	5.04	27	李兴洋	10	1.94
5	王卫星	26	5.04	28	虞丽娟	10	1.94
6	刘大庆	20	3.88	29	郑樊慧	10	1.94
7	马毅	20	3.88	30	金晶	10	1.94
8	胡好	18	3.49	31	李万哲	10	1.94
9	李燕春	18	3.49	32	张辉	10	1.94
10	朱志强	18	3.49	33	肖林鹏	10	1.94
11	王三保	18	3.49	34	严进	10	1.94
12	何子红	16	3.10	35	唐云翔	10	1.94
13	王林	14	2.71	36	李之俊	10	1.94
14	李宗浩	14	2.71	37	华立君	10	1.94
15	陈佩杰	14	2.71	38	邵中平	10	1.94
16	郑念军	12	2.33	39	吴瑛	10	1.94
17	吴新炎	12	2.33	40	全志伟	10	1.94
18	赵金平	12	2.33	41	龚丽景	10	1.94
19	李欣	12	2.33	42	张英波	10	1.94
20	周文婷	12	2.33	43	张忠秋	10	1.94
21	张力为	12	2.33	44	张瑛秋	10	1.94
22	赵杰修	10	1.94	45	骆学锋	10	1.94
23	杨阿丽	10	1.94				

表5-2-2　竞技体育科研攻关课题研究成果高产机构单位群体

序号	单位	数量/篇	序号	单位	数量/篇
1	北京体育大学	182	16	洛阳师范学院	16
2	国家体育总局	108	17	哈尔滨工业大学	14
3	上海体育学院	91	18	东北师范大学	12
4	天津体育学院	60	19	华东师范大学	12
5	沈阳体育学院	54	20	黄石理工学院	12
6	武汉体育学院	52	21	浙江师范大学	11
7	哈尔滨体育学院	45	22	浙江体育职业技术学院	10
8	上海市体育科学研究所	36	23	第二军医大学	10
9	黑龙江省体育科学研究所	32	24	广州体育学院	10
10	台州学院	30	25	湖北省体育科学研究所	10
11	安徽工程大学	28	26	江西师范大学	10
12	吉林体育学院	27	27	南京体育学院	10
13	湖北理工学院体育部	21	28	深圳大学	10
14	山东体育学院	20	29	天津工业大学	10
15	哈尔滨师范大学	16			

　　另外，对发文频次不少于10次的45名高产作者之间的合作情况进行统计并构建共现矩阵，利用Ucinet软件绘制出高产作者间的合作网络图谱（如图5-2-1）。在图5-2-1中，节点代表作者，节点大小代表在网络中的中介中心性，节点越大表示在网络中的地位和影响越大，节点的连线代表不同作者之间存在的合作关系。从图5-2-1中可以看出，高产作者间的合作呈现相对集中的合作网络特征，以胡杨、冯连世、刘大庆、王卫星、何子红等人为核心形成高产作者合作网络的最大子网，此外还形成6个小型子网和3个独立节点。

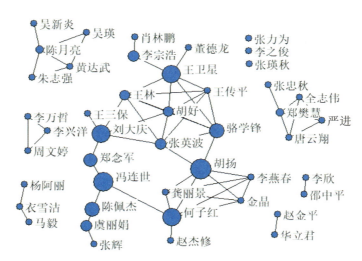

图5-2-1　竞技体育科研攻关课题研究高产作者间的合作网络

5.2.2.2　竞技体育科研攻关课题机构合作网络分析

在社会网络分析中，中心性通常用于衡量节点的重要性，包括中介中心性、度中心性、接近中心性和特征向量中心性等。中介中心性是指某节点在网络结构中充当其他节点之间最短路径桥梁的次数，以此衡量该节点是否占据其他节点间连接的中介位置。中介中心性越高，该节点对信息或资源流动的控制能力越强，越可能成为网络结构中的中心节点。在实际研究中，中介中心性常作为衡量某人或团体组织在网络中的重要程度。度中心性是指在网络结构中某节点与其他节点的直接连接数量。度中心性越大，说明与该节点具有直接联系的其他节点数量越多。接近中心性是指在网络结构中与某节点相连接的其他所有节点到该节点的最短路径的长度均值。接近中心性越高，则表明该节点与其他多数节点联系都较为密切。特征向量中心性是用某节点的邻接节点的重要性来衡量该节点重要性的指标。在网络结构中，节点的重要性不仅取决于节点的连接数量，更取决于连接的节点的重要性。

本书对516篇竞技体育科研攻关课题文献的第一作者所在机构单位进

行挖掘整理，提取出频次不少于5次的78个研究机构，并构建出机构单位间的合作矩阵，再利用Ucinet软件绘制出竞技体育科研攻关课题研究合作联盟网络结构（如图5-2-2）。在图5-2-2中，节点大小代表该节点在网络中的中介中心性。节点越大则中介中心性越强，节点在网络中的地位越高。此外，对合作网络中中介中心性最高的前10个机构单位的网络中心性进行统计整理，统计结果见表5-2-3。

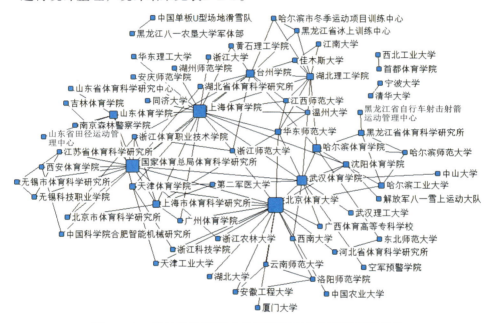

图5-2-2　竞技体育科研攻关课题研究合作联盟网络结构

表5-2-3　竞技体育科研攻关课题研究合作联盟核心主体网络中心性

单位	中介中心性	度中心性	接近中心性	特征向量中心性
北京体育大学	591.732	21	1 593	0.333
国家体育总局体育科学研究所	501.236	16	1 591	0.311
上海体育学院	486.088	19	1 594	0.396
武汉体育学院	304.461	13	1 596	0.292
台州学院	201.93	12	1 608	0.252
山东体育学院	173.228	6	1 623	0.125
哈尔滨体育学院	161.573	7	1 626	0.122
湖北理工学院	133.685	10	1 618	0.216
上海市体育科学研究所	93.637	8	1 609	0.224
天津体育学院	72.77	6	1 614	0.172

竞技体育科研攻关的目的是解决竞技体育中的重大疑难问题。在攻关过程中，资源的获取是首要条件。不能及时掌握和了解竞技体育相关资源，就不存在竞技体育的科研攻关。其次，是合理的知识结构。既然是解决竞技体育中的疑难问题，就意味着现有的知识结构体系难以解答问题，因此融入跨学科的知识，形成新的知识结构变得尤为重要。最后，要有一定的实验条件和设备，这是竞技体育科研攻关的物质保障。我国竞技体育科技资源主要集中在国家体育总局及体育总局下属的体育专业类院校，形成了以上述单位为核心的体育科研合作攻关联盟网络。

从图5-2-2、图5-2-3和表5-2-3中可以看出，由于我国竞技体育资源分配的不均衡性，在竞技体育科研攻关课题合作网络中呈现出以北京体育大学、上海体育学院、国家体育总局体育科研所、武汉体育学院等体育专业类院校和科研院所为核心，以台州学院、湖北理工学院、哈尔滨工业大学、华东师范大学、浙江师范大学、上海市体科所、黑龙江省体科所、河北省体科所等非体育专业类院校和地方科研院所为支撑的合作攻关模式。

处于核心地位的体育专业类院校和科研院所在竞技体育科研攻关课题研究中发挥重要作用。一方面，相对于非体育专业类院校和地方科研院所，这些体育专业类院校科研院所与国家体育总局或地方体育局有着千丝万缕的联系，竞技体育科技资源的获取能力较强；另一方面，体育专业类院校和科研院所的科研人员知识结构相对丰富，机构单位的科研设施及条件相对完善。目前，这些体育专业类院校和科研院所参与竞技体育科技攻关的项目已形成明确的研究方向。例如，上海体育学院以国家体育总局运动技战术诊断与分析重点实验室为科研平台，积极与其他科研单位合作，依托一批高水平运动项目开展了卓有成效的科研攻关研究。实验室所实施跟队服务的6支国家队在北京奥运会上获得10枚金牌、6枚银牌和8枚铜牌，为中国队取得优异成绩做出了重大贡献。再如，武汉体育学院利用地理优势及国家队训练基地的便利，积极与其他单位合作，在赛艇、皮划艇运动项目的合作科研攻关方面表现突出。

此外，非体育专业类院校和地方科研院所在竞技体育科技攻关中的作用也越来越显著。非体育专业类院校和地方科研院所将体育学科作为拓展自身学科发展的新领域，因此，其科技成果对竞技体育发展的科技渗透与辐射作用日益显著。同时，这些学科的发展为我国竞技体育科技攻关提供了极好的契机与强有力的科技保障与支撑。例如，国家体育总局与集美大学联合攻关的游泳项目；清华大学依托跳水项目的优势，结合校内学科优势开展跳水项目科技攻关。此外，非体育专业类院校的医学专业科研机构的积极参与等都对竞技体育科技攻关起到了重要作用。

5.2.3　竞技体育科研攻关课题研究的内容分析

关键词是对文献核心内容及观点高度凝练和概括的词组。[1]一个学术领域在某一段时间内研究成果文献关键词的集合，可以揭示该研究领域的总体内容特征、发展脉络与趋势及研究热点内容等信息。[2]词频分析法是

---

①　耿志杰，朱学芳，王文鼎. 情报学领域关键词同现网络结构研究［J］. 情报科学，2010，28（8）：1179-1182，1202.

②　李文兰，杨祖国. 中国情报学期刊论文关键词词频分析［J］. 情报科学，2005（1）：68-70，143.

通过某研究领域成果文献中关键词的出现频率来识别该领域研究热点与发展趋势的文献计量学方法。关键词出现频率的高低反映了相关研究领域研究成果、知识和信息密度的多寡。出现频次越高的关键词，越有可能成为该领域的重点研究方向与内容。①②本书主要从关键词词频统计、共词聚类分析、多维尺度分析及相应的内容分析等方面对体育科研攻关与科技服务的课题研究内容特征进行分析。

5.2.3.1 高频关键词词频分析

本书利用Bibexcel和Excel软件，对516篇课题成果文献进行关键词提取，共得到1 301个关键词。其中，被引频次最高的文章为张辉等人③负责完成的"十一五"国家科技支撑计划"科技奥运专项"基金课题成果文章——《隔网对抗（持拍类）项目技战术特征》（被引用190次）。

根据普赖斯研究得出的高频关键词计算公式

$$G=0.749* \sqrt{N_{\max}} \qquad （式5-2-1）$$

式中，G为高频关键词临界阈值，$N_{\max}$为最高被引频次值。④⑤

计算得出体育科研攻关与科技服务课题研究的高频关键词临界阈值为10。因此，本书将出现频次不少于10次的关键词定义为高频关键词，并对其进行统计排序（如表5-2-4）。

---

① 储节旺，王龙. 近10年国内知识管理研究热点：基于SSCI数据库的词频分析［J］. 情报科学，2011，29（9）：1425-1429.

② 安秀芬，黄晓鹏，张霞，等. 期刊工作文献计量学学术论文的关键词分析［J］. 中国科技期刊研究，2002，13（6）：505-506.

③ 张辉，戴金彪，史芙英，等. 隔网对抗（持拍类）项目技战术特征［J］. 上海体育学院学报，2007（4）：65-69.

④ 潘惠梅，刘咏梅. 2017年我国地理教学热点回顾——基于中国知网数据的共词可视化分析［J］. 地理教学，2018（12）：13-16.

⑤ 刘奕杉，王玉琳，李明鑫. 词频分析法中高频词阈值界定方法适用性的实证分析［J］. 数字图书馆论坛，2017（9）：42-49.

表5-2-4　高频关键词一览表（词频≥10）

序号	关键词	词频/次	累计百分比/%	序号	关键词	词频/次	累计百分比/%
1	优秀运动员	66	1.56	36	教练员	14	21.44
2	运动员	60	2.98	37	选材	14	21.77
3	速度滑冰	60	4.40	38	乒乓球	13	22.08
4	中国	51	5.60	39	体育工作者	13	22.38
5	竞技体育	50	6.78	40	有氧能力	13	22.69
6	特征	30	7.49	41	对策	13	23.00
7	女子	30	8.20	42	艺术体操	13	23.30
8	短道速滑	29	8.89	43	专项力量	12	23.59
9	自由式滑雪空中技巧	28	9.55	44	研究热点	12	23.87
10	速度节奏	26	10.16	45	羽毛球	12	24.16
11	体能	26	10.78	46	力量素质	12	24.44
12	花样滑冰	25	11.37	47	分析	12	24.72
13	现状	25	11.96	48	训练负荷	12	25.01
14	运动训练	25	12.55	49	恢复	12	25.29
15	青少年	24	13.12	50	速滑	12	25.57
16	训练	21	13.61	51	竞走	12	25.86
17	竞技能力	20	14.09	52	网球	12	26.14
18	后备人才	20	14.56	53	血乳酸	12	26.42
19	高原训练	20	15.03	54	表面肌电	12	26.71
20	研究	19	15.48	55	技战术	11	26.97
21	专项体能	18	15.91	56	低氧训练	10	27.20
22	射箭	18	16.33	57	营养	10	27.44
23	奥运会	17	16.73	58	游泳	10	27.68
24	男子	17	17.14	59	指标体系	10	27.91
25	赛艇	16	17.51	60	肌肉用力特征	10	28.15
26	诊断	16	17.89	61	马拉松	10	28.39
27	身体机能	16	18.27	62	单板U型场地滑雪	10	28.62
28	摔跤	16	18.65	63	量化研究	10	28.86
29	曲棍球	16	19.03	64	训练方法	10	29.09
30	体能训练	16	19.40	65	战术	10	29.33
31	监控	16	19.78	66	举重	10	29.57

续表

序号	关键词	词频	累计百分比/%	序号	关键词	词频	累计百分比/%
32	制胜规律	14	20.1134	67	青少年运动员	10	29.80
33	冬奥会	14	20.44	68	评价	10	30.04
34	篮球	14	20.78	69	关联研究	10	30.28
35	花样游泳	14	21.11				

5.2.3.2 高频关键词共词聚类分析

单纯的关键词词频统计仅能展现研究领域中的一种静态罗列情况，不能很好地反映出各关键词之间的内在联系。动态的关键词聚类搭配则可以较好地反映出竞技体育科研攻关课题研究内容的内在属性特征。

为进一步挖掘高频关键词之间的关系及隐含的信息，本书采用关键词共词聚类法进行计量学分析。关键词共词聚类分析是依据关键词的共现情况，按照距离远近将关键词分为不同的类簇，以反映不同关键词之间的亲疏关系。[①]首先，利用Bibexcel和Excel软件抽取并构建69×69的高频关键词共词矩阵（如表5-2-5）。在矩阵中，横纵行列上的关键词两两交叉的数值越大，表示两者共现频次越高，关键词之间联系越密切。例如，"优秀运动员"与自身共词最为密切，其次为"中国"，再次为"女子"。要想进行共词聚类分析，需要形成关键词的共词相似矩阵。因此，本书将高频关键词词篇矩阵导入SPSS 24统计软件，利用Ochiai系数进行相关分析，数据类型选择为二元变量binary，构造得出高频关键词的相似系数矩阵（如表5-2-6）。相似矩阵中的数值在0～1之间。数值越接近1，表示关键词距离越近，即越相似；反之，数值越接近0，表明关键词之间的距离越远，即相似度越小。接着，将69×69的相似系数矩阵导入SPSS 24.0软件进行聚类统计，绘制得出高频关键词的聚类树状图（如图5-2-3），并将高频关

---

① 储节旺，郭春侠. 共词分析法的基本原理及EXCEL实现［J］. 情报科学，2011，29（6）：931-934.

键词分成14个研究主题类簇。

表5-2-5　高频关键词共词矩阵（部分）

关键词A	关键词B							
	优秀运动员	运动员	速度滑冰	中国	竞技体育	特征	女子	短道速滑
优秀运动员	66	0	4	37	0	4	12	0
运动员	0	60	0	0	0	0	4	0
速度滑冰	4	0	60	4	4	4	0	8
中国	37	0	4	51	11	9	6	0
竞技体育	0	0	4	11	50	0	0	0
特征	4	0	4	9	0	30	0	8
女子	12	4	0	6	0	0	30	0
短道速滑	0	0	8	0	0	8	0	29

注：因篇幅原因，69×69的高频关键词共词矩阵仅显示部分。

表5-2-6　高频关键词Ochiai相似系数矩阵（部分）

关键词A	关键词B							
	优秀运动员	运动员	速度滑冰	中国	竞技体育	特征	女子	短道速滑
优秀运动员	1.000	0.000	0.031	0.299	0.000	0.043	0.129	0.000
运动员	0.000	1.000	0.000	0.000	0.000	0.000	0.043	0.000
速度滑冰	0.031	0.000	1.000	0.032	0.029	0.046	0.000	0.094
中国	0.299	0.000	0.032	1.000	0.223	0.131	0.131	0.000
竞技体育	0.000	0.000	0.029	0.223	1.000	0.000	0.000	0.000
特征	0.043	0.000	0.046	0.131	0.000	1.000	0.000	0.129
女子	0.129	0.043	0.000	0.131	0.000	0.000	1.000	0.000
短道速滑	0.000	0.000	0.094	0.000	0.000	0.129	0.000	1.000

注：因篇幅原因，69×69的高频关键词相似系数矩阵仅显示部分。

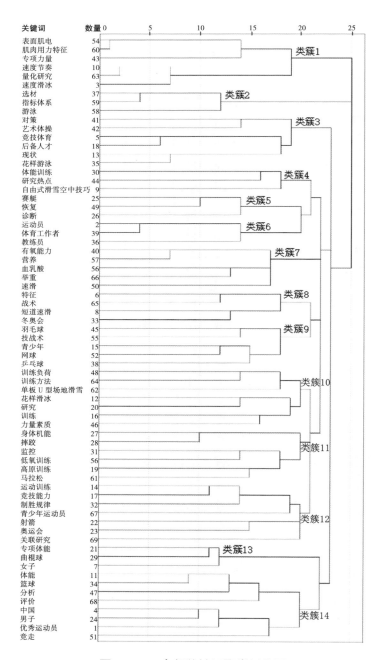

图5-2-3 高频关键词聚类树状图

5.2.3.3　高频关键词多维尺度分析

多维尺度分析是一种帮助研究者挖掘研究资料内部深层结构的统计方法，可以利用主要元素的构面图来解释元素之间的深层关系。进行多维尺度分析时，需要汇报其统计结果的Stress值（压力系数）和RSQ值，它们分别为多维尺度统计中的信度和效度估计值。其中，Stress值为拟合度量值，用于选择维度数，该值越小表示拟合度越高。Kruskal[①]曾在研究中得出一种Stress值优劣的经验评价尺度：当Stress值≥0.2时，拟合度为差；当Stress值≤0.1时，则拟合度为一般；当Stress值≤0.05时，则拟合度为好；当Stress值≤0.025时，则拟合度为优秀；当Stress值=0，则拟合度为完全匹配。[②]RSQ值为模型距离解释比，表示变异数值能够被相应的距离所解释的比率，也即在回归分析中变异量所占的比值。RSQ值越大，所得构形上各点间距离与实际输入的距离越相称，通常认为RSQ值≥0.6为可接受范围。[③]

多维尺度坐标图是依据向心度和密度两个参数绘制而成的，又称"战略坐标图"，可较好地表现某一领域及亚领域的研究结构。[④]多维尺度坐标图中的横轴为向心度，显示各领域之间相互影响的强度；纵轴为密度，显示某领域内部之间的联系强度。[⑤]多维尺度坐标图中的圆圈代表各关键词所处位置，圆圈距离越近代表关系越密切；反之，则越疏远。通常情况下，在多维尺度坐标图中划分出的四个象限中，第一象限中的主题研究领

①　Kruskal J B. Multidimensional scaling by optimizing goodness of fit to a nonmetric hypothesis [J]. Psychometrika, 1964, 29（1）: 1–27.

②　张文彤. SPSS统计分析高级教程 [M]. 北京：高等教育出版社，2004：40–44.

③　靖新巧，赵守盈. 多维尺度的效度和结构信度评述 [J]. 中国考试（研究版），2008（1）：40–44.

④　Law J, Bauin S, Courtial J, et al. Policy and the mapping of scientific change: A co-word analysis of research into environmental acidification [J]. Scientometrics, 1988, 14（3–4）: 251–264.

⑤　冯璐，冷伏海. 共词分析方法理论进展 [J]. 中国图书馆学报，2006，32（2）：88–92.

域内部联系较为紧密，处于整个研究网络的中心位置；第二象限中的主题研究领域内部联系则较为松散，这些主题领域研究有较大研究空间，在整个研究网络中具有一定的潜在重要性；第三和第四象限中的主题领域在整个研究网络中处于相对边缘位置。[1]

在进行多维尺度分析时，首先要生成相关系数矩阵。为消除由关键词共现频次差异所产生的影响，通常采用关键词的相异系数矩阵进行分析。相异系数矩阵是用1减去相似系数矩阵所得。本书将前文构建的高频关键词相似系数矩阵转化为相异系数矩阵（如表5-2-7），再将相异系数矩阵导入SPSS 24进行多维尺度统计分析。统计显示Stress值=0.180，RSQ值=0.719。这表明拟合度较好，能够较好地反映高频关键词间的关联状况（如图5-2-4）。

表5-2-7　高频关键词Ochiai相异系数矩阵（部分）

关键词 A	关键词 B							
	优秀运动员	运动员	速度滑冰	中国	竞技体育	特征	女子	短道速滑
优秀运动员	0.000	1.000	0.968	0.701	1.000	0.957	0.871	1.000
运动员	1.000	0.000	1.000	1.000	1.000	1.000	0.957	1.000
速度滑冰	0.968	1.000	0.000	0.968	0.970	0.954	1.000	0.905
中国	0.701	1.000	0.968	0.000	0.777	0.869	0.869	1.000
竞技体育	1.000	1.000	0.970	0.777	0.000	1.000	1.000	1.000
特征	0.957	1.000	0.954	0.869	1.000	0.000	1.000	0.870
女子	0.871	0.957	1.000	0.869	1.000	1.000	0.000	1.000
短道速滑	1.000	1.000	0.905	1.000	1.000	0.870	1.000	0.000

注：因篇幅原因，69×69 的高频关键词相异系数矩阵仅显示部分。

---

[1]　崔雷，郑华川．关于从MEDLINE数据库中进行知识抽取和挖掘的研究进展［J］．情报学报，2003，22（4）：425-433.

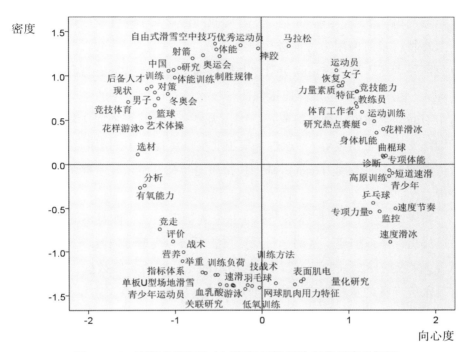

图5-2-4　高频关键词Ochiai相异系数矩阵多维尺度坐标图

5.2.3.4　高频关键词主要类簇的内容分析

通过对高频关键词进行聚类统计，按照其共现频次及相似关系将高频关键词可分为14个类簇。利用内容分析法对每个类簇的具体分布及研究特征进行如下分析。

类簇1包含表面肌电、肌肉用力特征、专项力量、速度节奏、量化研究和速度滑冰6个联系较为紧密的关键词。结合具体科技攻关课题文献的内容分析来看，该类簇主要涉及我国优秀速度滑冰项目运动员的速度节奏控制、专项力量特征、肌肉工作特征、表面肌电特征及核心力量训练等方面内容。例如，黄达武①利用数字滑冰场测试、运动员分段比赛数据

---

① 黄达武. 优秀女子500m速度滑冰运动员速度节奏及专项力量肌肉用力特征研究［D］. 上海：上海体育学院，2013.

及肌电测试系统等，对王北星、于静等我国优秀女子速度滑冰运动员的速度节奏特征及肌肉用力特征进行研究分析；李骥等人①借助肌电测试仪器对我国男子双人滑优秀运动员落冰及模仿训练的肌电特征进行研究；李芙蓉等人②运用表面肌电及高速摄像同步技术，对速度滑冰的弯道滑跑及弯道牵引时腿部肌电特征进行比较分析，为提升运动员弯道加速能力提供科学训练支撑；王新宝等人③通过采集王北星训练比赛中的肌电参数，对其弯道滑跑专项肌肉用力特征、陆上模拟肌电特征及专项技术模仿练习进行分析。

　　类簇2由选材、指标体系和游泳三个关键词构成，涉及不同项目运动员选材指标体系构建、基因选材及竞技能力结构模型等内容。例如，王荣辉等人④依据182名国家一线跳水运动员的竞技能力实测数据，构建了优秀跳水运动员的竞技能力结构模型及科学选材指标体系；席翼等人⑤指出我国优秀棒球投手运动员的选拔，需综合理论分析、教练员经验及实测数据三个方面指标进行筛选，从身体形态、技能水平、专项素质、技战术及心理等维度构建了优秀棒球运动员选材指标体系；杨晓琳等人⑥对ACTN3基因C1747T多态位点的分子标记在举重运动员基因选材中的应用可行性进

　　① 李骥，赵金平，华立君，等. 我国优秀双人滑男运动员落冰及模仿训练肌电特征研究 [J]. 天津体育学院学报，2014，29（1）：10–13.

　　② 李芙蓉，陈月亮，吴新炎. 短距离速滑弯道滑跑与弯道牵引腿部肌电特征的比较 [J]. 体育学刊，2014，21（3）：127–131.

　　③ 王新宝，黄达武，陈月亮. 速度滑冰陆上专项技术模仿练习的专项性分析 [J]. 山东体育学院学报，2014，30（5）：82–87.

　　④ 王荣辉，张一民，任弘. 我国跳水优秀运动员竞技能力结构模型和选材指标体系研究 [J]. 体育科学，2007（7）：30–40，50.

　　⑤ 席翼，杨谦，谭思洁，等. 中国优秀棒球投手选材的研究 [J]. 体育科学，2007（6）：24–28，34.

　　⑥ 杨晓琳，胡扬，李燕春，等. ACTN3基因C1747T多态位点作为举重运动员选材用分子标记的可行性研究 [J]. 体育科学，2010，30（1）：70–73.

行研究；李燕春①、杨贤罡②分别依据我国优秀中长距离游泳和女子长跑运动员的身体形态、机能、素质、技战术、心理等实测数据，结合基因标记技术，构建了优秀中长距离游泳和女子长跑运动员的高级阶段选材指标体系。

类簇3由竞技体育、后备人才、艺术体操、对策、现状、花样游泳6个关键词构成，主要涉及竞技体育后备人才培养的现状及对策方面内容。例如，秋鸣等人③借助SWOT模型对我国竞技体育后备人才培养模式及发展策略进行分析；金玉等人④从训练、竞赛和管理体制及相关社会学因素等方面，归纳总结了影响我国竞技体育后备人才培养的因素，并提出相应的发展对策；周莹等人⑤在总结分析我国竞技体育"三级训练网"特点的基础上，提出体教结合的竞技体育运动训练改革与创新发展模式；汪敏等人⑥从训练人口、竞赛和训练体制、人才管理、选材方式及运动员来源等制约和影响我国艺术体操后备人才培养的因素展开调查，并依此提出解决我国艺术体操后备人才培养问题的方法及路径；施亦男⑦对我国花样游泳项目

① 李燕春. 结合基因标记构建我国中长距离游泳运动员选材指标体系的研究［D］. 北京：北京体育大学，2012.

② 杨贤罡. 结合基因标记构建我国女子长跑运动员选材指标体系的研究［D］. 北京：北京体育大学，2012.

③ 秋鸣，冯少兵，段娟娟，等. 竞技体育后备人才培养模式的SWOT分析［J］. 沈阳体育学院学报，2010，29（1）：44-47.

④ 金玉，潘绍伟，彭杰，等. 我国竞技体育后备人才培养现状与对策［J］. 体育与科学，2006（5）：82-86.

⑤ 周莹，申萍，张博，等. 我国竞技运动训练发展研究［J］. 体育文化导刊，2011（7）：65-68.

⑥ 汪敏，刁在箴，谢颖，等. 中国艺术体操后备人才现状调查与培养对策［J］. 中国体育科技，2005（1）：37-40.

⑦ 施亦男. 我国花样游泳青少年后备人才培养现状调查与分析［D］. 上海：上海体育学院，2010.

青少年后备人才培养的现状进行调查分析。

类簇4由体能训练、研究热点和自由式滑雪空中技巧3个关键词构成，主要涉及速度滑冰、自由式滑雪空中技巧、自由式摔跤、竞走及网球等项目体能训练特征及研究热点等方面内容。例如，刘春华[①]对速度滑冰和短道速滑两个项目的陆地恢复性体能训练进行理论厘清；王锦国等人[②]从周期性训练视角出发，分析了我国速度滑冰短距离项目运动员在比赛期恢复性体能训练的陆冰衔接与变化问题，并依此提出两场500m比赛间进行恢复性体能训练的最佳训练内容与时间；唐玉成[③]在综合评述国内外女子曲棍球项目在身体形态、机能、力量、速度、灵敏及协调等方面研究成果的基础上，提出我国女子曲棍球项目体能训练发展的建议及对策；陈月亮[④]从身体形态、生理机能及运动素质三个方面系统梳理了我国速度滑冰运动员体能训练的研究现状，并总结归纳出当前体能训练研究存在的相关问题；董德龙[⑤]依据对我国男子自由式摔跤运动员备战大型赛事期间体能训练的测试数据，重点从运动员身体机能训练（有氧和无氧）及力量训练两方面，论证了我国男子自由式摔跤优秀运动员体能训练中需注意的关键问题；牛雪松和马毅[⑥]对我国自由式滑雪空中技巧运动员备战2010年温哥

① 刘春华. 速度滑冰、短道速滑陆地恢复性体能训练的理论厘清［J］. 哈尔滨体育学院学报，2016，34（1）：43-47.

② 王锦国，高俊江，王琳娜，等. 速度滑冰短距离项目比赛期恢复性体能训练的陆冰衔接分析［J］. 哈尔滨体育学院学报，2013，31（5）：26-30.

③ 唐玉成. 女子曲棍球体能训练国内外对比研究［J］. 南京体育学院学报（自然科学版），2013，12（3）：11-16.

④ 陈月亮. 我国速滑运动员体能训练分类构成指标研究综述［J］. 湖北理工学院学报（人文社会科学版），2012，29（6）：62-67，72.

⑤ 董德龙. 我国男子自由式摔跤运动员体能训练取得突破的关键点研究［J］. 体育科学，2012，32（4）：84-97.

⑥ 牛雪松，马毅. 我国自由式滑雪空中技巧体能训练监控的应用研究［J］. 沈阳体育学院学报，2011，30（4）：15-19.

华冬奥会期间的体能训练监控展开研究，从形态学、训练学、身体机能及运动生物力学等方面，构建了包含结构、方法及测量与评价指标体系等要素的体能训练监控系统；胡好等人①对我国20km优秀竞走运动员的体能结构、各要素特征及要素训练的方法和手段进行系统分析；梁高亮等人②研究我国优秀女子网球运动员体能训练特征，从身体形态、机能及素质三个方面提出我国运动员存在的问题，并对女子网球运动员体能训练及选材提出相应的发展对策。

类簇5由赛艇、恢复和诊断3个关键词构成，主要涉及我国赛艇项目运动员身体机能评定、训练监控、疲劳诊断及体能恢复等方面内容。例如，徐驰等人③以我国174名优秀赛艇运动员作为研究对象，构建了我国优秀赛艇运动员的身体机能综合评定指标体系；资薇等人④系统分析了我国青少年赛艇运动员的训练负荷特点，并提出青少年赛艇训练中存在的诸如训练负荷偏大、强度偏高、训练内容与成年运动员一致及训练方法手段单一等问题；陈小平和资薇⑤对我国赛艇运动训练的关键问题进行系统论述，指出我国赛艇队亟待攻克竞技能力长期计划及竞技状态的赛前调控等方面问题，并从运动生物学角度分析了竞技能力积累及竞技状态赛前调控问题，提出在技术和力量训练方面应积极借鉴、引进新的训练方法及理念，

① 胡好，王卫星，王林，等. 我国20km优秀竞走运动员体能训练结构研究［J］. 北京体育大学学报，2011，34（4）：120-123.

② 梁高亮，郑念军，李晓霞，等. 我国优秀女子网球运动员体能现状分析及对策研究［J］. 山东体育学院学报，2010，26（11）：72-76.

③ 徐驰，范家成，熊莉，等. 我国高水平赛艇运动员机能评定指标的初步研究［J］. 湖北体育科技，2011，30（2）：197-200.

④ 资薇，宋占军，曹春梅，等. 我国青少年赛艇运动员训练负荷特点及分析［J］. 中国体育科技，2011，47（2）：75-82.

⑤ 陈小平，资薇. 中国赛艇训练关键问题研究［J］. 体育科学，2011，31（1）：56-62，74.

从经济性与实效性两方面提升我国赛艇运动训练的质量；李之俊等人[1]在文献研究与实验研究结合的基础上，研究开发了我国优秀赛艇运动员运动疲劳诊断和体能恢复指导专家系统，实现对运动员信息管理、身体机能评定、训练负荷监控、疲劳程度诊断及体能恢复指导的计算机化操作。

类簇6由运动员、教练员、体育工作者3个关键词构成，主要涉及运动员保障和训练监控、教练员发展现状及执教能力等方面内容。例如，陈志凌等人[2]对我国现行运动员保障体系进行系统分析，提出存在诸如法律层次低、保障范围窄、保险种类少、理赔金额少等问题，并给予相应的对策建议；郭黎等人[3]对4个剑种的18名国家击剑队运动员赛前训练的生理和生化指标进行监控，为教练员及时了解运动员竞技状态和身体反应、修订训练计划与调整训练负荷、保持最佳赛前竞技状态提供相应依据；秦风冰等人[4]对我国冰上运动项目教练员队伍进行全面调查，并提出存在问题及相应的发展决策建议；赵岱昌等人[5]对我国摔跤项目教练员的性别、数量、学历、职称、地域分布等特征进行系统研究；李红霞等人[6]以17个国家队中现役的683名运动员及178名教练员为调查对象，调查分析了我国国家队

① 李之俊，高炳宏，李飞，等. 优秀赛艇运动员疲劳诊断与体能恢复指导专家系统的研制 [J]. 体育科学，2005（8）：28–32，52.

② 陈志凌，高秋平，刘大鹏. 我国运动员保障体系性质分析及构建策略 [J]. 南京体育学院学报（社会科学版），2014，28（3）：115–121.

③ 郭黎，闫晓，冯连世. 生理、生化指标在击剑运动员赛前训练监控中的应用研究 [J]. 中国体育科技，2011，47（3）：49–53.

④ 秦风冰，潘桂芝，郝一伟. 我国冰上运动项目教练员队伍现状调查分析 [J]. 北京体育大学学报，2011，34（3）：122–125.

⑤ 赵岱昌，郑念军，陈勇，等. 我国摔跤教练员基本特征研究 [J]. 山东体育学院学报，2010，26（10）：75–79.

⑥ 李红霞，张玉田，闫旭峰. 国家运动队思想政治工作面临的问题与对策 [J]. 北京体育大学学报，2010，33（10）：34–35，51.

思想政治工作所面临的关键问题及发展对策；梁亚东和毛爱华[①]利用专家访谈和问卷调查等方法筛选并制定出散打教练员执教能力评价指标体系，并借助模糊数学方法构建了我国优秀散打教练员执教能力的综合评价系统模型，实现对散打教练员的客观定量评价。

　　类簇7由有氧能力、营养、血乳酸、举重和速滑5个关键词构成，主要涉及举重、速滑等项目运动员有氧能力及营养膳食结构的生理生化监控等方面内容。例如，赵子宽[②]利用吉林省优秀女子速滑运动员备战第12届冬运会期间各项生理和生化指标的跟队监测数据，对运动员间歇性低氧训练期间的血液指标与运动能力进行观察，并研究了间歇性低氧训练对优秀女子速滑运动员有氧能力的影响；洪长清等人[③]以25名国家优秀男子举重运动员为实验对象，探讨了大负荷力量训练对优秀举重运动员身体造血机能、最大摄氧量和运动后血乳酸动力学等方面有氧能力的影响；白喜林等人[④]以14名国家男子篮球运动员为调查对象，对运动员备战北京奥运会期间的膳食结构进行调查研究，为运动员制定合理与平衡的膳食方案提供科学依据；逄金柱等人[⑤]以12名女子举重国家队运动员为实验对象，研究了慢速减重、赛前快速减重和赛前体能恢复期间的营养干预对运动员减重后的竞技能力影响；史仍飞等人[⑥]研究分析了女子摔跤运动员在减重训练期

　　①　梁亚东，毛爱华. 我国优秀散打教练员执教能力的模糊综合评价［J］. 广州体育学院学报，2008（1）：88–90.

　　②　赵子宽. 高住低训对我国优秀女子速滑运动员有氧能力的影响［D］. 长春：吉林体育学院，2014.

　　③　洪长清，谢敏豪，严翠. 大负荷力量训练对举重运动员有氧能力的影响［J］. 中国体育科技，2007（4）：129–132.

　　④　白喜林，赵杰修，钱利民，等. 国家男子篮球运动员膳食营养调查研究［J］. 北京体育大学学报，2009，32（5）：43–46.

　　⑤　逄金柱，焦颖，张云龙，等. 减体重对女子举重运动员运动能力的影响及营养干预的效果［J］. 中国运动医学杂志，2008（1）：40–43，47.

　　⑥　史仍飞，袁海平，周成林，等. 女子摔跤运动员减重训练期营养水平及血液生化指标变化［J］. 上海体育学院学报，2006（3）：45–47，56.

间营养膳食水平及血液生化指标的变化，并依此通过营养生化监控来进行科学合理的赛前减重。

类簇8由战术、特征、冬奥会、短道速滑4个关键词构成，主要涉及短道速滑、游泳等项目技战术特征及制胜规律等方面内容。例如，林洪等人[1]运用运动生物力学、流体力学及运动训练学等研究方法，研究分析了国内外优秀男子中长距离自由泳运动员的技战术特征，并提出技术动作的合理性、经济性、实效性及节奏性是中长距离自由泳项目训练的核心问题；张瑛秋[2]以114名优秀乒乓球运动员在备战青奥会集训中的128场比赛统计数据为依据，研究分析了男女不同竞技水平运动员的战术特征；孟述等人[3]通过对索契冬奥会中6个单项的国内外优秀运动员的比赛视频资料进行整理统计，比较分析了我国短道速滑运动员及主要竞争对手的技战术特征；朱佳滨等人[4]以参加第19—21届冬奥会的优秀短道速滑运动员为研究对象，利用视频及案例分析等方法，探索分析了不同短道速滑比赛项目的制胜规律。

类簇9由羽毛球、乒乓球、网球、技战术、青少年5个关键词构成，主要涉及羽毛球、乒乓球和网球项目的技术、战术及心理分析等方面内容。例如，傅维杰等人[5]借助足底压力测试系统，对羽毛球运动中的左右前场

---

① 林洪，程燕，黄旭辉，等. 我国男子中长距离自由泳项目技、战术特征的研究［J］. 中国体育科技，2013，49（3）：72-78.

② 张瑛秋. 中国优秀青年乒乓球运动员战术特征分析［J］. 中国体育科技，2006（1）：99-101.

③ 孟述，关亚军，董欣. 索契冬奥会我国短道速滑运动员与主要竞争对手技战术特征的比较［J］. 冰雪运动，2014，36（3）：1-6，39.

④ 朱佳滨，黄忠国，董欣. 冬奥会短道速滑项目比赛制胜规律的研究［J］. 冰雪运动，2013，35（5）：5-9.

⑤ 傅维杰，刘宇，李路. 基于足底压力的羽毛球运动足部受力特征研究［J］. 天津体育学院学报，2012，27（6）：511-514.

蹬跨步和一步蹬转起跳等常用步法的足底压力特征进行测试分析，以预防和减少运动中的下肢损伤；吴卫兵等人①对优秀国家队羽毛球运动员机能进行个体化监控分析及评价，并借助测试指标的动态监控图得出各指标的警戒高限和底限，为羽毛球运动员的机能评定提供参考范围；周成林等人②利用视频分析、心理测量、主观体验、行为观察及实验等研究方法，探讨了羽毛球运动员在得分或失分等不同状态情境下的时间特征、行为表现及对心理状态的影响，为教练员和运动员比赛中的战术制定提供相应的决策参数；张辉等人③系统分析了持拍类隔网对抗项目的技术特征体系、战术模型以及战术特征等，同时论述了竞赛规则对持拍类隔网对抗项目的影响；周成林等人④对运动领域中的认知神经心理学方向的研究进展及趋势进行了系统评述；林丽珍等人⑤在2008年北京奥运会对乒乓球项目比赛规则进行改革的背景下，对我国乒乓球项目运动员后备人才培养的可持续发展问题进行了探讨；林丽珍和张瑛秋⑥以参加国家乒乓球青少年集训的80名运动员为实验对象，创造了利用多球按照不同负荷强度来测试运动员心血管功能的手段，并将多球测试与最大摄氧量、YoYo测试、台阶试验及12分钟跑等评价心血管功能的测试方法结合进行相关分析，认为多球测试

① 吴卫兵，刘无逸，陈佩杰，等. 优秀羽毛球运动员机能监控个体化分析与评价［J］. 上海体育学院学报，2010，34（2）：53-56.

② 周成林，章建成，李安民，等. 不同比赛情境视频对羽毛球运动员心理状态的影响［J］. 体育科学，2008，28（12）：14-20.

③ 张辉，戴金彪，史芙英，等. 隔网对抗（持拍类）项目技战术特征［J］. 上海体育学院学报，2007（4）：65-69.

④ 周成林，赵洪朋，张怡. 运动领域中的认知神经心理学研究进展［J］. 天津体育学院学报，2012，27（3）：197-201.

⑤ 林丽珍，李永安，张瑛秋. 中国女子乒乓球运动员后备力量可持续发展研究［J］. 西安体育学院学报，2010，27（3）：288-292.

⑥ 林丽珍，张瑛秋. 乒乓球运动员心血管系统功能测试方法的实验研究［J］. 山东体育学院学报，2009，25（9）：41-44.

能较好地反映运动员心血管功能水平；张瑛秋等人①②③分别对我国优秀乒乓球运动员的技术特征、战术特征及心理特征进行了系统分析；何文盛等人④开发研制了网球运动员训练和比赛中的动态决策能力测试系统，系统具有运动员管理、教练员设置标定、反应时间测试、统计与曲线查看以及测试视频数据管理等功能，可作为网球运动员选材和进行决策能力测试或训练的工具；何文盛等人⑤依据职业网球联合会官方网站公布的世界排名前三的男子运动员对战世界排名前十的男子运动员的共计230场比赛技术统计数据，从技术分析层面得出世界顶级网球运动员比赛的制胜因素。

类簇10由训练负荷、训练方法、花样滑冰、力量素质、训练、研究、单板U型场地滑雪7个关键词构成，主要涉及单板U型场地滑雪、花样滑冰、赛艇、马拉松等项目运动员的力量素质、训练负荷及训练方法等方面特征的相关内容。例如，周文婷等人⑥分析了中国单板U型场地滑雪运动员各项素质的年度训练负荷特点及其结构存在的问题，结合项目自身的能量代谢特征，研究认为应通过加大无氧训练的训练力度来提升运动员的竞技能力；朱成东⑦对提升我国优秀速度滑冰运动员承受训练负荷水平的手段

① 张瑛秋，孙麒麟，严春锦. 中国优秀青年乒乓球运动员心理特征分析［J］. 武汉体育学院学报，2006（2）：50–53.

② 张瑛秋. 中国优秀青年乒乓球运动员技术特征分析［J］. 天津体育学院学报，2005（5）：22–24.

③ 张瑛秋. 中国优秀青年乒乓球运动员战术特征分析［J］. 中国体育科技，2006（1）：99–101.

④ 何文盛，张力为，董蕊. 网球运动员动态决策能力测试系统的研制［J］. 北京体育大学学报，2012，35（4）：128–132.

⑤ 何文盛，张力为，张连成. 世界前3名男子网球运动员比赛制胜因素技术分析［J］. 武汉体育学院学报，2011，45（9）：67–73.

⑥ 周文婷，李万哲，李兴洋. 我国单板U型场地滑雪优秀运动员年度训练负荷结构研究［J］. 北京体育大学学报，2014，37（4）：113–117，123.

⑦ 朱成东. 提高优秀速滑运动员承受训练负荷水平手段和方法的研究［D］. 长春：吉林体育学院，2014.

与方法进行了探索研究；徐建方等人①探讨了各项训练监控手段与方法在花样游泳运动训练中的应用；周越和王瑞元②系统评述了赛前减量训练生理机制研究领域的进展及趋势；资薇等人③分析探讨了我国赛艇项目青少年运动员的训练负荷特点；焦芳钱、刘大庆④调查分析了我国优秀女子马拉松运动员的年度训练负荷安排特征；张奕芸⑤、张腾⑥利用传感系统，开发研制了集数据采集、传输、分析及人机交互等环节功能于一体的力量素质训练与测试系统；陈艳等人⑦从教练员认识、训练手段选择及训练方法要求等方面，阐述了我国优秀短道速滑运动员的力量素质训练特征；魏薇⑧对湖北省公开级男子赛艇运动员的划桨技术及力量素质进行了测试和诊断。

　　类簇11由身体机能、摔跤、监控、低氧训练、高原训练、马拉松6个关键词构成，主要涉及马拉松、游泳、足球等项目高原低氧训练方面内

①　徐建方，张晓欢，冯连世，等．训练监控方法与手段在花样游泳项目中的应用［J］．中国体育科技，2012，48（5）：53-62.

②　周越，王瑞元．赛前减量训练生理机制研究进展［J］．武汉体育学院学报，2011，45（10）：47-51.

③　资薇，宋占军，曹春梅，等．我国青少年赛艇运动员训练负荷特点及分析［J］．中国体育科技，2011，47（2）：75-82.

④　焦芳钱，刘大庆．对我国女子马拉松运动员年度训练负荷安排的调查研究［J］．北京体育大学学报，2010，33（1）：114-117.

⑤　张奕芸．基于虚拟仪器的力量素质测试系统的研制与应用［D］．武汉：武汉体育学院，2012.

⑥　张腾．力量训练测试系统的设计与实现［D］．武汉：武汉体育学院，2013.

⑦　陈艳，王红英，陈月亮．我国优秀短距离速滑运动员力量素质训练特征［J］．武汉：武汉体育学院学报，2010，44（7）：84-88.

⑧　魏薇．湖北省优秀男子公开级赛艇运动员划桨技术和力量素质测试与诊断［D］．武汉：武汉体育学院，2009.

容。例如，张冰等人①系统跟踪观测了11名国家队男子足球运动员一个完整高原低氧训练周期内身体机能水平的变化特征；樊蓉芸②对我国优秀男子游泳运动员在青藏高原海拔2 366m处进行低氧训练期间的生理和生化指标进行了跟踪观测；杨明等人③对我国女子马拉松运动员在备战柏林世锦赛期间的高原低氧训练进行跟踪监控，包括训练时间与高度选择、训练负荷安排、训练过程阶段划分、适应期时间以及下高原时机的选择等方面内容；黄亚茹和衣龙燕④在分析高原训练对足球和篮球等同场对抗性球类项目利弊的基础上，提出高住高练低训的提升体能素质的新方法，认为该方法不仅能够达到提高有氧和无氧运动能力目的，同时平原训练又能较好地保证运动员的球感和技能不受地理环境影响；杨明等人⑤对中国女子马拉松运动员备战柏林世锦赛期间的平原训练、高原训练及赛前训练三个阶段的生理和生化指标进行了跟踪监测；胡扬⑥系统论述了高原训练模式的发展历程及当前国际高原训练的前沿动向；陶小平和陶新连⑦探讨了我国优秀划艇运动员"能力主导型"高原训练期间各项身体机能指标的变化规

---

① 张冰，赵刚，李强．高原训练对我国优秀男子足球运动员身体机能的影响［J］．中国体育科技，2012，48（4）：52-56.

② 樊蓉芸．优秀游泳运动员高原训练期间身体机能指标的比较分析［J］．四川体育科学，2011（4）：25-30.

③ 杨明，王江，董维鹏．我国女子马拉松备战柏林世锦赛高原训练的模式［J］．武汉体育学院学报，2011，45（8）：59-64.

④ 黄亚茹，衣龙燕．高住高练低训：技能主导类同场对抗性球类项目运动员提高体能的新方法［J］．武汉体育学院学报，2011，45（7）：85-88.

⑤ 杨明，田野，赵杰修．中国国家女子马拉松队备战柏林世界田径锦标赛生理生化指标的变化特征［J］．中国体育科技，2011，47（2）：21-25.

⑥ 胡扬．高原训练的多元化发展——从HiHi到HiLo再到HiHi+HiHiLo［J］．体育科学，2010，30（11）：74-78.

⑦ 陶小平，陶新连．我国优秀男子划艇运动员"能力主导型"高原训练期间机能指标变化［J］．天津体育学院学报，2010，25（2）：130-133.

律；高炳等人①对10名上海游泳队运动员在高原低氧训练期间进行跟踪监控，并探讨和构建了高原低氧训练科研监控内容与方法体系。

类簇12由运动训练、竞技能力、制胜规律、青少年运动员、射箭、奥运会、关联研究7个关键词构成，主要涉及短道速滑、马拉松、乒乓球等项目的竞技能力结构、制胜规律及运动训练要素等方面内容。例如，高航②从体能、技战术、心理及训练负荷等方面对我国短道速滑运动员的竞技能力特征进行研究，为提升短道速滑运动员备战及参赛训练的科学化水平提供相应参考；焦芳钱等人③通过对我国优秀女子马拉松运动员训练与参赛资料的整理分析，总结归纳了女子马拉松项目的特点及训练规律；刘石等人④以花样滑冰、速度滑冰及单板滑雪等运动项目为研究对象，探讨总结了冬奥会项目训练中的陆地与冰雪有效衔接训练问题，并提出有效衔接训练的关键技术手段及评价方法；刘大庆等人⑤对我国14个潜优势运动项目的专项特点、竞技能力构成特点及项目制胜规律进行了归纳提炼，同时总结出与世界领先水平之间的差距所在及发展策略；谢云和田麦久⑥对我国女子短距离场地自行车项目的制胜核心因素进行了总结归纳，认为项目制胜的核心因素主要包括全程高速保持能力、技术合理与稳定能力、战

---

① 高炳宏，高欢，李之俊，等. 游泳运动员高原结合低氧预适应训练中监控内容与方法研究［J］. 体育科研，2010，31（1）：57–64.

② 高航. 我国短道速滑运动员竞技能力特征的研究［J］. 哈尔滨体育学院学报，2015，33（6）：37–40.

③ 焦芳钱，刘大庆，王林. 中国女子马拉松项目特点及训练规律研究［J］. 北京体育大学学报，2014，37（2）：131–137.

④ 刘石，朱志强，宋嘉林，等. 冬季奥运会项目陆地与冰（雪）上有效衔接训练的现状与对策研究［J］. 哈尔滨体育学院学报，2013，31（6）：1–6.

⑤ 刘大庆，张莉清，周爱国，等. 我国潜优势项目特点及制胜规律的研究［J］. 北京体育大学学报，2012，35（11）：107–114.

⑥ 谢云，田麦久. 短距离场地自行车运动项目制胜的核心因素解析［J］. 沈阳体育学院学报，2012，31（3）：5–8.

术的灵活运用能力、连续参赛能力及比赛中的拼搏争先能力；范凯斌等人[①]对我国射箭项目在2000—2012年四届奥运会中的成绩差异进行比较分析，认为心理稳定性是致使成绩差异的关键因素；杜长亮[②]研究探讨了我国女子重剑项目运动员的竞技能力网络结构特征，认为专项体能、身体协调能力及竞技表现能力是女子重剑项目运动员竞技能力的核心，对竞技能力结构网络演变升级具有关键作用；唐玉成[③]对曲棍球项目的竞赛及竞技能力等专项特征进行探讨分析；邓运龙[④⑤]系统分析了运动训练的基本构成体系与优秀运动员的实践途径；王荣辉等人[⑥]依据182名国家队一线跳水运动员的各项竞技能力指标的实测数据，对我国优秀跳水运动员的选材指标体系以及竞技能力结构模型进行了构建；张一兵等人[⑦]以123名国家队及省市级运动队的优秀棒球运动员为研究对象，经过理论分析、专家筛选、教练员经验筛选及各项指标实测数据收集等环节，对我国优秀棒球运动员的竞技能力模型进行了构建；严丽等人[⑧]以35名国家队及省市级运动队的

① 范凯斌，王卫星，李宗浩. 射箭项目奥运会成绩差异研究 [J]. 北京体育大学学报，2013，36（9）：135–139.

② 杜长亮. 竞技能力网络结构特征——以女子重剑项目为例 [D]. 北京：北京体育大学，2011.

③ 唐玉成. 曲棍球项目专项特征研究 [J]. 体育科学研究，2011，15（1）：52–58.

④ 邓运龙. 运动训练的基本体系及优秀运动员的实践途径（一）[J]. 武汉体育学院学报，2010，44（9）：5–12.

⑤ 邓运龙. 运动训练的基本体系及优秀运动员的实践途径（二）[J]. 武汉体育学院学报，2011，45（1）：60–65，96.

⑥ 王荣辉，张一民，任弘. 我国跳水优秀运动员竞技能力结构模型和选材指标体系研究 [J]. 体育科学，2007（7）：30–40，50.

⑦ 张一兵，席翼，谭思洁，等. 中国优秀棒球运动员竞技能力结构模型的研究 [J]. 西安体育学院学报，2007（3）：84–88.

⑧ 严丽，席翼，谭思洁，等. 中国优秀垒球运动员竞技能力结构模型研究 [J]. 山东体育学院学报，2007（2）：89–91.

优秀垒球运动员为研究对象，经过理论分析、专家筛选、教练员经验筛选及各项指标实测数据收集等环节，对我国优秀垒球运动员的竞技能力模型进行了构建；张瑛秋等人①以参加青奥会集训的114名乒乓球运动员为研究对象，对不同竞技水平的男女乒乓球运动员的心理特征及差异进行了对比分析。

类簇13由专项体能、曲棍球和女子3个关键词构成，主要涉及女子曲棍球、游泳、花样滑冰等项目专项体能方面研究的内容。例如，周君一等人②对女子曲棍球项目的55名国家健将级运动员、24名国家一级运动员及38名国家二级运动员的身体形态、身体素质、身体机能、心理素质及专项技术等指标进行测量分析，构建了女子曲棍球运动员选材指标体系及评定标准；武斌等人③对江苏省21名优秀女子曲棍球运动员全年训练期间的各项生理生化指标进行了跟踪监测，并分析探讨运动员赛前过度训练的特征及相应对策；姚旭霞④构建并确立了长距离游泳优秀运动员的专项体能结构模型及运动成绩的预测模型；鲍春雨⑤构建了我国优秀女子曲棍球运动员专项体能的评价指标体系，并对26名女子曲棍球国家队运动员的专项体能进行了诊断分析；李双玲⑥构建了优秀花样滑冰双人滑运动员的专项体

① 张瑛秋，孙麒麟，严春锦. 中国优秀青年乒乓球运动员心理特征分析［J］. 武汉体育学院学报，2006（2）：50-53.

② 周君一，王敬茹，史东林，等. 女子曲棍球项目场员选材的研究［J］. 湖北体育科技，2014，33（3）：227-230.

③ 武斌，樊晋华，张斌，等. 青少年女子曲棍球运动员赛前过度训练特征及对策研究［J］. 沈阳体育学院学报，2013，32（4）：110-113，121.

④ 姚旭霞. 长距离游泳运动员专项体能结构特征模型与运动成绩预测模型：以我国14～17岁优秀女子800m自由泳运动员为例［J］. 首都体育学院学报，2013，25（4）：359-361.

⑤ 鲍春雨. 我国优秀女子曲棍球运动员专项体能诊断研究［J］. 西安体育学院学报，2013，30（4）：485-487，501.

⑥ 李双玲，朱宝峰，赵玉华. 我国优秀花样滑冰双人滑运动员专项体能评价指标体系构建［J］. 冰雪运动，2013，35（1）：21-29.

能评价指标体系，并对22名优秀运动员的专项体能进行实测分析；朱琳等人[1]以现役国家女子单板U型场地滑雪运动员为研究对象，对影响该项目运动员专项体能的因素进行归纳分析。

类簇14由体能、篮球、分析、评价、中国、男子、优秀运动员、竞走8个关键词构成，主要涉及相关运动项目技术动作模型的构建、技战术分析与评价技术等方面内容。例如，唐建军和周阳[2]利用三轴加速传感器技术得出一种测算竞走运动员步长和步频的算法，并通过步态周期的加速度推算步频，同时构建了可用以检测竞走运动员技术结构稳定性的单步步长测算模型；张典华和陈一民[3]对篮球的运动轨迹求导，得出非同一水平线且无空气阻力下的最佳出手角度及速度，并通过实验得出出手角度、速度及投篮距离之间的关系，构建出可用于运动员辅助训练的可视化篮球训练仿真系统；王林[4]利用视频分析、数理统计等方法，对国外优秀竞走运动员在不同比赛中的速度分配及战术运用规律进行分析，总结归纳出竞走运动项目的制胜特点及规律；胡好等人[5]对我国20km优秀竞走运动员的年度不同类型周期性训练的结构进行系统比较分析；胡好等人[6]从技术规范性、实效性及经济性等方面构建了我国优秀竞走运动员的技术训练结构模

---

① 朱琳，赵玉华，张崇林，等. 我国优秀女子单板U型场地滑雪运动员专项体能影响因素的研究［J］. 沈阳体育学院学报，2011，30（6）：19-21.

② 唐建军，周阳. 利用加速传感器估算竞走运动员的步长与步频［J］. 河南师范大学学报（自然科学版），2019，47（3）：118-124.

③ 张典华，陈一民. 篮球训练仿真系统的实现［J］. 图学学报，2015，36（5）：789-794.

④ 王林. 竞走项目速度分配与战术运用的研究——对国家队备战伦敦奥运会的思考［J］. 青少年体育，2012（1）：26-28.

⑤ 胡好，翟波宇，张英波，等. 我国20km竞走优秀男子运动员年度不同类型周期训练结构研究［J］. 中国体育科技，2012，48（1）：32-43，75.

⑥ 胡好，王林，骆学锋，等. 优秀竞走运动员技术训练结构与训练实施研究［J］. 中国体育科技，2011，47（2）：8-20，31.

型；赵晶和闫育东①对我国体育与教育两大系统的篮球教练员和运动员人力资源水平进行调查分析；林洪等人②对我国男子优秀中长距离自由泳运动员的技术和战术特征进行系统分析；葛冰和杨明③利用实验和数理统计等研究方法，对我国男子3 000m障碍跑国家队运动员在基础训练期和集训期的各项生理生化指标进行跟踪比较分析。

从高频关键词可以看出，我国竞技体育科研攻关课题文献主要有以下几个特点。

（1）研究对象呈现出特定性和层次性两个方面特点。研究对象特定性表现在其聚集于我国竞技体育相关运动项目的高水平运动员上；研究对象层次性表现在，既包括优秀运动员，也包括潜优势项目运动员及教练员和后备人才等。

（2）在研究内容方面，我国竞技体育科研攻关课题文献主要围绕提高竞技体育运动水平展开相关研究。一方面，研究内容包括赛艇、乒乓球、速度滑冰、篮球、游泳等我国竞技体育中的优势项目和潜在优势项目，以及与之相关的身体素质、技战术、机能形态与心理调整、高原训练等内容；另一方面，也包括运动人体科学与相关专业所涉及的运动生理学、运动生物化学、运动生物力学等运动训练监控方面内容，此外还涉及多种社会外部影响因素等。

（3）研究方法应用具有多样性与实效性。我国竞技体育科研攻关课题文献除采用常规研究方法外，还采用肌电、血乳酸等高科技的方法手段。研究注重能及时和准确量化运动训练过程中的相关训练指标，以增强

---

① 赵晶，闫育东. 我国篮球教练员与运动员人力资源探析［J］. 上海体育学院学报，2006（4）：23-25，35.

② 林洪，程燕，黄旭辉，等. 我国男子中长距离自由泳项目技、战术特征的研究［J］. 中国体育科技，2013，49（3）：72-78.

③ 葛冰，杨明. 优秀男子3 000m障碍跑运动员生理生化指标变化特点分析［J］. 北京体育大学学报，2012，35（9）：70-73.

对竞技体育训练水平监控的实效性。因为缺乏量化的科学研究往往难以提供一个明确的参考依据。此外，成果转化周期较长的基础研究显然不能适应竞技体育科技攻关所特有的时效性需求。从图表数据中可以看出，我国竞技体育科技攻关课题文献主要是以现状为基准的评价、测试、诊断、分析等。可以看出，我国竞技体育科技攻关课题文献具有很强的应用性与实效性，是针对竞技体育项目发展中存在并亟需解决的重大难题而展开的目的明确、针对性强的科学研究。

5.3　我国区域竞技体育实力提升的条件组态路径分析

习近平总书记在党的十九大报告中明确提出要广泛开展全民健身活动，加快推进体育强国建设，筹办好北京冬奥会、冬残奥会。[①]竞技体育作为我国体育事业的重要组成部分，也是我国体育强国建设的重要内容。中华人民共和国成立以来，我国竞技体育取得了举世瞩目的成就，从竞技体育大国逐步迈向竞技体育强国行列，竞技体育综合实力跃居世界前列。我国竞技体育事业所取得的突出成绩，离不开各区域竞技体育发展所做出的贡献。区域竞技体育发展战略是国家体育事业发展战略系统的重要子系统，它既继承和服务于国家体育事业发展战略的总体目标，同时又指导和推动微观竞技体育的发展。[②]区域竞技体育的均衡发展是我国竞技体育事业可持续发展的重要内容。[③]然而，我国幅员辽阔，各地区政治、经济、文化等多方面都存在较大差异，这也致使区域竞技体育呈现非均衡化发展

---

① 习近平. 决胜全面建成小康社会 夺取新时代中国特色社会主义伟大胜利——在中国共产党第十九次全国代表大会上的报告［J］. 理论学习，2017（2）：4-25.

② 张波，李玲华. 基于SWOT-TOWS分析区域竞技体育发展的战略规划——以辽宁省竞技体育发展为例［J］. 山东体育学院学报，2014，30（1）：26-32.

③ 魏德样，魏胜敏，雷雯. 建国以来省域竞技体育实力的空间集聚演变——基于ESDA方法分析［J］. 成都体育学院学报，2015，41（5）：77-81.

的现象，区域间竞技体育发展程度和实力差异显著。[①]因此，综合提升我国各区域竞技体育实力，推动区域竞技体育均衡化发展，成为亟待解决的重要问题，也引起了众多学者的关注。

　　从现有研究来看，大多学者采用传统的回归分析、典型相关分析及因子分析等研究方法，在自变量相互独立的前提下，分析单一因素对区域竞技体育实力的影响。鲜有学者从整体角度分析各影响因素的组态与区域竞技体育实力间的因果关系。而区域竞技体育实力提升是在多因素交互作用下产生的一个复杂问题，需要从整体角度来分析影响因素与区域竞技体育实力之间的内在关系。定性比较分析方法[②]QCA是基于案例分析，将案例视为条件的组态，用条件组态来代替自变量，分析条件组态与案例间多重并发关系的研究方法。因此，基于整体论的定性比较分析方法能够有效解决该问题。

　　基于此，本书旨在从条件组态的整体视角出发，围绕如何提升区域竞技体育实力问题，运用模糊集定性比较分析方法fsQCA，从经济基础、培养管理和竞技人才3个维度对我国31个省、自治区、直辖市的竞技体育发展案例进行组态分析。通过提炼区域竞技体育实力产生的组态路径，本书揭示区域竞技体育实力提升的内在机理，为各省区市优化竞技体育资源配置、提升竞技体育实力及实现区域竞技体育均衡发展提供相应的参考。

5.3.1　文献回顾

5.3.1.1　区域竞技体育实力

竞技体育实力是指一个国家或地区参加重大体育赛事并获得最优结果

---

①　张东黎. 改革开放以来我国竞技体育实力演变分析［J］. 西安体育学院学报，2009，26（6）：648-651.

②　杜运周，贾良定. 组态视角与定性比较分析（QCA）：管理学研究的一条新道路［J］. 管理世界，2017（6）：155-167.

的能力。①以往研究通常以参加奥运会、世锦赛、世界杯和全运会等重大
体育赛事所获得的奖牌数量来衡量国家或地区的竞技体育实力。例如，石
金毅等人②以1959—2017年历届全运会各省区市的奖牌统计数据为依据，
分析了我国各省区市的竞技体育实力时空演变特征；郭洪亮等人③以北
京、伦敦和里约奥运会中各参赛国家和地区的奖牌榜为依据，对世界竞技
体育格局与我国竞技体育实力展开分析；李彦兴④以我国参加乒乓球三大
赛（奥运会、世锦赛和世界杯）的冠军运动员的籍贯数据为依据，分析了
我国乒乓球项目竞技体育实力的区域分布特征；陈丹等人⑤⑥以历届奥运
会的奖牌数量为竞技体育实力依据，分别对我国区域竞技体育实力的空间
集聚与溢出效应，以及世界竞技体育实力的空间自相关展开研究；魏德样
等人⑦以中华人民共和国成立以来历届全运会中各省区市的得分为依据，
分析了我国区域竞技体育实力的空间集聚效应演变；李金早和张洋⑧以第

① 王阿婷，曹宗航，熊焰. 奥运视角下我国竞技体育实力变迁研究［J］. 四川体育科学，2020，39（1）：1–7，12.

② 石金毅，范媛媛，黄跃飞，等. 全运历史以来省际竞技体育实力时空动态变化研究［J］. 华中师范大学学报（自然科学版），2021，55（4）：649–660.

③ 郭洪亮，王小平，王海霞，等. 世界体坛格局变化与中国竞技体育实力研究［J］. 南京体育学院学报（自然科学版），2017，16（6）：110–115.

④ 李彦兴. 我国乒乓球竞技体育实力区域分布研究［J］. 吉林体育学院学报，2016，32（5）：96–100.

⑤ 陈丹. 中国竞技体育实力区域空间集聚及溢出效应分析［J］. 体育学刊，2016，23（6）：14–19.

⑥ 陈丹，赵海燕. 世界竞技体育实力空间自相关分析——基于第1～30届夏季奥运会成绩［J］. 中国体育科技，2015，51（5）：11–15，34.

⑦ 魏德样，魏胜敏，雷雯. 建国以来省域竞技体育实力的空间集聚演变——基于ESDA方法分析［J］. 成都体育学院学报，2015，41（5）：77–81.

⑧ 李金早，张洋. 我国地方经济发展水平与竞技体育实力关系的实证研究：基于第11届全运会的数据分析［J］. 首都体育学院学报，2014，26（5）：454–459.

十一届全运会各省区市的奖牌数量为依据，分析了区域经济发展与竞技体育实力之间的关系。田麦久[1]认为，在大赛中金牌总数集中体现了参赛地区的顶级运动员数量，获得前3名以及前8名的奖牌数量集中体现了参赛地区的总体竞技实力，其中，获得前3名的奖牌数量以及参赛总分更能够集中体现参赛地区冲击冠军的竞技实力。因此，本书在借鉴以往学者研究经验的基础上，将我国第十三届全运会各省区市的奖牌数量作为衡量区域竞技体育实力的量化指标。

5.3.1.2 区域竞技体育实力影响因素

对于区域竞技体育实力的影响因素问题，学者从不同内容角度，采用不同的研究方法对其进行了系统研究。在早期的研究中，徐本力[2]从最佳投入和最佳产出的角度分析竞技体育的发展；李卫[3]从竞技体育结构与表现、内部发展潜力和外部激励环境三个维度构建了竞技体育综合实力的评价体系。在近几年的研究中，白磊[4]认为区域经济发展水平、国民体质、政府文体投入及地区差异等因素影响区域竞技体育发展；曾鸣[5]采用回归模型分析了地区经济对区域竞技体育实力的影响，认为区域经济、文体与传媒投入、科技与教育投入及运动员与教练员数量对区域竞技体育实力具有显著影响；靳勇等人[6]通过对河北省竞技体育发展现状及影响因素进行

① 田麦久. 项群训练理论［M］. 北京：人民体育出版社，1998：6.

② 徐本力. 试论现代竞技体育中的最佳投入与最佳产生［J］. 体育科学，1988（4）：31–35，23，95.

③ 李卫. 中国竞技体育区域发展的理论与实证研究［M］. 北京：北京体育大学，2001：9–37.

④ 白磊. 竞技体育发展水平影响因素分析［J］. 统计与决策，2017（23）：115–117.

⑤ 曾鸣. 省域经济发展水平对竞技体育实力的影响［J］. 中南财经政法大学学报，2013（6）：147–152.

⑥ 靳勇，李永辉，靳明. 河北省竞技体育发展现状及影响因素因子分析［J］. 首都体育学院学报，2012，24（2）：157–160，164.

分析，认为影响河北竞技体育发展的因素主要包括竞技环境、竞技质量、经济因素、运动员出入因素及竞技规模因素等；余宏[①]从裁判员和运动员等人力资源因素、人均国内生产总值、人均受教育年限、体育经费投入、体育人口等方面分析了影响区域竞技体育发展的因素；邓万金和何天易[②]从管理体制、资源整合、科研支撑、人才培养、文化环境及群众基础等方面构建了我国竞技体育核心竞争力提升模型；黄波和朱敏敏[③]以经济发展水平、体育系统从业人员人数、运动员和专职教练员等指标构建回归模型，分析其对竞技体育发展的影响；刘建[④]认为影响区域竞技体育综合实力的因素主要包括生产总值、人均教育投入、人口规模、东道主身份及历来成绩。吴黎等人[⑤]认为区域经济发展和优秀教练员等人力资源水平是影响区域竞技体育实力的主要因素。

　　归纳来看，以往学者主要关注单一变量分析与区域竞技体育发展线性关系，鲜有学者从整体论角度来探析区域竞技体育实力影响因素之间的组态效应。由于不同地域间所处的竞技体育发展环境差异较大，同样的影响因素对不同地区竞技体育发展的影响效果也不同。依托传统线性回归对相关案例进行归纳与演绎，难以依据不同区域的发展特点分析相应的发展路径。因此，本书从不同地区竞技体育发展的实际案例特点出发，借助模糊

---

① 余宏. 基于AHP-GRAP模型的重庆市竞技体育发展水平综合评价［J］. 西南师范大学学报（自然科学版），2014，39（4）：187-192.

② 邓万金，何天易. 基于GEM模型的我国竞技体育核心竞争力提升机制研究［J］. 体育与科学，2018，39（6）：104-113.

③ 黄波，朱敏敏. 举国体制下我国竞技体育发展影响因子探究［J］. 成都体育学院学报，2014，40（7）：41-44.

④ 刘建. 区域竞技体育综合竞争力评价模型研究［J］. 体育文化导刊，2012（11）：12-15.

⑤ 吴黎，马丽娜，李细归，等. 中国区域竞技体育的竞争格局及其影响因素分析［J］. 广州体育学院学报，2017，37（4）：16-19，23.

集定性比较分析方法对影响各地区竞技体育发展的因素进行组态分析，从而探寻不同条件组态与区域竞技体育实力之间的因果关系，为区域竞技体育实力的提升路径提供有针对性的理论依据。

5.3.2　研究设计

5.3.2.1　研究方法

定性比较分析方法最早是由查尔斯·拉金[①]在1987年提出。它是一种以布尔代数与集合论思想为理论基础，通过对案例中多个因果条件进行比较分析，从而探寻解释变量（自变量）与被解释变量（因变量）之间多重并发的条件组态因果关系的研究方法。[②]通俗来讲，定性比较分析方法综合了定性和定量分析方法的优势，旨在以案例为导向，从案例中寻求导致某一结果发生或不发生的前因条件的可能组合。与更多关注自变量对因变量净效应的传统相关分析方法不同，定性比较分析方法更多地注重考虑各前因条件组态对结果产生的综合效应。[③]根据变量数据集合的特点，定性比较分析方法分为清晰集、多值集和模糊集三种不同定性比较分析。最早出现的清晰集定性比较分析方法仅适用存在或不存在的二值变量，用于分析具有清晰集合隶属的组态；多值集定性比较分析方法将其扩展至可以分析两个以上选择的多值变量；模糊集定性比较分析方法基于模糊集理论，通过代表不同案例属于某集合的程度的模糊隶属分数，将介于存在和不存在之间的模糊隶属（部分隶属）问题纳入分析，从而克服了二分类或多分

---

① Ragin C C. The comparative method：moving beyond qualitive and quantitative strategies ［M］. Berkeley：University of California Press，1987.

② Ishida A，Yonetani M，Kosaka K. Determinants of linguistic human rights movements：an analysis of multiple causation of LHRs movements using a Boolean approach ［J］. Social forces，2006，84（4）：1937–1955.

③ Ragin C C. Configurational comparative methods：qualitative comparative analysis（QCA）and related techniques ［M］. New Delhi：India Safe Publications，2008.

类方法中非此即彼的局限性。

本书采用模糊集定性比较分析方法主要基于以下两方面原因：第一，该方法对样本量的要求较低，适合小样本、中样本和大样本的数据分析。此外，案例选择需满足区域同质性和案例异质性要求。本书选择我国31个省、自治区、直辖市竞技体育实力作为案例样本，符合该方法对样本量和案例的要求。第二，区域竞技体育实力提升是一个受众多因素影响且实现过程较复杂的问题。该方法能够基于案例中条件变量的多种组态关系，来分析实现高区域竞技体育实力的前因条件组合以及核心条件，并基于不同地区竞技体育发展的现实特点，有针对性地得出区域竞技体育实力提升的路径，从而为各地区提升其竞技体育实力提供参考依据。

5.3.2.2　样本的选择与数据来源

本书以我国31个省、自治区、直辖市（不包含港澳台地区）竞技体育发展情况作为研究的案例样本。原始数据主要来源于《体育事业统计年鉴2017》、2017年中国第十三届运动会官网（http://www.sport.gov.cn/n4/n14855/）、国家统计局官网、国家体育总局官网及各省区市体育局官网。本书之所以选择2017年的数据来分析有两方面原因：一方面，鉴于2017年恰逢举办第十三届全运会，且由于体育事业统计年鉴的统计出版具有较长的时滞性，当前仅可获得截至2017年的数据。另一方面，源于区域竞技体育实力的提升是一个漫长的过程，短时间内难以取得明显效果。因此，样本数据基本能够代表和揭示我国各地区竞技体育实力的情况。

5.3.2.3　变量的选择与赋值

5.3.2.3.1　结果变量

在定性比较分析方法中，因变量被换称为结果变量。本书结果变量为区域竞技体育实力，同时在结合以往学者对区域竞技体育实力的量化指标研究经验的基础上，选取第十三届全运会各地区的奖牌数量作为区域竞技体育实力的赋值依据。全运会作为我国国内竞技水平最高、影响力最大、规模范围最广的综合性运动会，能够较好地检验各省区市竞技体育实力。

本书从第十三届全运会官网获取各省区市获得的奖牌数量并做统计，统计结果见表5-3-1。从统计结果来看，东、中、西部3个区域的省均奖牌数量，呈现出明显的由东向西逐步递减的分布特征，且东部地区明显高于中、西部地区和全国平均水平。东部11个省区市共获922枚奖牌，占总量的67.25%。一方面，这表明我国区域竞技体育存在明显的非均衡化发展特征，区域间竞技体育实力差异较大；另一方面，也间接表明区域竞技体育实力与地方经济发展水平密切相关。

表5-3-1 我国31个省、自治区、直辖市获第十三届全运会奖牌总量一览表

地区（东部）	奖牌数	地区（中部）	奖牌数	地区（西部）	奖牌数
北京	75	山西	29	重庆	9
天津	62	吉林	11	四川	61
河北	66	黑龙江	23	贵州	14
辽宁	72	安徽	23	云南	23
上海	86	江西	22	西藏	4
江苏	107	河南	39	陕西	23
浙江	125	湖北	48	甘肃	12
福建	54	湖南	34	青海	6
山东	151			宁夏	3
广东	119			新疆	26
海南	5			内蒙古	27
				广西	12
东部均值	84	中部均值	29	西部均值	18
全国均值			44		

5.3.2.3.2 条件变量

从以往研究来看，区域竞技体育实力的影响因素复杂多样。学者从不同角度、采用不同方法对其进行了众多相关研究，但尚未形成一个被广泛认可的综合性评价指标体系。因此，本书在综合借鉴前人研究经验的基础上，拟从经济基础、培养管理和竞技人才3个维度来分析对区域竞技体育

实力的影响，并将以上3个维度包含的8个变量作为本书的条件变量，具体变量描述见表5-3-2。

表5-3-2　区域竞技体育实力提升的变量描述一览表

变量类型	测量维度	变量名称	变量标签	测量依据
结果变量	—	区域竞技体育实力	JTSL	第十三届全运会获得的奖牌总数
条件变量	经济基础	人均地区生产总值	KGDP	全年人均国内生产总值
		经费投入	JFTR	体育系统体育经费投入总额
	培养管理	管理人员	GLRY	体育系统运动项目管理部门从业人员总量
		科研人员	KYRY	体育系统科研机构从业人员总量
		教练员	JLY	体育系统专职教练员总量
		项目布局	XMBJ	优秀运动员项目分布总量
	竞技人才	运动健将	YDJJ	健将级以上运动员总量
		后备人才	HBRC	青少年竞技体育后备人才总量

（1）经济基础维度。区域竞技体育发展与地方经济基础密切相关。在我国当下的体育举国体制及财税制度下，地方经济发展水平决定着政府对竞技体育发展的资金投入力度；经费投入又是竞技体育发展必不可少的重要前提，直接影响竞技体育发展水平。地区生产总值和人均地区生产总值是衡量地方经济发展水平的两大重要宏观指标，其中人均地区生产总值更能展示地方经济的综合发展水平。因此，本书选择各省区市的人均地区生产总值和体育系统的体育经费投入总额作为经济基础维度下的两个条件变量。其中，体育经费投入总额主要包括体育竞赛、体育训练、体育场馆、项目管理、群众体育、体育交流合作、行政管理等方面。

（2）培养管理维度。区域竞技体育发展还需依托良好的培养管理来作为支撑。本书主要选择管理人员、科研人员、教练员以及项目布局作为培养管理维度下的条件变量，分别用体育系统管理部门从业人员总量、科研机构从业人员总量、专职教练员总量及优秀运动员项目分布总量4个指标作为测量依据。

（3）竞技人才维度。竞技人才是决定区域竞技体育实力的关键因素，竞技人才的质与量直接影响区域竞技体育的竞争力，以及可持续发展能力。本书主要选择运动健将和后备人才作为竞技人才维度下的条件变量，并分别用健将级以上运动等级运动员总量和青少年竞技体育后备人才总量作为测量依据。

5.3.2.4 变量的描述性统计

本书结果变量的奖牌数据源于第十三届全运会官网，条件变量中的人均地区生产总值数据源于《中国统计年鉴2017》及国家统计局官网，体育经费投入、管理人员、科研人员、教练员、项目布局、运动健将和后备人才7个条件变量数据源于2017年《中国体育事业统计年鉴》。利用fsQCA软件对31个省、自治区、直辖市的各项变量数据的平均值、标准差、最大值和最小值进行统计测算，测算结果见表5-3-3。从结果变量来看，奖牌数量最大值是山东省151枚，最小值是宁夏回族自治区3枚。这表明各省区市间区域竞技体育实力存在较大差异，也反映出我国区域竞技体育存在非均衡化发展的特征。从条件变量来看，各省区市的8个影响因素数据的离散程度也较高，不同区域的竞技体育要素投入存在明显差异，这也是导致区域竞技体育非均衡化发展的重要原因。

表5-3-3 区域竞技体育实力提升的变量描述性统计一览表

变量类型	测量维度	变量名称	变量标签	平均值	标准差	最大值	最小值
结果变量	—	区域竞技体育实力（全运会奖牌/个）	JTSL	44.226	38.956	151	3
条件变量	经济基础	人均地区生产总值/万元	KGDP	6.086	2.713	12.899	2.850
		经费投入/万元	JFTR	143 849.700	124 183.700	685 350	31 835
	培养管理	管理人员/人	GLRY	898.387	561.680	2 337	142
		科研人员/人	KYRY	36.548	27.164	110	4
		教练员/人	JLY	823.677	490.651	2 405	49
		项目布局/项	XMBJ	24.774	9.040	42	8
	竞技人才	运动健将/人	YDJJ	234.710	171.276	637	15
		后备人才/人	HBRC	13 906.940	8 489.024	38 875	879

5.3.2.5　变量的校准

模糊集定性比较分析的实际运用过程是对集合关系进行分析的过程。每个条件变量（即文中的8个影响因素）和结果变量（区域竞技体育实力）均可看作是一个集合，并且每个案例在各个集合中都有自己的隶属分数。测算每个案例集合隶属分数的过程即为变量的校准。[1][2][3]

模糊集隶属分数是代表不同案例隶属某个集合的程度的［0］-［1］的数值。其中，［0］表示完全不隶属；［1］表示完全隶属；［0］-［1］之间的数值表示部分隶属，数值的大小代表部分隶属程度的高低。本书利用fsQCA软件将上四分位点（即75%分位数）、下四分位点（即25%分位数）和均值作为确定完全隶属、交叉点和完全不隶属的3个锚点，并测算出各变量的模糊隶属分数，测算结果见表5-3-4。

表5-3-4　各变量的模糊隶属定位锚点

变量类型	变量名称	变量标签	定位锚点		
			完全不隶属	交叉点	完全隶属
结果变量	区域竞技体育实力	JTSL	13	44.225 81	64
条件变量	人均地区生产总值	KGDP	4.341 25	6.085 574	6.828 55
	经费投入	JFTR	81 593.51	143 849.7	161 722.98
	管理人员	GLRY	538	898.387 1	1 228
	科研人员	KYRY	15.5	36.548 39	45.5
	教练员	JLY	543.5	823.677 4	1 071.5
	项目布局	XMBJ	20	24.774 19	31.5
	运动健将	YDJJ	94	234.709 7	386
	后备人才	HBRC	9 638	13 906.94	18 231

---

①　张明，陈伟宏，蓝海林. 中国企业"凭什么"完全并购境外高新技术企业——基于94个案例的模糊集定性比较分析（fsQCA）［J］. 中国工业经济，2019（4）：117-135.

②　杜宝贵，张鹏举. 科技成果转化政策的多重并发因果关系与多元路径——基于上海等22个省市的QCA分析［J］. 科学学与科学技术管理，2019，40（11）：3-14.

③　彭永涛，侯彦超. 区域创新能力提升条件组态路径研究——基于中国内地29个省市的QCA分析［J］. 科技进步与对策，2020，37（23）：54-62.

5.3.3 研究结果与分析

5.3.3.1 单条件变量的必要性分析

必要性分析是指检验各条件变量是否为导致结果发生的必要性条件。从集合论来讲，单条件必要性分析即为检验各条件变量集合是否为结果集合的超集。必要条件是导致结果发生所必须存在的条件，但是必要条件存在并不能保证结果一定会发生。如果将必要条件纳入真值表中进行分析，则会导致该条件在简约解的分析结果中被忽略，从而导致分析结果偏差，因此在组态分析前需先进行单条件必要性分析。①

必要性检验通常采用一致性和覆盖率两个指标来衡量。一致性是评估实例组合与探讨的集合理论关系的一致性程度，即某一集合被包含于另一集合的程度；覆盖率是衡量某条件变量组合重要程度的指标，是某一条件变量组合案例数量与案例总数的比值。在实际操作过程中，通常当一致性指标大于0.9时，认为该条件变量为结果变量发生的必要条件。②

因此，本书利用fsQCA软件对各个单条件变量（包含变量的非集）是否为区域竞技体育实力结果产生的必要性条件进行检验，检验结果见表5-3-5。从检验结果来看，各条件变量一致性均小于0.9，表明所有条件变量均不是区域竞技体育实力的必要条件，即要实现高区域竞技体育实力，并非一定需要具备条件变量中的某一变量。

① 徐广平，张金山，杜运周. 环境与组织因素组态效应对公司创业的影响———一项模糊集的定性比较分析［J］. 外国经济与管理，2020，42（1）：3-16.

② Schneider C Q，Wagemann C. Set-theoretic methods for the social sciences：a guide to qualitative comparative analysis［M］. Cambridge：Cambridge University Press，2012.

表5-3-5　区域竞技体育实力的必要性条件分析

条件变量	结果变量（JTSL）		条件变量	结果变量（JTSL）	
	一致性	覆盖率		一致性	覆盖率
KGDP	0.713	0.808	JLY	0.805	0.741
~KGDP	0.391	0.271	~JLY	0.319	0.256
JFTR	0.805	0.886	XMBJ	0.858	0.745
~JFTR	0.322	0.227	~XMBJ	0.255	0.216
GLRY	0.775	0.754	YDJJ	0.850	0.840
~GLRY	0.317	0.244	~YDJJ	0.285	0.216
KYRY	0.745	0.755	HBRC	0.778	0.724
~KYRY	0.393	0.293	~HBRC	0.351	0.280

注：~表示变量的非集。

5.3.3.2　组态分析与案例阐释

5.3.3.2.1　组态分析

必要性分析是检验单条件变量与结果变量的关系，而组态分析是对多个条件变量所构成的不同条件组态导致结果发生的充分性进行分析。如果组态满足充分性条件，则可以导致结果发生，但并非唯一组态，定性比较分析方法称其为"多重并发"因果关系。多重是指多个条件组合可能引发同样结果（AB+CD→Y，"+"代表布尔逻辑"或"）；并发是指多个相关条件组合引发结果（AB→Y），并且当结果发生时，某条件可能出现也可能不出现（AB→Y，也可能aC→Y）。从集合论来讲，充分性分析即检验多个条件组态所构成集合是否为结果集合的子集。条件组态充分性的衡量标准通常考虑两方面：一是频数阈值不小于1，且包含75%以上的样本案例；二是一致性水平要大于0.8，且PRI[①]一致性大于0.75。[②]

① PRI：proportional reduction in inconsistency，是判定子集关系一致性测量指标，可以避免某一组态出现同因异果的矛盾组态问题，一般要求PRI值大于0.75。

② Fiss P C. A set-theoretic approach to organizational configurations [J]. The academy of management review，2007，32（4）：1180-1198.

本书依据以往研究经验，将频数阈值设为1，案例占比阈值设为75%，一致性阈值设为0.8，PRI一致性阈值设为0.75。利用fsQCA软件构建出各个变量的真值表，并进行标准化分析，得出复杂解、中间解和简单解。在进行组态分析时，本书遵循Ragin[①]提出的研究建议，依据简单解确定核心条件，并结合中间解得出补充条件，同时对中间解进行分析汇报，最终得出条件组态路径（如表5-3-6）。

表5-3-6　产生高区域竞技体育核心竞争力的条件组态

条件	解1（a）	解1（b）	解2	解3	解4
KGDP	●	●	●	●	⊗
JFTR	●	●	●	●	⊗
GLRY	●	●	⊗	⊗	●
KYRY	●	●	⊗	⊗	●
JLY	■		⊠	■	■
XMBJ	●	●	●	⊗	●
YDJJ	●	●	●	●	●
HBRC		●	⊗	●	●
一致性	0.988	0.996	0.986		0.990
原始覆盖率	0.439	0.380	0.110	0.093	0.153
唯一覆盖率	0.065	0.009	0.065	0.045	0.089
总体覆盖率	0.650				
总体一致性	0.992				

注：●代表核心条件存在（简单解与中间解均出现的条件变量）；⊗代表核心条件缺失；■代表补充条件存在（只出现在中间解中的条件变量）；⊠代表补充条件缺失；空白代表可能存在也可能缺失，不影响结果。

从表5-3-6的组态路径来看，各单个组态路径一致性和总体一致性均大于0.9，远超一致性可接受的最低水平0.75。总体一致性达0.992，总体覆盖率为0.65，这表明该5个组态解释了65%以上的区域竞技体育实力提升的主要原因。综合来看，该条件组态结果能够视为区域竞技体育实力的充分

---

① Ragin C C. Configurational comparative methods：qualitative comparative analysis（QCA）and related techniques［M］. New Delhi：India Safe Publications，2008.

性条件组合。

从纵向比较各组态路径的构成来看，可以将5个组态归纳为四类组态路径。组态1a（KGDP*JFTR*GLRY*KYRY*JLY*XMBJ*YDJJ，*表示布尔逻辑"与"）和组态1b（KGDP*JFTR*GLRY*KYRY*XMBJ*YDJJ*HBRC）具有相同的核心条件，可以归为一类。这两个组态基本囊括了所有条件变量，各条件维度发展较为均衡，因此可归纳为综合发展型路径。组态2（KGDP*JFTR*~GLRY*~KYRY*~JLY*XMBJ*YDJJ*~HBRC）与组态3（KGDP*JFTR*~GLRY*~KYRY*JLY*~XMBJ*YDJJ*HBRC）较为相似，两种组态均具备人均地区生产总值、体育经费投入和健将级运动员3个核心变量，并且均缺失管理人员和科研人员两个核心变量，不同的是组态2较组态3缺失后备人才和教练员，且多出项目布局变量，因此，可分别将组态2和组态3归纳为经济基础主导下的优化项目布局型路径和强化后备人才储备型路径。组态4（~KGDP*~JFTR*GLRY*KYRY*JLY*XMBJ*YDJJ*HBRC）除缺失人均地区生产总值和体育经费投入两个经济基础变量外，其他条件均具备，因此可归纳为竞技质量主导型路径。

从横向单条件在各组态分布来看，一方面，运动健将级运动员变量在各路径中均存在，这表明该条件对区域竞技体育实力提升的重要性。此外，经济基础两个变量仅在组态4中缺失，项目布局仅在组态3中缺失，这也表明该条件是区域竞技体育实力提升的关键。另一方面，组态1a和组态1b中的后备人才和教练员两个条件具有明显的可替代性关系，即两个条件变量不用同时具备便可以与组态1a和组态1b中其他条件共同导致结果的发生。

5.3.3.2.2 稳健性检验

稳健性检验是通过调整数据校准标准、一致性、最小案例阈值等参数设置，来检验分析结果中的一致性、覆盖率以及组态数量等是否出现实质性的变化，从而检验其稳健性。

本书将PRI一致性的阈值由0.75调整至0.6来检验结果稳健性，调整后中间解的总体一致性和覆盖率分别为0.664、0.966，未发生明显变化，表明分析结果具备稳健性。

5.3.3.2.3　典型组态案例分析

从纳入分析的典型案例来看，5个条件组态共涉及9个省市，地域位置上均位于我国东部地区，分别是江苏、山东、广东 、上海、浙江、北京、天津、福建、辽宁，共获得851枚第十三届全运会奖牌，占总数的62.07%。为明晰不同发展类型案例的特征，本书依据典型案例研究当期竞技体育发展的实际情况，对其做进一步分析阐释。

（1）综合发展型路径。"人均地区生产总值*经费投入*管理人员*科研人员*教练员*项目布局*运动健将"和"人均地区生产总值*经费投入*管理人员*科研人员*项目布局*运动健将*后备人才"，构成了区域竞技体育实力提升的充分条件。综合发展型路径基本包含所有条件变量的发生集，各项条件均具有较高的发展水平，符合该组态路径的地区为江苏、山东、广东、上海、浙江、北京6个省市。它们共获得第十三届全运会663枚奖牌，占总量的48.36%，展现了强大的竞技体育综合发展实力。

本书将第十三届全运会中获得金牌的项目定为优势项目，将获得银牌和铜牌的项目定为潜优势项目，并对利用Ucinet软件对这6个省市的优势和潜优势项目进行网络可视化呈现（如图5-3-1和图5-3-2）。在图5-3-1和图5-3-2中，线条粗细代表奖牌数量多少，数字代表奖牌数量。

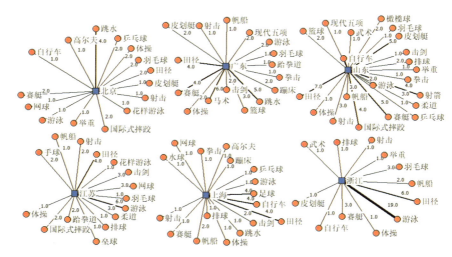

图5-3-1　综合发展型6省市优势项目分布

注：由于第十三届全运会部分项目实行跨省组队形式参赛，本书统计各地区优势和潜优势项目时，对跨省组队项目的参赛省区市进行了分别计数，此外，由于游泳、田径青少年组及空手道项目官网仅报告运动员，未报告输送单位，因此该部分奖牌数未计入。（下同）

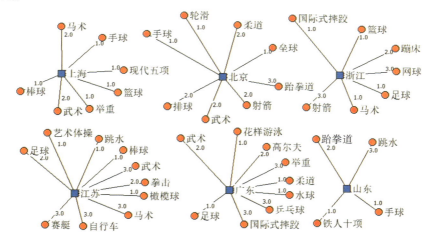

图5-3-2　综合发展型6省市潜优势项目分布

　　综合发展型的6个省市的经济基础、培养管理和竞技人才3个维度各变量均远超平均水平。

　　从经济基础来看，雄厚的经济基础为6个省市的竞技体育发展提供了有力的物质保障与支撑。2017年，这6个省市的人均地区生产总值均位列全国前8，具体数据如下：北京的人均地区生产总值为12.9万元，排第1位；上海的人均地区生产总值为12.7万元，排第2位；江苏的人均地区生产总值为10.7万元，排第4位；浙江的人均地区生产总值为9.2万元，排第5位；广东的人均地区生产总值为8.1万元，排第7位；山东的人均地区生产总值为7.3万元，排第8位。它们的体育系统经费投入均位列全国前7，具体数据如下：上海的体育系统经费投入为68.54亿元，排第1位；广东的体育系统经费投入为35.39亿元，排第2位；江苏的体育系统经费投入为29.3亿元，排第3位；北京的体育系统经费投入为26.24亿元，排第4位；浙江的体育系统经费投入为22.9亿元，排第5位；山东的体育系统经费投入为17.81亿元，排第7位。

从培养管理来看，2017年在体育系统管理人员数量方面，除浙江外，其他5个省市均位列全国前7，具体数据如下：山东的体育系统管理人员人数为2 337人，排第1位；广东的体育系统管理人员人数为2 266人，排第2位；江苏的体育系统管理人员人数为1 491人；排第5位；北京的体育系统管理人员人数为1 444人，排第6位；上海的体育系统管理人员人数为1 314人，排第7位；浙江的体育系统管理人员人数为978人，排第13位。在体育系统科研机构从业人员方面，这6个省市均位列全国前8，具体数据如下：山东的体育系统科研机构从业人员人数为110人，排第1位；广东的体育系统科研机构从业人员人数为102人，排第2位；江苏的体育系统科研机构从业人员人数为85人，排第3位；北京的体育系统科研机构从业人员人数为83人，排第4位；上海的体育系统科研机构从业人员人数为74人，排第5位；浙江的体育系统科研机构从业人员人数为46人，排第8位。在体育系统专职教练员方面，除北京外，其他5个省市均位列全国前10，具体数据如下：山东的体育系统专职教练员人数为2 405人，排第1位；广东的体育系统专职教练员人数为1 517人，排第2位；江苏的体育系统专职教练员人数为1 503人，排第3位；上海的体育系统专职教练员人数为1 340人，排第5位；浙江的体育系统专职教练员人数为1 010人，排第10位；北京的体育系统专职教练员人数为802人，排第17位。在项目布局方面（如图5-3-1和图5-3-2），这6个省市均拥有10个以上的优势项目和4～10个的潜优势项目。江苏的优秀运动员分布在39个项目中；优势项目共15个，其中游泳（6枚）、田径（4枚）、网球（3枚）、击剑（3枚）、柔道（3枚）获金牌数最多；潜优势项目共10个，其中自行车（3枚）、马术（3枚）、赛艇（3枚）、武术（3枚）获银铜牌最多。山东的优秀运动员分布在32个项目中；优势项目共21个，其中田径（7枚）、赛艇（5枚）、皮划艇（5枚）、自行车（5枚）获金牌数最多；潜优势项目共4个，分别为跳水（3枚）、跆拳（2枚）、手球（1枚）、铁人十项（1枚）。广东的优秀运动员分布在38个项目中；优势项目共16个，其中马术（6枚）、跳水（5枚）、田径（4枚）、赛艇（4枚）获金牌数最多；潜优势项目共9个，其中国际式摔跤（3枚）、举重（3枚）、乒乓球（3枚）获银铜牌最多。上海的优秀运动员分布在42个项目中；优势项目共17个，其中田径（4枚）、自行车（4枚）、足球（4枚）获金牌数最多；潜优势项目共7个，其中马术（2枚）、武术（2枚）获银铜牌最多。浙江的优秀运动员分布在32个项目中；优势项目共12个，其中游泳（19枚）、田径（6枚）、赛艇（3枚）、羽毛球（3枚）获金牌数最多；潜优势项目共7个，其中射箭（3枚）、网球（3枚）获银铜牌最多。北京的优秀运动员分布在33个项目中；优势项目共15个，其中跳水（4枚）获金牌数最多；潜优势项目共8个，其中跆拳道（3枚）获银铜牌最多。

从竞技人才来看，这6个省市的健将级以上运动员人数情况如下：广东的健将级以上运动员人数为584人，排第2位；山东的健将级以上运动员人数为526人，排第3位；浙江的健将级以上运动员人数为412人，排第6位；江苏的健将级以上运动员人数为411人，排第8位；上海的健将级以上运动员人数为361人，排第9位；北京的健将级以上运动员人数为247人，排第12位。这6个省市的青少年后备人才人数情况如下：广东的青少年后备人才人数为27 414人，排第2位；山东的青少年后备人才人数为26 693

人，排第3位；北京的青少年后备人才人数为24 508人，排第4位；江苏的青少年后备人才人数为21 188人，排第6位；浙江的青少年后备人才人数为20 542人，排第7位；上海的青少年后备人才人数为9 764人，排第22位。

（2）经济基础主导下的优化项目布局型路径。人均地区生产总值*经费投入*项目布局*运动健将4个核心条件构成该类案例提升区域竞技体育实力的充分条件。该组态是在具备良好经济和健将级竞技人才基础的前提下，通过优化竞技体育项目布局实现竞技体育实力的提升。符合该组态路径的地区为天津。

从天津研究当期竞技体育发展来看，在经济基础维度方面，其人均地区生产总值为11.89万，排第3位；体育系统经费投入为15.56万元，排第10位。在培养管理维度的项目布局方面（如图5-3-3），天津的优秀运动员分布在40个项目中；优势项目共13个，分别为自行车、柔道、网球、武术、棒球、击剑、举重、轮滑、排球、赛艇、水球、体操、田径；潜优势项目共10个，分别为游泳、帆船、蹦床、橄榄球、国际式摔跤、乒乓球、曲棍球、拳击、射箭、足球。在竞技人才方面，天津拥有412名健将级以上运动员，排第7位。

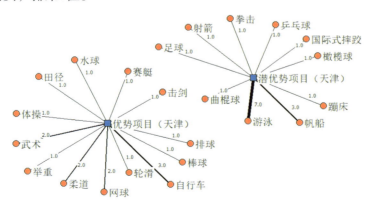

图5-3-3　天津市竞技体育优势与潜优势项目

（3）经济基础主导下的强化后备人才储备型路径。人均地区生产总值*经费投入*后备人才*运动健将*教练员5个条件构成该类案例提升区域竞技体育实力的充分条件。与组态2不同的是，该组态是在具备良好经济和健将级竞技人才基础的前提下，通过强化后备人才储备实现竞技体育实力的提升。符合该组态路径的地区为福建。

从福建研究当期竞技体育发展来看，在经济基础维度方面，其人均地区生产总值为8.27万，排第6位；体育系统经费投入为16.46万元，排第8位。在培养管理维度的后备人才方面，福建青少年后备人才储备达23 409人，排第5位。在培养管理维度的项目布局方面（如图5-3-4），福建的优秀运动员分布在25个项目中；其中优势项目共11个，分别为皮划艇、田径、击剑、举重、武术、帆船、篮球、赛艇、跆拳道、体操、羽毛球；潜优势项目共7个，分别为蹦床、排球、游泳、国际式摔跤、拳击、射箭、射击。在竞技人才方面，福建拥有309名健将及以上运动员，排第10位。

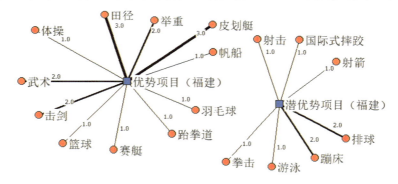

图5-3-4　福建省竞技体育优势与潜优势项目

（4）竞技质量主导型路径。管理人员*科研人员*教练员*项目布局*运动健将*后备人才6个条件构成该类案例提升区域竞技体育实力的充分条件。竞技质量主导型路径案例的特点是在经济基础较差的背景下，凭借提高竞技质量来实现区域竞技体育实力提升。符合该组态路径的地区为辽宁。

从辽宁研究当期竞技体育发展来看，在经济基础维度方面，其基本处于中游左右水平；人均地区生产总值为5.35万，排第14位；体育系统经费投入为10.1万元，排第16位。在培养管理维度方面，辽宁的体育系统管理人员人数（1 758人，排第3位）、体育系统科研人员人数（46人，排第7位）、体育系统专职教练员人数（1 414人，排第4位）均排在前列。此外，在项目布局方面（如图5-3-5），辽宁的优秀运动员分布在31个项目中；优势项目有10个，分别为田径、赛艇、艺术体操、游泳、国际式摔跤、击剑、篮球、曲棍球、柔道、跆拳道；潜优势项目有11个，分别为皮划艇、自行车、射击、排球、举重、网球、拳击、帆船、足球、垒球、铁人三项。在竞技人才方面，辽宁拥有637名健将及以上运动员，排第1位；同时青少年后备人才储备达18 806人，排第8位。

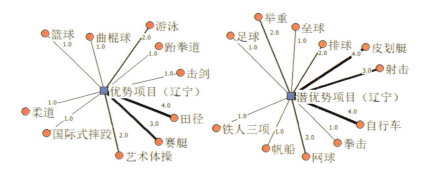

图5-3-5　辽宁省竞技体育优势与潜优势项目

5.3.4　讨论与分析

（1）区域竞技体育实力的形成与提升呈现"多重并发"和"殊途同归"的特征，其中，任何单条件因素都不能构成区域竞技体育实力产生的必要条件和充分条件。多重并发是指区域竞技体育实力是在多种条件因素共同作用下产生的；殊途同归是指导致其产生的条件组态路径又有多种可能。[1]本书发现，我国区域竞技体育实力提升具有5条不同的典型路径，可归纳为综合发展型路径、经济基础主导下的优化项目布局型路径、经济基

---

① Rihoux D B, Ragin C C. Configurational comparative methods: qualitative comparative analysis (QCA) and related techniques [M]. Thousand Oaks：SAGE Publications，2009.

础主导下的强化后备人才储备型路径以及竞技质量主导型路径4种类型。

（2）综合发展型路径基本包含所有条件变量的发生集，且各项条件均具有较高的发展水平，其典型案例有江苏、山东、广东 、上海、浙江和北京。经济基础主导下的优化项目布局型路径是在具备良好经济和健将级竞技人才基础的前提下，通过优化竞技体育项目布局实现竞技体育实力的提升，其典型案例为天津。经济基础主导下的强化后备人才储备型路径是在具备良好经济和健将级竞技人才基础的前提下，通过强化后备人才储备实现竞技体育实力的提升，其典型案例为福建。竞技质量主导型路径是在经济基础较差的背景下，凭借提高竞技质量来实现区域竞技体育实力的提升，其典型案例为辽宁。

（3）经济基础是区域竞技体育实力提升的重要因素，但并非必要条件，可以通过提升竞技质量来予以代偿，如竞技质量主导型发展路径的典型案例——辽宁省。竞技人才是区域竞技体育实力提升的关键因素，从区域竞技体育实力的案例组态分析来看，唯一均存在的条件因素即运动健将变量，这表明竞技人才是竞技实力提升的关键条件。

（4）由于不同地区竞技体育发展环境和条件等各不相同，致使区域竞技体育实力提升的路径也各有差异。因此，各地区需要从整体发展的角度出发，明确自身的发展特点，并在此基础上探寻合适的发展路径，同时依据此路径从经济基础、培养管理及竞技人才3个维度优化各项发展资源的合理配置。

5.4 小结

我国的竞技体育科技攻关与服务是随我国竞技体育发展、经过长期运作和不断完善逐步形成的体育科技与竞技体育融合发展的制度化规范活动。竞技体育科技攻关与服务为我国实现奥运争光计划提供了切实有力的制度保障，符合参与竞技体育科技攻关与服务各方面的共同利益。

　　本章首先对我国竞技体育科研攻关与科技服务的服务内容、管理模式、保障机制等内容进行总结分析，其次，对竞技体育科研攻关课题研究特征进行分析，最后对我国区域竞技体育实力提升的条件组态路径进行实证分析。从攻关课题合作网络来看，体育科研攻关课题研究具有一定的核心作者群体，体育院校、综合类高校体育学院系及省市体育科研院所成为竞技体育科研攻关的核心主体单位，形成了以北京体育大学、上海体育学院、国家体育总局体育科研所、武汉体育学院等体育类院校和科研院所为核心，以非体育专业类院校和地方科研院所为支撑的合作攻关联盟网络模式；重点攻关项目集中在赛艇、乒乓球、速度滑冰、篮球、游泳等我国优势项目和潜在优势项目，主要涉及体能、训练指标监控、技战术分析及运动选材等攻关内容。从我国区域竞技体育实力的形成与提升的条件组态路径来看，体育科研攻关课题研究呈现"多重并发""殊途同归"的特征，主要涉及5条不同的典型路径，同时呈现出综合发展型、经济基础主导下的优化项目布局型、经济基础主导下的强化后备人才储备型以及竞技质量主导型4种不同的类别。

6 我国体育科技进步
对竞技体育的促进效应

体育科技进步跟踪观测系统是对体育科技进步发展状况时间序列的描述，可以反映某一时期体育科技进步运行的轨迹与趋势。本章通过搜集能够客观真实反映体育科技进步和竞技体育发展的各类数据，对数据进行加工、整理并按设计的模型进行计算，得出某一时期体育科技进步运行的轨迹与趋势。在此基础上，本章对体育科技进步对竞技体育发展的影响因素进行探索分析。本章的数据主要源自2001—2016年出版的《体育事业统计年鉴》《中国科技统计年鉴》《中国体育年鉴》《中国出版年鉴》、各省区市统计年鉴，以及中国知网、WOS数据库、德温特专利数据库等数据信息检索平台。

6.1 我国体育科技进步与竞技体育的跟踪观测

6.1.1 体育科技进步跟踪观测系统的数据处理方法

体育科技进步跟踪观测系统可以根据预设模型对数据进行加工整理和计算，得出某一时期体育科技进步的运行轨迹和趋势，它可以对体育科技进步发展状况的时间序列进行描述。体育科技进步跟踪观测系统各指标均采用当期／前期计算。例如，教练员投入指数HI_{11}=当期教练员投入总数／前期教练员投入总数；体育科技研究与开发（R&D）活动方面综合指数（HI_1）=$HI_{11} \times HI_{12} \times HI_{13} \times HI_{14} \times HI_{15} \times HI_{16}$。同时，对各指标以无量纲形式进行指数化处理，再对各指标进行汇总得出总指标的变化趋势。若指标值大于1，则该指标当期与前期相比呈正增长趋势；若指标值小于1，则该指标当期与前期相比呈负增长趋势；若指标值等于1，则该指标当期与前期相比无增减。

本书主要从能够较为客观体现体育科技进步的体育科技创新投入、体育科技创新活动和体育科技扩散活动3个方面进行跟踪观测。

（1）体育科技创新投入综合指数（HI_1）：包括教练员投入指数（HI_{11}）、R&D机构课题科技人员投入指数（HI_{12}）、高校课题科技人员投入指数（HI_{13}）、体育系统科技人员投入指数（HI_{14}）、R&D机构科技活动课题经费投入指数（HI_{15}）、高校体育课题经费投入指数（HI_{16}）。

（2）体育科技创新活动综合指数（HI_2）：包括体育科技专利指数（HI_{21}）、体育科研课题指数（HI_{22}）。

（3）体育科技扩散活动综合指数（HI_3）：包括国际体育科技论文指数（HI_{31}）和国内体育科技文献指数（HI_{32}）。

最后，根据以上3个方面的指数得出体育科技进步总指数（HI），其计算公式如下：

$$HI = HI_1 \times HI_2 \times HI_3 \qquad （式6-1-1）$$

6.1.2　体育科技进步与竞技体育的跟踪观测分析

6.1.2.1　体育科技创新投入的跟踪观测

本书根据2002—2016年出版的《中国科技统计年鉴》和《体育事业统计年鉴》数据，从体育科技人力投入与体育科技创新经费投入两个方面，对我国2001—2015年的体育科技创新投入指数进行跟踪观测，观测结果见表6-1-1和表6-1-2。

表6-1-1　2001—2015年我国体育科技人力投入一览表

年份	指标							
	教练员／人	HI₁₁	R&D 机构课题科技人员／人	HI₁₂	高校课题科技人员／人	HI₁₃	体育系统科技人员／人	HI₁₄
2001 年	25 113	—	391	—	1 687	—	1 866	—
2002 年	24 366	0.97	383	0.98	1 900	1.13	1 202	0.64
2003 年	24 904	1.02	427	1.11	690	0.36	1 340	1.11
2004 年	25 415	1.02	377	0.88	2 468	3.58	1 385	1.03
2005 年	25 232	0.99	436	1.16	2 348	0.95	1 186	0.86
2006 年	25 098	0.99	453	1.04	2 844	1.21	1 156	0.97
2007 年	25 039	1.00	502	1.11	3 051	1.07	1 128	0.98
2008 年	22 434	0.90	470	0.94	3 294	1.08	1 673	1.48
2009 年	20 852	0.93	149	0.32	3 022	0.92	1 644	0.98
2010 年	21 321	1.02	149	1.00	3 215	1.06	1 610	0.98
2011 年	22 312	1.05	241	1.62	3 349	1.04	1 577	0.98
2012 年	20 896	0.94	199	0.83	3 780	1.13	1 623	1.03
2013 年	23 232	1.11	249	1.25	4 118	1.09	1 323	0.82
2014 年	23 367	1.01	171	0.69	3 886	0.94	1 261	0.95
2015 年	23 839	1.02	141	0.82	4 188	1.08	1 249	0.99

注：以上数据均源自 2002—2016 年出版的《中国科技统计年鉴》和《体育事业统计年鉴》

表6-1-2　2001—2015年我国体育科技创新经费投入一览表

年份	指标				
	R&D 机构科技活动课题经费投入／万元	HI₁₅	高校体育课题经费投入／万元	HI₁₆	HI₁
2001 年	1 325	—	1 080	—	—
2002 年	1 516	1.14	1 398	1.29	1.05
2003 年	2 664	1.76	1 561	1.12	0.86
2004 年	1 603	0.60	2 211	1.42	2.84
2005 年	1 754	1.09	2 516	1.14	1.20
2006 年	1 489	0.85	3 754	1.49	1.54
2007 年	4 497	3.02	4 551	1.21	4.22
2008 年	4 654	1.03	5 909	1.30	2.01

续表

年份	指标				
	R&D 机构科技活动课题经费投入 / 万元	HI15	高校课题经费投入 / 万元	HI_{16}	HI_1
2009 年	985	0.21	7 985	1.35	0.07
2010 年	917	0.93	8 981	1.12	1.01
2011 年	2 943	3.21	10 760	1.20	6.49
2012 年	2 206	0.75	12 182	1.13	0.85
2013 年	2 842	1.29	12 933	1.06	1.42
2014 年	1 684	0.59	13 661	1.06	0.43
2015 年	1 296	0.77	18 764	1.37	0.94

注：以上数据均源自 2002—2016 年出版的《中国科技统计年鉴》。

6.1.2.1.1　体育科技人力投入指数

图6-1-1显示了2002—2015年我国体育科技人力投入指数的演变趋势。从教练员投入指数来看，其间我国对教练员的投入相对较为平稳，当期与前期之间的差距较小，其中教练员投入的最高指数为2013年的1.11；2004年教练员投入最多达25 415人次。虽然在2002年、2005年、2006年、2008年、2009年和2012年教练员人数呈现负增长现象，但总体来看国家对教练员的投入相对较为平稳。从体育系统科技人员投入指数来看，各年之间变化也较为平稳，指数基本在0.8～1.2之间波动，不过整体呈一定的下降趋势（从2001年的1 866人降至2015年的1 249人）。从高校课题和R&D机构课题科技人员投入指数来看，其变化幅度相对较大。高校课题科技人员投入呈逐年增长的态势，从2001年的1 687人增长到2015年的4 188人，增长了148.25%；R&D机构课题科技人员投入呈下降趋势，特别是2008年以后，由2008年的470人降至2009年的149人， 2015年（141人）比2001年（391人）下降了63.39%。由此可见，高校已成为我国体育科技创新的重要阵地。

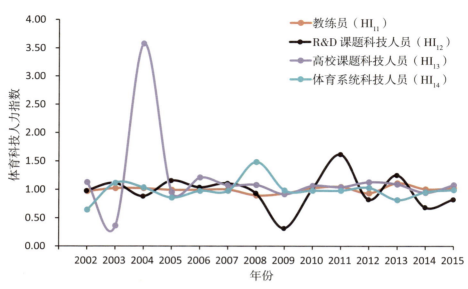

图6-1-1　我国体育科技人力投入指数演变趋势（2002—2015年）

6.1.2.1.2　体育科技创新经费投入指数

图6-1-2显示了我国体育科技创新经费投入指数的演变趋势。从R&D机构科技活动课题经费投入指数来看，其各年度的变化幅度相对较大，呈波浪式发展态势。其中，R&D机构科技活动课题经费投入的最高指数为2011年的3.21，2008年投入经费最多达4 654万元。R&D机构科技活动课题经费投入整体呈下降的趋势，从2001年的1 325万元降至2015年的1 296万元。从高校体育课题经费投入指数来看，当期与前期的变化相对较小，整体呈上升的趋势（2001年的1 080万元增加至2015年的18 764万元，增长17.4倍）。由此可见，国家高度重视对高校体育科研课题经费的投入。

从体育科技创新投入综合指数来看，当期与前期的变化幅度相对较大。其中，体育科技创新投入最高指数为2011年的6.49。虽然在2003年、2009年、2012年、2014年、2015年呈现负增长趋势，最低指数为2009年的0.07，但平均指数为1.66，整体上呈增长趋势。

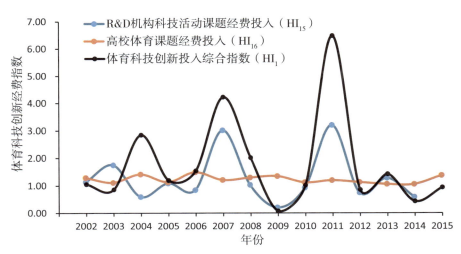

图6-1-2   我国体育科技创新经费投入指数演变趋势（2002—2015年）

6.1.2.2   体育科技创新活动的跟踪观测

体育科技创新的主要特征表现为一项新技术的首次应用及其在竞技运动场上的成功实现。它源于一个新产品或新过程的构思，然后经过一系列复杂的运作过程最终实现其真正的价值。因此，我们认为科技创新活动是体育科技进步的核心，也是最具挑战性的一个重要环节。

本书根据2002—2016年出版的《中国科技统计年鉴》中的体育科研课题及Incopat专利数据库在2000—2015年收录的体育专利数据，从体育科技专利和体育科研课题两个方面对其间我国体育科技创新活动指数进行了跟踪观测，观测结果见表6-1-3。

表6-1-3   2000-2015年我国体育科技创新活动一览表

年份	指标				
	体育科技专利 / 项	HI_{21}	体育科研课题 / 项	HI_{22}	HI_2
2000 年	142	—	1 655	—	—
2001 年	155	1.09	1 755	1.06	1.16
2002 年	169	1.09	2 216	1.26	1.37
2003 年	242	1.43	1 432	0.65	0.93
2004 年	247	1.02	3 400	2.37	2.42

续表

年份	指标				
	体育科技专利 / 项	HI$_{21}$	体育科研课题 / 项	HI$_{22}$	HI$_2$
2005 年	311	1.26	4 033	1.19	1.50
2006 年	346	1.11	5 085	1.26	1.40
2007 年	498	1.44	6 035	1.19	1.71
2008 年	526	1.06	7 296	1.21	1.28
2009 年	563	1.07	8 348	1.14	1.22
2010 年	926	1.64	9 415	1.13	1.86
2011 年	1 143	1.23	10 892	1.16	1.43
2012 年	1 866	1.63	12 245	1.12	1.83
2013 年	1 720	0.92	13 060	1.07	0.99
2014 年	1 576	0.92	13 779	1.06	0.97
2015 年	2 396	1.52	14 920	1.08	1.64

注：以上数据均源自 2002—2016 年出版的《中国科技统计年鉴》及 Incopat 专利数据库。

图6-1-3显示了我国体育科技专利指数、体育科研课题指数及体育科技创新活动综合指数的演变趋势。从体育科技专利指数来看，其呈现波浪式上升趋势。特别是2011年以来，各年度体育专利申请量超过1 000项，由2000年的142项增长到2015年的2 396项，增长了1 587.32%。这得益于国家对科技创新驱动发展的高度重视及我国专利制度的不断健全与完善。从体育科研课题指数来看，它的演变同体育科技专利指数演变类似，呈现平稳增长的态势。同样在2011年，体育科研课题立项数量突破10 000项，由2000年的1 655项增长到2015年的14 920项，增长了801.51%。

从体育科技活动综合指数变化来看，其呈现明显的递增趋势，仅在2003年、2013年和2014年出现负增长现象，其他各年当期与前期相比都呈现增长趋势。

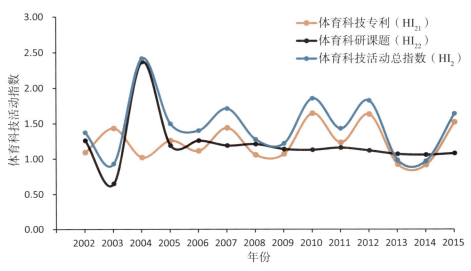

图6-1-3　我国体育科技创新活动指数演变（2002—2015年）

6.1.2.3　体育科技扩散活动的跟踪观测

体育科技扩散是指通过一定的渠道与途径，以各种方式促使体育科技创新成果向体育领域的现实或潜在使用者扩散、转移及转化的过程。体育科技扩散活动推动各种新技术、新发明广泛运用于我国竞技体育事业发展中，对我国竞技体育的发展起到实质性的促进作用。因此，体育科技进步对我国竞技体育发展的促进作用，不仅取决于体育科技创新投入和体育科技创新活动，在很大程度上还取决于体育科技扩散活动的速度、幅度范围和强度。

本书根据2000—2015年WOS数据库和中国知网数据库收录的我国体育科技论文数据，从国际科技论文和国内科技论文两个方面，对其间我国体育科技扩散活动指数进行跟踪观测（如表6-1-4）。

表6-1-4　2000-2015年我国体育科技扩散活动一览表

年份	指标				
	国际体育科技论文/篇	HI_{31}	国内体育科技论文/篇	HI_{32}	HI_3
2000 年	20	—	11 258	—	—
2001 年	45	2.25	11 486	1.02	2.30
2002 年	40	0.89	13 732	1.20	1.06
2003 年	47	1.18	14 599	1.06	1.25
2004 年	85	1.81	19 216	1.32	2.38
2005 年	91	1.07	19 131	1.00	1.07
2006 年	91	1.00	22 158	1.16	1.16
2007 年	85	0.93	27 940	1.26	1.18
2008 年	312	3.67	35 239	1.26	4.63
2009 年	223	0.71	32 728	0.93	0.66
2010 年	1 055	4.73	35 491	1.08	5.13
2011 年	220	0.21	37 698	1.06	0.22
2012 年	472	2.15	37 575	1.00	2.14
2013 年	325	0.69	38 036	1.01	0.70
2014 年	336	1.03	38 305	1.01	1.04
2015 年	304	0.90	38 697	1.01	0.91

注：以上数据均源自 WOS 数据库和中国知网数据库。

　　图6-1-4显示了我国在2002—2015年体育科技扩散活动指数的演变趋势。从我国体育科技论文产出指数来看，其整体呈现平稳趋势。国际科技论文最高指数为2010年的4.73；共刊发1 055篇国际科技论文，由2000年的20篇增长到2015年的304篇，增长了1 420%。国内科技论文指数除2009年呈现负增长外，其他年度均呈现正增长的趋势；国内科技论文由2000年的11 258篇增长到2015年的38 697篇，增长了243.73%。

　　从体育科技扩散活动综合指标来看，其同样整体呈现增长趋势，仅在2009年、2011年、2013年和2015年出现负增长现象，其他年度均保持正向增长态势，其中最高指数为2010年的5.13。

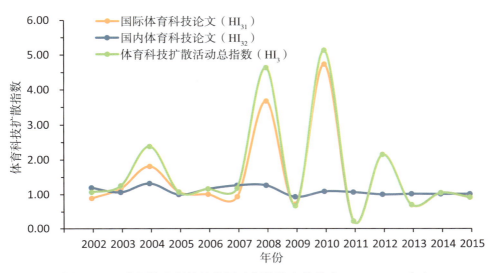

图6-1-4　我国体育科技扩散活动指数演变趋势（2002—2015年）

6.1.2.4　体育科技进步总指数与竞技体育产出指数跟踪观测

本书根据2002—2015年我国体育科技创新投入、体育科技创新活动和体育科技扩散活动三方面的指数数据，整理得到其间我国体育科技进步总体指数演变趋势（如表6-1-5）。此外，竞技体育产出是直接反映我国竞技体育发展水平的重要因素，因此，本书选取2001—2015年我国世界冠军总数、国际级运动健将总数和国家级运动健将总数的年度变化，来跟踪观测我国竞技体育产出指数演变（如表6-1-6）。

表6-1-5　2002—2015年体育科技进步跟踪观测总指数

指标	年份						
	2002 年	2003 年	2004 年	2005 年	2006 年	2007 年	2008 年
HI	1.54	1.00	16.37	1.91	2.50	8.52	11.89

指标	年份						
	2009 年	2010 年	2011 年	2012 年	2013 年	2014 年	2015 年
HI	0.06	9.67	2.06	3.33	0.98	0.43	1.40

表6-1-6　2001—2015年我国竞技体育产出一览表

年份	指标				
	世界冠军 /个	国际级健将 /人	国家级健将 /人	竞技体育产出	竞技体育产出指数
2001 年	90	100	884	1 074	—
2002 年	110	100	478	688	0.64
2003 年	84	150	1 319	1 553	2.26
2004 年	103	141	1 597	1 841	1.19
2005 年	106	107	1 336	1 549	0.84
2006 年	141	229	1 613	1 983	1.28
2007 年	123	202	1 812	2 137	1.08
2008 年	120	325	2 465	2 910	1.36
2009 年	142	339	2 445	2 926	1.01
2010 年	108	298	1 705	2 111	0.72
2011 年	138	300	1 675	2 113	1.00
2012 年	107	155	1 698	1 960	0.93
2013 年	164	130	1 283	1 577	0.80
2014 年	98	127	910	1 135	0.72
2015 年	127	209	1 663	1 999	1.76

注：以上数据均源自 2002—2016 年出版的《体育事业统计年鉴》及《中国体育统计年鉴》。

图6-1-5显示了我国体育科技进步总指数与竞技体育产出指数演变趋势。从体育科技进步总指数来看，受体育科技创新投入、体育科技创新活动及体育科技扩散活动三方面的综合影响，体育科技进步总指数整体呈现波动增长趋势，仅在2009年、2013年和2014年呈现负增长趋势，其他各年均保持正向增长趋势，最高指数为2004年的16.37。从我国竞技体育产出指数来看，其基本保持在0.8～1.2之间波动，整体呈现较均衡的分布态势，其中最高指数为2009年的2 926人。从这15年的变化来看，由2001年的1 074人增长到2015年的1 999人，增长了86.13%。

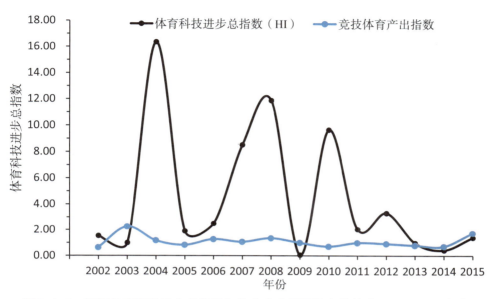

图6-1-5　我国体育科技进步总指数与体育产出指数演变趋势（2002—2015年）

　　综合来看，其间我国体育科技进步与竞技体育产出呈现基本一致的特点。体育科技进步总指数的峰值变化基本与奥运周期相吻合，每一个奥运周期期间会出现一个体育科技进步总指数的峰值高点。我国奥运会成绩的不断提升、突破与发展，从1996年亚特兰大奥运会的16金（排名第4），到2000年悉尼奥运会的28金（排名第3），到2004年雅典奥运会的32金（排名第2），再到2008年的北京奥运会的51金（排名第1），与我国体育科技进步的作用与贡献有着密不可分的关系。

6.2　我国体育科技进步对竞技体育发展的贡献与影响分析

6.2.1　测算方法及步骤

6.2.1.1　测算方法

从目前研究来看，经济学家对科技进步贡献率进行了大量研究，并提出了多种计算科技进步贡献率的理论与方法，其中应用最为广泛的是柯布-道格拉斯生产函数法（简称"C-D生产函数"）和索洛余值法。

6.2.1.1.1　C-D生产函数法

C-D生产函数法[①]最早是由美国的数学家柯布和经济学家道格拉斯在共同探讨生产投入与产出关系时提出的生产函数。C-D生产函数法已成为经济学界广泛应用的生产函数，并在计量经济学和数理经济学的研究与应用中占据重要地位。其函数模型表达式如下：

$$Y=A_0 e^{rt} K^\alpha L^\beta \qquad （式6-2-1）$$

式中，Y为产出总量；K为资本总投入量；L为劳动总投入量；α为资本产出的弹性系数，且$0<\alpha<1$；β为劳动产出的弹性系数，且$0<\beta<1$；A_0=技术水平，$A_0 e^{rt}$为当年科技进步水平，以r为技术进步系数，t为时间变量。

6.2.1.1.2　索洛余值法

索洛余值法[②]是由美国著名经济学家索洛在C-D生产函数基础上，引入时间变量并进一步推导出的生产函数增长速度方程模型，其模型表达式如下：

$$Y=A+\alpha K+\beta L \qquad （式6-2-2）$$

式中，A为科技进步率；Y为产出的年均增长率；K为资金投入的年均增长率；L为劳动投入的年均增长率。

将式（6-2-2）变形可得到：

$$A=Y-\alpha K-\beta L \qquad （式6-2-3）$$

可表述为科技进步的增长率=产出增长率-资本要素投入对产出的增长率-

---

① Cobb C W, Douglas P H. A theory of production [J]. American economic review, 1928, 18（1）：139-165.

② Solow R M. Technical change and the aggregate production function [J]. The review of economics and statistics, 1957, 39（3）：312-320.

劳动要素投入对产出的增长率。

本书将在C–D生产函数的基础上，采用索洛余值法对我国体育科技进步对竞技体育发展的贡献率进行探索分析。

6.2.1.2　体育科技进步贡献率的测算步骤

第1步：测算我国竞技体育产出、体育科技创新经费投入与体育科技人力投入在2001—2015年的平均增长率。

第2步：依据我国竞技体育产出、体育科技创新经费投入与体育科技人力投入的相关数据，构建多元回归方程并测算出资金弹性系数（α）和人力弹性系数（β）。

第3步：计算2001—2015年的体育科技进步率（A），并将第1步测算得出的竞技体育产出年均增长率（Y）、体育科技创新经费投入年均增长率（K）与体育科技人力投入年均增长率（L），以及第2步测算得出的资金弹性系数（α）和人力弹性系数（β）代入体育科技进步增长率的计算公式（$A = Y - \alpha K - \beta L$），从而得出2001—2015年的体育科技进步增长率（A）。

第4步：将第3步得出的体育科技进步增长率（A）与第1步得出的竞技体育产出增长率（Y）代入体育科技进步对竞技体育产出的贡献率测算公式（$E_A = A/Y$），从而测算得出2001—2015年的体育科技进步对竞技体育产出的贡献率。

6.2.2　数据指标的选择与来源

本书根据以往研究，为竞技体育产出指标选取世界冠军、国际级健将和国家级健将3个指标；为体育科技创新经费投入指标选取R&D机构科技活动经费筹集、R&D机构科技活动课题经费投入和高校体育课题经费投入3个指标；为体育科技人力投入指标选取R&D科技人员、R&D课题科技人员、高校课题科技人员和体育系统科技人员4个指标。

本书所用到的竞技体育产出、体育科技创新经费投入以及体育科技

人力投入的相关数据均源自2002—2016年出版的《体育事业统计年鉴》和
《中国科技统计年鉴》，具体指标数据见表6-1-6、表6-2-1和表6-2-2。

表6-2-1 2001—2015年我国体育科技创新经费投入一览表

年份	指标			
	R&D 机构科技活动经费筹集 / 万元	R&D 机构科技活动课题经费投入 / 万元	高校体育课题经费投入 / 万元	体育科技创新经费投入 / 万元
2001 年	8 161	1 325	1 080	9 346
2002 年	11 228	1 516	1 398	12 398
2003 年	13 624	2 664	1 561	16 047
2004 年	13 772	1 603	2 211	15 411
2005 年	12 188	1 754	2 516	15 642
2006 年	11 702	1 489	3 754	14 633
2007 年	16 075	4 497	4 551	25 413
2008 年	18 810	4 654	5 909	29 448
2009 年	3 466	985	7 985	15 902
2010 年	2 103	917	8 981	14 104
2011 年	7 078	2 943	10 760	21 729
2012 年	7 483	2 206	12 182	29 354
2013 年	6 881	2 842	12 933	28 724
2014 年	6 374	1 684	13 661	28 094
2015 年	5 646	1 296	18 764	31 352

注：以上数据源自 2002—2016 年出版的《中国科技统计年鉴》。

表6-2-2 2001—2015年我国体育科技人力投入一览表

年份	指标				
	R&D 科技人员 / 人	R&D 课题科技人员 / 人	高校课题科技人员 / 人	体育系统科技人员 / 人	体育科技人力 / 人
2001 年	765	391	1 687	1 866	4 709
2002 年	912	383	1 900	1 202	4 397
2003 年	898	427	690	1 340	3 355
2004 年	872	377	2 468	1 385	5 102

续表

年份	指标				
	R&D 科技人员 /人	R&D 课题科技人员 /人	高校课题科技人员 /人	体育系统科技人员 /人	体育科技人力 /人
2005 年	893	436	2 348	1 186	4 863
2006 年	943	453	2 844	1 156	5 396
2007 年	964	502	3 051	1 128	5 645
2008 年	915	470	3 294	1 673	6 352
2009 年	241	149	3 022	1 644	5 056
2010 年	214	149	3 215	1 610	5 188
2011 年	391	241	3 349	1 577	5 560
2012 年	408	199	3 780	1 623	6 010
2013 年	342	249	4 118	1 323	5 712
2014 年	334	171	3 886	1 261	5 652
2015 年	348	141	4 188	1 249	5 926

注：以上数据均源自 2002—2016 年出版的《中国科技统计年鉴》和《体育事业统计年鉴》。

6.2.3　体育科技进步对竞技体育发展的贡献率分析

根据以上测算方法，研究测算出 2001—2015 年我国体育科技进步对竞技体育发展的贡献率，见表 6-2-3。

表6-2-3　2001—2015年我国体育科技进步对竞技体育的贡献率统计表

指标	2001—2015 年均增长率
竞技体育产出年均增长率 /%	23.5
体育科技人力年均增长率 /%	3.62
体育科技创新经费年均增长率 /%	16.3
资金弹性系数	0.65
人力弹性系数	0.35
体育科技进步增长率 /%	11.64
体育科技进步贡献率 /%	49.52

由表 6-2-3 可以看出，在 2001—2015 年，我国的体育产出年均增长率为 23.5%，体育科技人力投入年均增长率为 3.62%，体育科技创新经费投入

年均增长率为16.3%，体育科技进步率为11.64%，体育科技进步贡献率为49.52%。

本书结合以往由司虎克等人对2008年以前不同阶段我国体育科技进步与贡献率的特征变化的研究（如表6-2-4），有如下发现。

表6-2-4　不同阶段体育科技进步变化与贡献率特征[1][2][3]

时间段	体育科技进步率 /%	体育科技进步贡献率 /%	体育产出年均增长率 /%
1991—1996 年	3.27	21.7	15.02
2000—2005 年	4.47	43.5	10.28
2001—2008 年	9.14	47.6	19.21
2001—2015 年	11.64	49.52	23.5

第一，在20世纪90年代，我国体育科技进步相对发展比较缓慢，科技人员、科技经费的投入还处于较低水平。即使到了2005年，体育科技进步率增幅也并不明显。两个不同阶段（1991—1996年和2000—2005年）的体育科技进步率分别仅为3.27%和4.47%。在此期间，我国已参加了4届奥运会，我国体育健儿通过奋勇拼搏，也取得了优异成绩。由此可见，当时体育科技进步变化对竞技体育发展的影响与作用仍然是间接的。2001—2008年和2001—2015年两个阶段其数值达到了9.14%和11.64%。这反映了我国为办好2008年北京奥运会，充分发挥了举国体制的优势，为确保我国竞技体育取得优异成绩与提升运动水平，在科技攻关与服务方面所提供的各类科技资源发挥了显著作用。这种变化对竞技体育发展所产生的作用更为直接。

① 司虎克，蔡犁，陈培基，等. 科技进步对我国竞技体育发展的作用与贡献［J］. 上海体育学院学报，1999（4）：33–37.

② 郭淑范，司虎克，董海军，等. 科技进步对我国竞技体育发展的作用与贡献［J］. 体育科研，2009，30（2）：26–29.

③ 董海军，王兴，司虎克，等. 科技强体进程中体育科技进步的贡献及其影响因素［J］. 上海体育学院学报，2013，37（4）：16–19.

第二，在1991—1996年、2000—2005年、2001—2008年和2001—2015年4个不同阶段中，体育产出年度增长率分别为15.02%、10.28%、19.21%和23.5%，相对应的体育科技进步贡献率分别为21.7%、43.5%、47.6%和49.52%。这里给我们两点启示：一是进入21世纪我国体育科技进步贡献率均比20世纪90年代翻了1倍多；二是2001—2015年的体育科技进步率与体育产出增长率的数值较大，进一步反映了体育科技进步对我国竞技体育发展起到的积极作用，且具有实质性的贡献。

另外，表6-2-5的科研经费投入与奥运会产出汇总数据的相互印证，表明了我国体育科技进步对竞技体育发展具有显著的促进作用；显示了体育科技进步与竞技体育发展之间的结合程度更为紧密；彰显出科技进步对竞技体育发展提供了强大的支持与保障，为我国体育健儿在2008年北京奥运会上取得的巨大成就奠定了坚实的基础。

表6-2-5　科研经费投入与奥运会产出汇总

体育事业发展年份	科技经费投入/万元	人员投入/人	科研课题/项	金牌/个	银牌/个	铜牌/个	总数/个	世界排名
1993—1996 年	400	466	83	16	22	12	50	4
1997—2000 年	1 202	890	93	28	16	15	59	3
2001—2004 年	4 040	1 470	169	32	17	14	63	2
2005—2008 年	4 900	3 600	313	51	21	28	100	1

注：数据引自国家体育总局科教司原司长蒋志学在 2010 年第九届全国体育信息科技学术大会报告。

6.2.4　我国体育科技进步与竞技体育发展的相关性分析

前面我们从体育科技创新投入综合指数、体育科技创新活动综合指数和体育科技扩散活动综合指数对我国体育科技进步进行了跟踪观测。为更好地揭示体育科技进步与竞技体育产出之间的内在联系，我们将这3个方面与我国竞技体育产出之间作了积差相关性分析（如表6-2-6）。

表6-2-6　体育科技进步与竞技体育产出相关性统计表

项目		竞技体育产出	体育科技人力投入	体育科技经费投入	体育科技创新活动	体育科技扩散活动
竞技体育产出	相关性	0.1	−0.445	0.948**	0.845**	0.965**
	显著性	—	0.096	0.000	0.000	0.000
体育科技人力投入	相关性	−0.445	1	−0.420	−0.482	−0.429
	显著性	0.096	—	0.119	0.069	0.111
体育科技经费投入	相关性	0.948**	−0.420	1	0.820**	0.973**
	显著性	0.000	0.119	—	0.000	0.000
体育科技创新活动	相关性	0.845**	−0.482	0.820**	1	0.912**
	显著性	0.000	0.069	0.000	—	0.000
体育科技扩散活动	相关性	0.965**	−0.429	0.973**	0.912**	1
	显著性	0.000	0.111	0.000	0.000	—

注：** 表示 $p < 0.01$。

从数据结果来看，我国体育科技进步中的体育科技经费投入、体育科技创新活动及体育科技扩散活动3个指标与竞技体育产出之间的相关系数R^2值均较高，并且p值在0.01级别呈现相关性显著。体育科技人力投入指标与竞技体育产出的相关性呈现不显著特征。这进一步反映了我国体育科技进步对竞技体育发展具有显著的促进作用与贡献，显示了体育科学技术与竞技体育的紧密联系，彰显出体育科技进步对竞技体育发展提供了强大的支持与保障。

6.3　小结

20世纪90年代，我国体育科技进步比较缓慢，科技人员、科技经费的投入等均处于较低水平，体育科技进步贡献率较低。进入21世纪，随着我国在体育科技人力和经费等方面投入的不断增长，科技创新活动和科技扩散活动水平不断提升，从而使体育科技进步对竞技体育进步的贡献率大幅增长。

　　我国改革开放以来的历程清晰地提示我们，体育科学技术要真正成为竞技体育可持续发展的第一生产力，必须具备3个外延要素的协同，其中任何一个缺失，或者彼此不相容、欠融合、非匹配，都将极大地影响我国体育科技进步对竞技体育发展的作用力及贡献度。这3个外延要素为竞技体育的可持续发展要依靠科学技术；体育科学技术的研究需要以竞技体育发展需求为导向；建立健全科技与竞技体育良性互动的体制机制。只有三者有机协同，才能实现体育科技进步与竞技体育的良性融合发展，我国应进一步发挥体育科技进步的生产力作用。这也表明体育科技要想发挥其生产力作用，除内在发展动力以外，外部的需求以及制度环境的保障同样起着至关重要的决定性作用。所以，竞技体育唯有依托科技，提升科学化水平，方能实现可持续发展。

7 结论与展望

7.1 结论

作为第一生产力的体育科学技术是竞技体育可持续发展的重要推动力。体育科技与竞技体育是一个既相互牵制，又协同共生的复合大系统。其中，体育科技在促进系统稳固可持续发展中起到重要的主导作用。我国在建设竞技体育强国的改革发展进程中，需要继续借助和依靠体育科技，不断提升对体育科技与竞技体育两者相互关系与融合发展规律的理性认识，并充分利用体育科学研究与开发，力求两者之间有序与和谐，才能最终实现我国体育科技与竞技体育的良性融合和可持续发展。

本书旨在依据系统科学理论和社会网络分析等理论与方法，对我国体育科技与竞技体育相互关系进行系统理论分析。在此基础上，从定性和定量相结合的角度，对我国体育科技发展中的体育科学研究特征和体育专利技术研发特征进行分析。同时，本书在对我国体育科技进步进行追踪观测的基础上，探索体育科技对竞技体育的影响，从而对我国体育科技攻关与服务特征进行分析，从而更好地为体育科技与竞技体育可持续发展提供一定的参考。经研究分析，得出以下主要结论。

（1）体育科技进步与竞技体育是一个相互制约、相互作用、协同进化的动态演化系统，其动力机制主要包括竞技体育发展需求的拉动力、体育科技自身创新的推动力以及包括相关政策规范在内的外部环境支持力。体育科技进步与竞技体育是在此三方面力量的相互作用和共同推动下不断演化发展的。

（2）从我国体育科技进步中的体育科学研究特征来看，我国体育科学研究经过多年发展取得了长足进步，在国际上踏入高产高影响力国家行列，产生了一批诸如香港大学、香港理工大学、香港中文大学和上海体育学院等国际高影响力的体育科研机构，凭借高产和高质的论文成果跻身世界顶尖级研究机构行列，这表明中国体育科学研究步入了新时代。然而，我国的影响力并未处于世界领先地位，与全球领先国家和机构相比，尚有较大差距。我国在体育科学研究国际合作中处于主导地位，但在国际合作论文产出的绝对值上与美国仍存在较大差距。运动创伤学、运动生理学、运动康复学及运动心理学等是我国国际合作频率最高的领域，国际合作网络呈现明显的核心–边缘结构特征。在合作网络规模上，美国核心圈和外围圈范围明显大于中国。

（3）从我国体育科技进步中的体育专利技术研发特征来看，首先，我国在申请数量上占据了一定的优势，然而与国际领先国家相比，在专利质量指标方面仍明显处于弱势，多数技术还停留在低技术含量的外观设计和实用新型的边缘技术，这也成为阻碍中国取得国际技术市场主动权的重要阻碍；其次，完善的专利制度、良好的专利保护意识、广阔的国际市场范围、稳固高效的研发团队以及高科技核心专利技术，成为国外领先国家与核心企业重要的专利技术研发战略。

（4）20世纪90年代，我国体育科技进步发展比较缓慢，无论是科技人员、科技经费的投入等均处于较低水平，体育科技进步贡献率较低。进入21世纪，随着我国在体育科技人力和经费等方面的投入不断增长，科技创新活动和科技扩散活动水平不断提升，从而使体育科技进步对竞技体育的贡献率大幅增长。其中，体育科技经费投入、体育科技创新活动及体育科技扩散活动3个指标与竞技体育产出之间呈现显著相关性。

（5）完善的制度保障是实现体育科技与竞技体育融合发展的重要前提。多年来，我国所实施的竞技体育科研攻关科技服务制度，逐步形成了运动队、体育院校和科研所、政府体育部门三位一体的互动模式，为竞技体育科学化训练与发展提供重要的制度保障。在科研攻关课题方面，逐步形成了以体育类院校和科研院所为核心，以非体育专业类院校和地方科研院所为支撑的合作攻关网络模式，为我国优势项目和潜优势项目提供了良好的科技保障。

7.2　建议

（1）进一步提升我国体育科学研究的国际化发展水平。首先，进一步拓宽国际研究视野，加强国际交流与合作，使国内研究与国际前沿接轨。其次，进一步加大对研究型人才的培养力度，以培育和支持更多具有国际视野的体育科学研究人才，来服务和支撑我国科技强国的战略发展目标，并将更多具有原创性和高质量的科研成果推向世界舞台，以在国际体育科学学术界博取更多的话语权和影响力。最后，进一步加强国内期刊国际化的建设与发展，使更多国内体育期刊走向国际舞台，并争取进入国际权威期刊行列，以提升我国体育科技期刊的国际影响力。

（2）进一步加强国际体育科学合作研究。首先，将研究视野跳出国内放眼世界，积极融入国际体育科学研究共同体，加强与世界各国间的合作，在世界范围内挖掘整合研究资源，进一步增加我国国际合作研究成果产出量，提升我国在各研究领域的国际影响力。其次，利用各种情报信息挖掘手段，以甄别各研究领域的实力强国或机构，并对其研究成果进行实时追踪，从而有针对性地进行各领域的国际合作研究。最后，进一步扩大国际合作的地域和研究领域的范围，在保持与核心合作国紧密合作关系的同时，积极争取边缘合作国在各自优势研究领域的资源，从而最大限度地保持本国在各研究领域与世界顶尖水平国家的合作关系。

（3）加强有利于体育科技与竞技体育融合的创新机制建设。首先，通过建立体育科技与竞技体育各部门之间的协调机制等政策措施，加强体育科技与竞技体育主管部门之间的协调与互动。其次，结合当前我国体育科技与竞技体育发展的现状特点，建立和完善有利于竞技体育和体育科技要素与资源协同创新的机制和支撑平台，加强对体育复合型人才的培养，使两者的资源实现有效整合与协同互动。

（4）不断提升竞技体育对先进体育科学技术成果的集成与应用能力。首先，重点发展与应用和竞技体育密切相关的体育科技，为满足竞技体育对体育科技需求提供坚实的基础。其次，不断加强对有利于提升融合发展的表现力与传播力的信息技术、材料科学等领域。

7.3　不足与展望

7.3.1　存在的主要不足

由于研究周期时间相对较长，导致本书部分章节中的数据未能够更新为最新数据。

7.3.2　未来展望

衡量和判定一个体育强国的重要标准之一是其具有较高的均衡发展水平。体育与科技的融合发展需要兼顾竞技体育、群众体育以及体育产业三方面。未来需要在不断完善本书不足的基础上，对体育科技进步、群众体育和体育产业之间的互动融合方面做进一步研究探讨。

参考文献

［1］Bhattacharya S. Mapping inventive activity and technological change through patent analysis：a case study of India and China［J］. Scientometrics, 2004, 61（3）：361–381.

［2］Chen C M, Leydesdorff L. Patterns of connections and movements in dual-map overlays：a new method of publication portfolio analysis［J］. Journal of the association for information science and technology, 2014, 65（2）：334–351.

［3］Cobb C W, Douglas P H. A theory of production［J］. American economic review, 1928, 18（1）：139–165.

［4］Ellapen T J, Paul Y. Innovative sport technology through cross-disciplinary research：future of sport science［J］. South African journal for research in sport, physical education and recreation, 2016, 38（3）：51–59.

［5］Fabry B, Ernst H, Langholz J, et al. Patent portfolio analysis as a useful tool for identifying R&D and business opportunites–an empirical application in the nutrition and health industry［J］. Word patent information, 2006, 28（3）：215–225.

［6］Fiss P C. A set-theoretic approach to organizational configurations［J］.

The academy of management review，2007，32（4）：1180–1198.

［7］Foltz J D，Kim K，Barham B L. A dynamic count data analysis of university ag–biotech patents［J］. Research reports，2001：56.

［8］Graf S W. Improving patent quality through identification of relevant prior art：approaches to increase information flow to the patent office［J］. Lewis and clark law review，2007，11（2）：495–519.

［9］Hirsch J E. An index to quantify an individual's scientific research output ［J］. Proceedings of the national academy of sciences of the United States of America，2005，102（46）：16569–16570.

［10］Holger E. Patent in formation for strategic technology management ［J］. World patent information，2003，25（3）：17–26.

［11］Hyysalo S. User innovation and everyday practices：micro - innovation in sports industry development［J］. R&D management，2009，39（3）：247–258.

［12］Ishida A，Yonetani M，Kosaka K. Determinants of linguistic human rights movements：an analysis of multiple causation of LHRs movements using a Boolean approach［J］. Social forces，2006，84（4）：1937–1955.

［13］Jaffe A B，Trajtenberg M. Patents，citations and innovations：a window on the knowledge economy［M］. Cambridge：MIT Press，2002.

［14］Kim K. Role and perspective of sport science in health promotion and elite sport［J］. The Asian Journal of Kinesiology，2019，2：31–39.

［15］Kim Y G，Suh J H，Park S C. Visualization of patent analysis for emerging technology［J］. Expert systems with applications，2008，34（2）：1804–1812.

［16］Kruskal J B. Multidimensional scaling by optimizing goodness of fit to a nonmetric hypothesis［J］. Psychometrika，1964，29（1）：1–27.

［17］Kunz M. Time Distribution of Patent Information［J］. Scientometrics, 1979, 1（3）: 275-282.

［18］Lacasa I D, Grupp H, Schmoch U. Tracing technological change over long periods in Germany in chemicals using patent statistics［J］. Scientometrics, 2003, 57（2）: 175-195.

［19］Lamirel J, Francois C, Shehabi A S, et al.. New classification quality estimators for analysis of documentary information: application to patent analysis and web mapping［J］. Scientometrics, 2004, 60（3）: 445-462.

［20］Law J, Bauin S, Courtial J, et al. Policy and the mapping of scientific change: A co-word analysis of research into environmental acidification［J］. Scientometrics, 2005, 14（3）: 251-264.

［21］Lee S, Yoon B, Park Y. An approach to discovering new technology opportunities: keyword-based patent map approach［J］. Technovation, 2009, 29（6/7）: 21-36.

［22］Lo S. Patent analysis of genetic engineering research in Japan, Korea and Taiwan［J］. Scientometrics, 2007, 70（1）: 183-200.

［23］Luczak T, Burch R, Lewis E, et al. State-of-the-art review of athletic wearable technology: what 113 strength and conditioning coaches and athletic trainers from the USA said about technology in sports［J］. International journal of sports science and coaching, 2020, 15（1）: 26-40.

［24］Marinova D, McAleer M. Trends and volatility in Japanese patenting in the USA: an analysis of the electronics and transport industries［J］. Scientometrics, 2002, 55（2）: 171-187.

［25］Mulder I, Swaak J. ICT innovation: starting with the team-a collaborative design workshop on selecting technology for collaboration

［J］. Educational technology & society, 2003, 6（1）: 40–44.

［26］Nameroff T J, Garant R J, Albert M B, Adoption of green chemistry: an analysis based on US patents［J］. Research policy, 2004, 33（6）: 959–974.

［27］Narin F, Hamilton K S. Bibliometric performance measures［J］. Scientometrics, 1996, 36（3）: 293–310.

［28］Narin F, Noma E. Is Technology Becoming Science?［J］. Scientometrics, 1985, 7（3）: 369–381.

［29］Narin F. From science papers to technology payents to company financial performance［R］. Washington D. C. , 2003.

［30］Narin F. Patent bibliometrics［J］. Scientometrics, 1994, 30（1）: 147–155.

［31］National Academy of Sciences, National Academy of Engineering, Institute of Medicine. Facilitating interdisciplinary research［M］. Washington, D. C: The National Academies Press, 2005.

［32］Neptune R R, McGowan P C, Fiandt M J. The influence of muscle physiology and advanced technology on sports performance［J］. Annual review of biomedical engineering, 2009, 11（1）: 81–107.

［33］Park Y, Yoon B, Lee S. The idiosyncrasy and dynamism of technological innovation across industries: patent citation analysis［J］. Operations Research: Management science, 2007, 47（1）: 32–35.

［34］Ragin C C. Configurational comparative methods: qualitative comparative analysis（QCA）and related techniques［M］. New Delhi: India Safe Publications. 2008.

［35］Ragin C C. The comparative method: moving beyond qualitive and quantitative strategies［M］. Berkeley: University of California Press, 1987.

［36］Rihoux D B, Ragin C C. Configurational comparative methods: qualitative comparative analysis（QCA）and related techniques［M］. Thousand Oaks: SAGE Publications, 2009.

［37］Sangani K. Haute-tech couture［J］. Engineering & technology, 2008, 3（18）: 20-26.

［38］Schneider C Q, Wagemann C. Set-theoretic methods for the social sciences: a guide to qualitative comparative analysis［M］. Cambridge: Cambridge University Press, 2012.

［39］Snyder D, Kick E L. Structural position in the world system and economic grouth, 1955-1970: a multiple-network analysis of transnational interactions［J］. American journal of sociology, 1979, 84（5）: 1096-1126.

［40］Solow R M. Technical change and the aggregate production function［J］. The review of economics and statistics, 1957, 39（3）: 312-320.

［41］The Royal Society. Knowledge, networks and nations: global international collaboration in the 21st century［EB/OL］.（2011-04-28）［2024-6-12］. http://royalsociety. org/policy/projects/knowledgenetuorks-nations/report/.

［42］Tseng Y H, Lin C J, Lin Y I. Text mining techniques for patent analysis［J］. Information procssing and management: an International journal, 2007, 43（5）: 1216-1247.

［43］Wartburg I, Teichert T, Rost K. Inventive progress measured by multi-stage patent citation analysis［J］. Research policy, 2005, 34（1）: 1591-1607.

［44］Yang G L, Liu W B, Li X X, et al. Study on the academic influence evaluation of national research institutes［J］. Forum on Science and

Technology in China，2010（6）：137-142.

［45］Yu W D，Lo S S. Patent analysis-based fuzzy inference system for technological strategy planning［J］. Automation in construction，2009，18（6）：54-60.

［46］阿英嘎，王宇. 科技进步对竞技体育影响的辩证观［J］. 体育文化导刊，2006（9）：23-25.

［47］安秀芬，黄晓鹏，张霞，等. 期刊工作文献计量学学术论文的关键词分析［J］. 中国科技期刊研究，2002，13（6）：505-506.

［48］白磊. 竞技体育发展水平影响因素分析［J］. 统计与决策，2017（23）：115-117.

［49］白喜林，赵杰修，钱利民，等. 国家男子篮球运动员膳食营养调查研究［J］. 北京体育大学学报，2009，32（5）：43-46.

［50］鲍春雨. 我国优秀女子曲棍球运动员专项体能诊断研究［J］. 西安体育学院学报，2013，30（4）：485-487，501.

［51］卞志昕. 专利长度指标对比分析及实证研究［J］. 图书情报工作，2013，8（57）：97-103

［52］布和. 中国体育用品行业发展现状［J］. 调查与观察，2014（1）：29-30.

［53］蔡有志. 我国体育科技创新体系构建研究［D］. 上海：上海体育学院，2015.

［54］曾德明，于英杰，文金艳，等. 基于Web of Science分类的学科交叉融合演化特征分析［J］. 情报学报，2020，39（8）：872-884.

［55］曾鸣. 省域经济发展水平对竞技体育实力的影响［J］. 中南财经政法大学学报，2013（6）：147-152.

［56］曾庆国. 乒乓球规则的新变化对乒乓球运动员选材标准的影响［J］. 河北体育学院学报，2002（2）：28.

［57］柴王军，邢鸿，吉满红，等. 论现代体育科学概念［J］. 北京体育

大学学报，2007（S1）：64-66，68.

［58］车海刚. "供给侧结构性改革"的逻辑［J］. 中国发展观察，2015（11）：1.

［59］陈丹，赵海燕. 世界竞技体育实力空间自相关分析——基于第1～30届夏季奥运会成绩［J］. 中国体育科技，2015，51（5）：11-15，34.

［60］陈丹. 中国竞技体育实力区域空间集聚及溢出效应分析［J］. 体育学刊，2016，23（6）：14-19.

［61］陈洪. 我国体育科技成果转化的领域、路径与保障机制［J］. 科技管理研究，2013（13）：150-153.

［62］陈俊钦，黄汉升，许红峰，等. 新中国体育科技50年回顾与前瞻［J］. 体育科学，2000（5）：3-7，18.

［63］陈俊钦，黄汉升，朱昌义，等. 科技全球化背景下我国体育科技发展战略研究［J］. 天津体育学院学报，2003（1）：70-72.

［64］陈融. 体育科技与运动训练相结合的动力机制初探［J］. 体育科学，1993（3）：35.

［65］陈森兴. 竞技体育"训科医"一体化的理论与实践探索［J］. 中国体育科技，2004（5）：12-13，16.

［66］陈小平，资薇. 中国赛艇训练关键问题研究［J］. 体育科学，2011，31（1）：56-62，74.

［67］陈新键. 科技与体育共生效应的研究［J］. 西安体育学院学报，2003（4）：99-114.

［68］陈艳，王红英，陈月亮. 我国优秀短距离速滑运动员力量素质训练特征［J］. 武汉体育学院学报，2010，44（7）：84-88.

［69］陈月亮. 我国速滑运动员体能训练分类构成指标研究综述［J］. 湖北理工学院学报（人文社会科学版），2012，29（6）：62-67，72.

［70］陈志凌，高秋平，刘大鹏. 我国运动员保障体系性质分析及构建策

略 [J]. 南京体育学院学报（社会科学版），2014，28（3）：
115-121.

[71] 程良友，汤珊芬. 我国专利质量现状、成因及对策探讨 [J]. 科技
与经济，2006（6）：37-40.

[72] 程与峰，张燕. 浅谈体育学院科研成果的推广应用 [J]. 哈尔滨体
育学院学报，1994（3）：19.

[73] 储节旺，郭春侠. 共词分析法的基本原理及EXCEL实现 [J]. 情
报科学，2011，29（6）：931-934.

[74] 储节旺，王龙. 近10年国内知识管理热点 [J]. 情报科学，2013
（9）：1425-1429.

[75] 辞海编辑委员会. 辞海：下 [M]. 上海：上海辞书出版社，
1989.

[76] 崔雷，郑华川. 关于从MEDLINE数据库中进行知识抽取和挖掘的研
究进展 [J]. 情报学报，2003，22（4）：425-433.

[77] 丹皮尔. 科学史 [M]. 李珩，译. 北京：商务印书馆，1975.

[78] 邓万金，何天易. 基于GEM模型的我国竞技体育核心竞争力提升机
制研究 [J]. 体育与科学，2018，39（6）：104-113.

[79] 邓运龙. 运动训练的基本体系及优秀运动员的实践途径（二）
[J]. 武汉体育学院学报，2011，45（1）：60-65，96.

[80] 邓运龙. 运动训练的基本体系及优秀运动员的实践途径（一）
[J]. 武汉体育学院学报，2010，44（9）：5-12.

[81] 笛姆. 竞技运动的本质与基础 [M]. 福冈孝行，译. 北京：北京
政法大学出版局，1974.

[82] 董德龙. 我国男子自由式摔跤运动员体能训练取得突破的关键点研
究 [J]. 体育科学，2012，32（4）：84-97.

[83] 董海军，王兴，司虎克，等. 科技强体进程中体育科技进步的贡
献及其影响因素 [J]. 上海体育学院学报，2013，37（4）：

16–19.

［84］董杰．科技进步与当代体育的发展［J］．体育与科学，2002（3）：3–5.

［85］董渝华，刘昕．首都体育科技发展的现状研究［J］．北京体育大学学报，2009（4）：4–7.

［86］杜宝贵，张鹏举．科技成果转化政策的多重并发因果关系与多元路径——基于上海等22个省市的QCA分析［J］．科学学与科学技术管理，2019，40（11）：3–14.

［87］杜利军．奥林匹克运动与现代科学技术［J］．中国体育科技，2001（3）：4–7.

［88］杜运周，贾良定．组态视角与定性比较分析（QCA）：管理学研究的一条新道路［J］．管理世界，2017（6）：155–167.

［89］杜长亮．竞技能力网络结构特征［D］．北京：北京体育大学，2011.

［90］樊蓉芸．优秀游泳运动员高原训练期间身体机能指标的比较分析［J］．四川体育科学，2011（4）：25–30.

［91］范凯斌，王卫星，李宗浩．射箭项目奥运会成绩差异研究［J］．北京体育大学学报，2013，36（9）：135–139.

［92］丰志帅．伦敦奥运周期我国竞技体育实力分析及对策研究［D］．金华：浙江师范大学，2010.

［93］冯璐，冷伏海．共词分析方法理论进展［J］．中国图书馆学报，2006（2）：88–92.

［94］冯契．哲学大词典：上［M］．上海：上海辞书出版社，2001.

［95］冯契．哲学大辞典：下［M］．上海：上海辞书出版社，2001.

［96］冯烨，梁立明．世界科学中心转移的时空特征及学科层次析因［J］．科学学与科学技术管理，2000，21（5）：4–8.

［97］傅维杰，刘宇，李路．基于足底压力的羽毛球运动足部受力特征研

究［J］．天津体育学院学报，2012，27（6）：511-514．

［98］高炳宏，高欢，李之俊，等．游泳运动员高原结合低氧预适应训练中监控内容与方法研究［J］．体育科研，2010，31（1）：57-64．

［99］高航．我国短道速滑运动员竞技能力特征的研究［J］．哈尔滨体育学院学报，2015，33（6）：37．

［100］葛冰，杨明．优秀男子3 000m障碍跑运动员生理生化指标变化特点分析［J］．北京体育大学学报，2012，35（9）：70-73．

［101］耿志杰，朱学芳，王文韜．情报学领域关键词同现网络结构研究［J］．情报科学，2010（8）：1179-1182．

［102］顾宁，刘昕彤．体科所竞技体育科研团队金牌后默默奉献［N］．中国体育报，2018-09-12（3）．

［103］关智远，陈仕吉．跨学科知识交流研究综述［J］．情报杂志，2016，35（3）：153-158．

［104］郭洪亮，王小平，王海霞，等．世界体坛格局变化与中国竞技体育实力研究［J］．南京体育学院学报（自然科学版），2017，16（6）：110-115．

［105］郭黎，闫晓，冯连世．生理、生化指标在击剑运动员赛前训练监控中的应用研究［J］．中国体育科技，2011，47（3）：49-53．

［106］郭淑范，司虎克，董海军，等．科技进步对我国竞技体育发展的作用与贡献［J］．体育科研，2009，30（2）：26-29．

［107］郭永正．中国和印度：国际科学合作的文献计量比较研究［D］．大连：大连理工大学，2010．

［108］国家体育总局．2023年全国体育产业总规模与增加值数据公告［EB/OL］．（2024-12-31）［2025-1-25］．https://www.sport.gov.cn/n20001280/n20067608/n20067635/c28382702/content.html．

［109］国家体育总局．体育总局关于印发《"十四五"体育发展规划》

的通知［EB/OL］．（2021-11-1）［2024-6-30］．http://www.sport.gov.cn/n315/n20001395/c23655706/content.html.

［110］韩犁夫．解读刘翔高科技装备：2微米纤维制成超轻量跑鞋［DB/OL］．（2012-5-19）［2024-6-10］．http://sports.sohu.com/20120519/n343568353.shtml.

［111］韩玺，史昱天．四种国内情报学核心期刊的国际影响力对比研究——基于Web of Science数据库的统计分析［J］．情报杂志，2017，36（7）：144-149.

［112］何培森，丛湖平．我国体育科技发展问题研究综述［J］．中国体育科技，2005（4）：21-24.

［113］何文盛，张力为，董蕊．网球运动员动态决策能力测试系统的研制［J］．北京体育大学学报，2012，35（4）：128-132.

［114］何文盛，张力为，张连成．世界前3名男子网球运动员比赛制胜因素技术分析［J］．武汉体育学院学报，2011，45（9）：67-73.

［115］贺天伟．中国国际合作论文的科学计量学研究［J］．中国科学基金，2009，23（2）：93-97+99.

［116］宏飞．阿迪达斯：运动品牌的"领跑者"［J］．东方企业文化，2008（9）：18-21.

［117］洪银兴．现代化的创新驱动：理论逻辑与实践路径［J］．江海学刊，2013（6）：20-27.

［118］洪长清，谢敏豪，严翌．大负荷力量训练对举重运动员有氧能力的影响［J］．中国体育科技，2007（4）：129-132.

［119］侯海燕，刘则渊，陈悦．当代国际科学学研究热点演进趋势知识图谱［J］．科研管理，2006，27（3）：90-96.

［120］侯海燕，任佩丽，胡志刚，等．中国科学学研究的国际影响力［J］．科学学研究，2018，36（3）：385-399.

［121］侯海燕，王嘉鑫，胡志刚，等．中国科学计量学研究的国际影响

力［J］．科学学研究，2018，36（4）：609-634．

［122］胡改丽，陈婷，陈福集．基于社会网络分析的网络热点事件传播
主体研究［J］．情报杂志，2015（1）：127-133．

［123］胡好，翟波宇，张英波，等．我国20km竞走优秀男子运动员年
度不同类型周期训练结构研究［J］．中国体育科技，2012，48
（1）：32-43，75．

［124］胡好，王林，骆学锋，等．优秀竞走运动员技术训练结构与训练
实施研究［J］．中国体育科技，2011，47（2）：8-20，31．

［125］胡好，王卫星，王林，等．我国20km优秀竞走运动员体能训练结
构研究［J］．北京体育大学学报，2011，34（4）：120-123．

［126］胡扬．高原训练的多元化发展——从HiHi到HiLo再到HiHi+HiHiLo
［J］．体育科学，2010，30（11）：74-78．

［127］黄波，朱敏敏．举国体制下我国竞技体育发展影响因子探究
［J］．成都体育学院学报，2014，40（7）：41-44．

［128］黄达武．优秀女子500m速度滑冰运动员速度节奏及专项力量肌肉
用力特征研究［D］．上海：上海体育学院，2013．

［129］黄海燕，张林，陈元欣，等．“十三五”我国体育产业战略目标
与实施路径［J］．上海体育学院学报，2016，40（2）：13-18．

［130］黄鲁成，李江．基于生态学的体育专利技术与奥运会竞赛项目协同
进化规律研究［J］．科技管理研究，2010，30（24）：211-215．

［131］黄鲁成，李江．专利技术的生态学描述［J］．科学学研究，
2009，27（5）：666-670．

［132］黄亚茹，衣龙燕．高住高练低训：技能主导类同场对抗性球类项
目运动员提高体能的新方法［J］．武汉体育学院学报，2011，45
（7）：85-88．

［133］纪广义．体育科学研究成果评估试探［J］．体育科学，1998
（2）：27-28．

［134］贾爱萍. 论科学技术转化为运动训练过程［J］. 哈尔滨体育学院学报，1998（3）：17–19.

［135］蒋志学. 2008年奥运会中国体育代表团科研攻关服务组织与管理［J］北京体育大学学报，2009，32（1）：1–5.

［136］焦芳钱，刘大庆，王林. 中国女子马拉松项目特点及训练规律研究［J］. 北京体育大学学报，2014，37（2）：131–137.

［137］焦芳钱，刘大庆. 对我国女子马拉松运动员年度训练负荷安排的调查研究［J］. 北京体育大学学报，2010，33（1）：114–117.

［138］金赤. 知识经济形势下的体育科技成果转化的分析研究［J］. 武汉体育学院学报，1998（4）：18–15.

［139］金村嘉雄. 新修体育大词典［M］. 东京：不昧堂书店，1986.

［140］金玉，潘绍伟，彭杰，等. 我国竞技体育后备人才培养现状与对策［J］. 体育与科学，2006（5）：82–86.

［141］靳勇，李永辉，靳明. 河北省竞技体育发展现状及影响因素因子分析［J］. 首都体育学院学报，2012，24（2）：157–160，164.

［142］靖新巧，赵守盈. 多维尺度的效度和结构信度评述［J］. 中国考试（研究版），2008（1）：40–44.

［143］李芙蓉，陈月亮，吴新炎. 短距离速滑弯道滑跑与弯道牵引腿部肌电特征的比较［J］. 体育学刊，2014，21（3）：127–131.

［144］李格非. 供给侧结构性改革与中国体育产业发展［J］. 武汉体育学院学报，2016，50（4）：46–50.

［145］李红霞，张玉田，闫旭峰. 国家运动队思想政治工作面临的问题与对策［J］. 北京体育大学学报，2010，33（10）：34–35，51.

［146］李骥，赵金平，华立君，等. 我国优秀双人滑男运动员落冰及模仿训练肌电特征研究［J］. 天津体育学院学报，2014，29（1）：10–13.

［147］李金早，张洋. 我国地方经济发展水平与竞技体育实力关系的实

证研究：基于第11届全运会的数据分析［J］．首都体育学院学
报，2014，26（5）：454–459.

［148］李明倩，叶光辉，彭泽，等．基于引文网络分析的跨地域知识流
动研究［J］．情报科学，2020，38（7）：37–44.

［149］李双玲，朱宝峰，赵玉华．我国优秀花样滑冰双人滑运动员专
项体能评价指标体系构建［J］．冰雪运动，2013，35（1）：
21–29.

［150］李卫．中国竞技体育区域发展的理论与实证研究［M］．北京：北
京体育大学，2001.

［151］李文兰，杨祖国．中国情报学期刊论文关键词词频分析［J］．情
报科学，2005（1）：68–70，143.

［152］李喜先，等．科学系统论［M］．北京：中国人民大学出版社，
1998：25.

［153］李彦兴．我国乒乓球竞技体育实力区域分布研究［J］．吉林体育
学院学报，2016，32（5）：96–100.

［154］李燕春．结合基因标记构建我国中长距离游泳运动员选材指标体
系的研究［D］．北京：北京体育大学，2012.

［155］李元．中国体育科学研究国际影响力分析［J］．体育科学，
2012，32（12）：78–84.

［156］李元伟．科技与体育——关于新世纪体育科学技术发展问题
［J］．中国体育科技，2002（6）：4–9，20.

［157］李之俊，高炳宏，李飞，等．优秀赛艇运动员疲劳诊断与体能恢复
指导专家系统的研制［J］．体育科学，2005（8）：28–32，52.

［158］梁高亮，郑念军，李晓霞，等．我国优秀女子网球运动员体能现
状分析及对策研究［J］．山东体育学院学报，2010，26（11）：
72–76.

［159］梁亚东，毛爱华．我国优秀散打教练员执教能力的模糊综合评价

［J］．广州体育学院学报，2008（1）：88-90．

［160］林洪，程燕，黄旭辉，等．我国男子中长距离自由泳项目技、战术特征的研究［J］．中国体育科技，2013，49（3）：72-78．

［161］林丽珍，李永安，张瑛秋．中国女子乒乓球运动员后备力量可持续发展研究［J］．西安体育学院学报，2010，27（3）：288-292．

［162］林丽珍，张瑛秋．乒乓球运动员心血管系统功能测试方法的实验研究［J］．山东体育学院学报，2009，25（9）：41-44．

［163］刘春华．速度滑冰、短道速滑陆地恢复性体能训练的理论厘清［J］．哈尔滨体育学院学报，2016，34（1）：43-47．

［164］刘大庆，张莉清，周爱国，等．我国潜优势项目特点及制胜规律的研究［J］．北京体育大学学报，2012，35（11）：107-114．

［165］刘洪涛，龚志刚．我国体育科技政策变迁及未来走向［J］．成都体育学院学报，2014（3）：1-5．

［166］刘洪涛，史康成．新中国体育科技政策的变迁规律［J］．北京体育大学学报，2013（7）：12-16．

［167］刘建，宋爱玲．竞赛规则发展变化的阶段划分和特征研究［J］．成都体育学院学报，2007（4）：55-58．

［168］刘建．区域竞技体育综合竞争力评价模型研究［J］．体育文化导刊，2012（11）：12-15．

［169］刘军．社会网络分析导论［M］．北京：社会科学文献出版社，2004．

［170］刘石，朱志强，宋嘉林，等．冬季奥运会项目陆地与冰（雪）上有效衔接训练的现状与对策研究［J］．哈尔滨体育学院学报，2013，31（6）：1-6．

［171］刘晓君，彭凤焱．奥林匹克运动科技化进程追溯［J］．科技评论，2012，30（20）：81．

［172］刘艳清．技术进步对经济增长的作用［J］．辽宁教育学院学报，
　　　　2000（2）：20-21．

［173］刘奕杉，王玉琳，李明鑫．词频分析法中高频词阈值界定方法适
　　　　用性的实证分析［J］．数字图书馆论坛，2017（9）：42-49．

［174］刘玉琴，汪雪峰，雷孝平．基于文本挖掘技术的专利质量评价与
　　　　实证研究［J］．计算机工程与应用，2007（33）：12-14．

［175］刘志民，丁海勇．两次科技革命与竞技体育运动的发展［J］．上
　　　　海体育学院学报，2000（2）：30-34．

［176］柳伯力．略论我国体育科学研究现状［J］．贵州体育科技，1992
　　　　（1）：1-4．

［177］柳鹏．日本专利申请量连续5年走低［N］．中国知识产权报，
　　　　2011-07-21（4）．

［178］卢天凤，司虎克，王恩锋．竞技体育科技服务模式及影响因素
　　　　［J］．体育科研，2007（4）：25-29，38．

［179］路甬祥．学科交叉与交叉科学的意义［J］．中国科学院院刊，
　　　　2005（1）：58-60．

［180］栾春娟，侯海燕．国内外主要公司专利外部合作的计量与比
　　　　较——以数字信息传输技术为例［J］．科学管理研究，2008
　　　　（5）：86-88．

［181］栾春娟．专利计量与专利战略［M］．大连：大连理工大学出版
　　　　社，2012．

［182］栾春娟．专利文献计量分析与专利发展模式研究［D］．大连：大
　　　　连理工大学，2008．

［183］罗书勤，罗加冰．体育科研成果评价的数学模型［J］．体育学
　　　　刊，1996（3）：93-95．

［184］罗素．宗教与科学［M］．徐奕春，林国夫，译．北京：商务印书
　　　　馆，1982．

［185］马天旗，刘欢. 利用专利引证信息评价专利质量的改进研究〔J〕. 中国发明与专利，2013（1）：58-61.

［186］马卫平，游波，李可兴. 体育研究中的跨学科取向——内涵、意义与方法〔J〕. 体育科学，2009，29（8）：90-96.

［187］毛一国，陈剑光. 中日印社科研究国际影响力比较——基于SSCI期刊编委的统计与分析〔J〕. 中国出版，2017（18）：45-48.

［188］孟述，关亚军，董欣. 索契冬奥会我国短道速滑运动员与主要竞争对手技战术特征的比较〔J〕. 冰雪运动，2014，36（3）：1-6，39.

［189］孟祥云. 科技进步统计与监测〔M〕. 北京：中国统计出版社，1999.

［190］明宇，司虎克. 耐克运动鞋专利研发团队网络结构对技术创新影响的研究〔J〕. 体育科学，2013，33（2）：92-97.

［191］倪萍，钟华，安新颖. 医学免疫学领域国际合作模式与论文质量的相关性分析〔J〕. 免疫学杂志，2014（12）：1029-1032.

［192］牛雪松，马毅. 我国自由式滑雪空中技巧体能训练监控的应用研究〔J〕. 沈阳体育学院学报，2011，30（4）：15-19.

［193］潘惠梅，刘咏梅. 2017年我国地理教学热点回顾——基于中国知网数据的共词可视化分析〔J〕. 地理教学，2018（12）：13-16.

［194］逢金柱，焦颖，张云龙，等. 减体重对女子举重运动员运动能力的影响及营养干预的效果〔J〕. 中国运动医学杂志，2008（1）：40-43，47.

［195］彭永涛，侯彦超. 区域创新能力提升条件组态路径研究——基于中国内地29个省市的QCA分析〔J〕. 科技进步与对策，2020，37（23）：54-62.

［196］前瞻网. 洞察2024中国体育用品行业竞争格局及市场份额〔EB/OL〕.（2024-11-05）〔2025-1-25〕. https://xw.qianzhan.com/

analyst/detail/220/241105-c51bbaf9.html.

［197］秦风冰，潘桂芝，郝一伟．我国冰上运动项目教练员队伍现状调查分析［J］．北京体育大学学报，2011，34（3）：122-125.

［198］邱均平，瞿辉，罗力．基于期刊引证关系的学科知识扩散计量研究——以我国"图书馆、情报、档案学"为例［J］．情报科学，2012，30（4）：481-485，491.

［199］邱长波，刘兆恒，张凤．SCI收录中国主导国际合作论文被引频次研究［J］．情报科学，2014（8）：108-111.

［200］秋鸣，冯少兵，段娟娟，等．竞技体育后备人才培养模式的SWOT分析［J］．沈阳体育学院学报，2010，29（1）：44-47.

［201］邵瑞华，张和伟．图书情报学期刊内部知识流动分析——以2013年SSCI收录的84种图书情报学期刊为例［J］．情报杂志，2015，34（6）：75-80.

［202］沈喜玲，曲昭，丁堃．基于专利计量视角比较中美石油企业技术差异［J］．科技管理研究，2015（7）：152-157.

［203］施亦男．我国花样游泳青少年后备人才培养现状调查与分析［D］．上海：上海体育学院，2010.

［204］石金毅，范媛媛，黄跃飞，等．全运会历史以来省际竞技体育实力时空动态变化研究［J］．华中师范大学学报（自然科学版），2021，55（4）：649-660.

［205］石彭辉．基于社会网络分析的网络舆情实证研究［J］．现代情报，2013（2）：27-31.

［206］石书德．从主要专利质量指标看我国专利的发展水平［J］．科技和产业，2012（7）：123-126，162.

［207］史仍飞，袁海平，周成林，等．女子摔跤运动员减重训练期营养水平及血液生化指标变化［J］．上海体育学院学报，2006（3）：45-47，56.

［208］首批全国体育系统重点实验室名单［J］．中国体育教练员，2008（2）：39.

［209］司虎克，蔡犁，王兴，等．体育科技成果转化的信息保障机制研究［J］．体育科学，2007（4）：15-21.

［210］司虎克，蔡犁，陈培基，等．科技进步对我国竞技体育发展的作用与贡献［J］．上海体育学院学报，1999（4）：33-37.

［211］司虎克，蔡犁，陈培基，等．我国竞技体育发展与科技进步关系的研究［J］．体育科学，1999（4）：37-40，44.

［212］司虎克，蔡犁，王兴，等．我国现行体育管理体制对科技成果转化的影响［J］．上海体育学院学报，2007（4）：12-17.

［213］司虎克，蔡犁，许以诚，等．对促进我国竞技体育发展的动力机制与作用的理论思考［J］．上海体育学院学报，1997（4）：24-29.

［214］司虎克，何志林．论体育科技成果转化的实现［J］．上海体育学院学报，2003（3）：1-6.

［215］司虎克，何志林．体育科技成果转化空间、时间与强度分析［J］．体育科学，2004，24（12）：23-27.

［216］司虎克，何志林．体育科技成果转化系统的分析［J］．上海体育学院学报，2002（1）：12-17.

［217］司虎克，聂丽芳．体育科技成果向竞技体育转化的运行机制研究［J］．体育科研，2005（2）：10-15.

［218］司虎克．论体育科技成果转化的规律和特征［J］．体育科学，2003（3）：52-57.

［219］宋承先．现代西方经济学：宏观经济学［M］．上海：复旦大学出版社，1994.

［220］宋凯，李秀霞，赵思喆，等．基于引文分析的学科知识流动计量研究［J］．情报杂志，2017，36（1）：154-159.

［221］宋原放．简明社会科学词典［M］．上海：上海辞书出版社，
1982．

［222］孙涛涛，唐小利，李越．核心专利的识别方法及其实证研究
［J］．图书情报工作，2012，56（4）：80–84．

［223］孙业红，魏云洁，张凌云．中国旅游研究的国际影响力分析——
基于对2001～2012年国内外旅游类核心期刊论文的统计［J］．旅
游学刊，2013，28（7）：118–128．

［224］覃文广，冯利，陈朴．文化学辞典［M］．北京：中央民族学院出
版社，1989．

［225］汤姆斯．竞技运动哲学［M］．大桥道雄，译．东京：不昧堂出书
店，1992．

［226］唐建军，周阳．利用加速传感器估算竞走运动员的步长与步频
［J］．河南师范大学学报（自然科学版），2019，47（3）：
118–124．

［227］唐玉成．女子曲棍球体能训练国内外对比研究［J］．南京体育学
院学报（自然科学版），2013，12（3）：11–16．

［228］唐玉成．曲棍球项目专项特征研究［J］．体育科学研究，2011，
15（1）：52–58．

［229］陶小平，陶新连．我国优秀男子划艇运动员"能力主导型"高
原训练期间机能指标变化［J］．天津体育学院学报，2010，25
（2）：130–133．

［230］田麦久．项群训练理论［M］．北京：人民体育出版社，1998．

［231］田麦久．运动训练学［M］．北京：高等教育出版社，2006．

［232］田野，王清，李国平，等．中国体育科学学科发展综合报告
（2006—2007）［J］．体育科学，2007（4）：3–14．

［233］田野．对我国体育科技工作若干问题的思考［J］．体育科学，
2009（2）：3–7．

［234］汪康乐，邰崇禧，陈瑞琴. 跨学科研究法在体育科学创新中的作用［J］. 上海体育学院学报，2009，33（4）：35-38.

［235］汪敏，刁在箴，谢颖，等. 中国艺术体操后备人才现状调查与培养对策［J］. 中国体育科技，2005（1）：37-40.

［236］王阿婷，曹宗航，熊焰. 奥运视角下我国竞技体育实力变迁研究［J］. 四川体育科学，2020，39（1）：1-7，12.

［237］王大贵. 我国体育科技成果转化运作机制探析［J］. 广州体育学院学报，2014（3）：4-6.

［238］王焕福，张立. 体育科技的内涵及其服务于实践的途径［J］. 体育科学，1992（6）：13-16，93.

［239］王锦国，高俊江，王琳娜，等. 速度滑冰短距离项目比赛期恢复性体能训练的陆冰衔接分析［J］. 哈尔滨体育学院学报，2013，31（5）：26-30.

［240］王磊，司虎克. 基于orbit数据库的国际运动鞋专利技术发展现状分析及启示［J］. 体育科学，2014，1（34）：83-89.

［241］王亮. 基于SCI引文网络的知识扩散研究［D］. 哈尔滨：哈尔滨工业大学，2014：119-120.

［242］王林. 竞走项目速度分配与战术运用的研究——对国家队备战伦敦奥运会的思考［J］. 青少年体育，2012（1）：26-28.

［243］王璐，马峥，潘云涛. 基于论文产出的学科交叉测度方法［J］. 情报科学，2019，37（4）：17-21.

［244］王荣辉，张一民，任弘. 我国跳水优秀运动员竞技能力结构模型和选材指标体系研究［J］. 体育科学，2007（7）：30-40，50.

［245］王思茗，魏玉梅，滕广青，等. 图书情报学领域中的学科交叉现象及其地区差异［J］. 情报理论与实践，2019，42（12）：8-15.

［246］王婉茹，张慧，叶鹰. 图书情报学知识流动与跨学科研究的国内

外比较分析［J］. 图书与情报，2020（3）：34-40.

［247］王纬超，武夷山，潘云涛. 中国高校合作强度及官产学研合作的量化研究［J］. 科学学研究，2013，31（9）：1307-1302.

［248］王新宝，黄达武，陈月亮. 速度滑冰陆上专项技术模仿练习的专项性分析［J］. 山东体育学院学报，2014，30（5）：82-87.

［249］王燕玲. 基于专利分析的行业技术创新研究［J］. 科学学研究，2009（4）：13-17.

［250］王永盛. 试论交叉科学对体育科学的影响和发展［J］. 中国体育科技，1997（10）：35-38.

［251］魏德样，魏胜敏，雷雯. 建国以来省域竞技体育实力的空间集聚演变——基于ESDA方法分析［J］. 成都体育学院学报，2015，41（5）：77-81.

［252］魏薇. 湖北省优秀男子公开级赛艇运动员划桨技术和力量素质测试与诊断［D］. 武汉：武汉体育学院，2009.

［253］吴嘉玲，平越. 竞技体育科技服务的内容及其影响因素与发展对策［J］. 科技管理研究，2010，30（11）：57-59.

［254］吴黎，马丽娜，李细归，等. 中国区域竞技体育的竞争格局及其影响因素分析［J］. 广州体育学院学报，2017，37（4）：16-19，23.

［255］吴卫兵，刘无逸，陈佩杰，等. 优秀羽毛球运动员机能监控个体化分析与评价［J］. 上海体育学院学报，2010，34（2）：53-56.

［256］武斌，樊晋华，张斌，等. 青少年女子曲棍球运动员赛前过度训练特征及对策研究［J］. 沈阳体育学院学报，2013，32（4）：110-113，121.

［257］习近平. 决胜全面建成小康社会 夺取新时代中国特色社会主义伟大胜利——在中国共产党第十九次全国代表大会上的报告［J］.

理论学习，2017（12）：4-25.

[258] 席翼，杨谦，谭思洁，等. 中国优秀棒球投手选材的研究［J］.
体育科学，2007（6）：24-28，34.

[259] 裘继红，韩玺，吴倩倩. 国际合作对论文影响力提升的作用研
究——以外科学为例［J］. 情报杂志，2015（1）：92-95.

[260] 裘继红，韩玺，吴倩倩. 国际合作对论文影响力提升的作用研
究——以外科学为例［J］. 情报杂志，2015（1）：92-95.

[261] 夏征农. 辞海［M］. 上海：上海辞书出版社，2003.

[262] 谢云，田麦久. 短距离场地自行车运动项目制胜的核心因素解析
［J］. 沈阳体育学院学报，2012，31（3）：5-8.

[263] 徐本力. 试论现代竞技体育中的最佳投入与最佳产生［J］. 体育
科学，1988（4）：31-35，23，95.

[264] 徐本力. 运动训练学［M］. 济南：山东教育出版社，1990.

[265] 徐驰，范家成，熊莉，等. 我国高水平赛艇运动员机能评定指标
的初步研究［J］. 湖北体育科技，2011，30（2）：197-200.

[266] 徐广平，张金山，杜运周. 环境与组织因素组态效应对公司创业
的影响——一项模糊集的定性比较分析［J］. 外国经济与管理，
2020，42（1）：3-16.

[267] 徐建方，张晓欢，冯连世，等. 训练监控方法与手段在花样游泳
项目中的应用［J］. 中国体育科技，2012，48（5）：53-62.

[268] 徐明. 科技产业专利诉讼的影响因素研究［J］. 情报杂志，2015
（8）：43-47.

[269] 许国志. 系统科学［M］. 上海：上海科技教育出版社，2000.

[270] 许海云，尹春晓，郭婷，等. 学科交叉研究综述［J］. 图书情报
工作，2015，59（5）：119-127.

[271] 许红峰，陈作松，黄汉升，等. 建国初期我国体育科技发展的历
史回眸［J］. 中国体育科技，2000（10）：4-8.

［272］许洁，王嘉昀. 中国人文社科学术图书国际影响力研究［J］. 出版发行研究，2017（9）：87-92.

［273］严丽，席翼，谭思洁，等. 中国优秀垒球运动员竞技能力结构模型研究［J］. 山东体育学院学报，2007（2）：89-91.

［274］阎世铎. 我国体育社会科学研究的回顾与展望［J］. 体育科学，1997（6）：4-7.

［275］杨利锋，陈凯华. 中国电动汽车技术水平国际比较研究——基于跨国专利的视角［J］. 科研管理，2013，3（34）：128-135.

［276］杨明，田野，赵杰修. 中国国家女子马拉松队备战柏林世界田径锦标赛生理生化指标的变化特征［J］. 中国体育科技，2011，47（2）：21-25.

［277］杨明，王江，董维鹏. 我国女子马拉松备战柏林世锦赛高原训练的模式［J］. 武汉体育学院学报，2011，45（8）：59-64.

［278］杨贤罡. 结合基因标记构建我国女子长跑运动员选材指标体系的研究［D］. 北京：北京体育大学，2012.

［279］杨晓琳，胡扬，李燕春，等. ACTN3基因C1747T多态位点作为举重运动员选材用分子标记的可行性研究［J］. 体育科学，2010，30（1）：70-73.

［280］姚旭霞. 长距离游泳运动员专项体能结构特征模型与运动成绩预测模型：以我国14～17岁优秀女子800m自由泳运动员为例［J］. 首都体育学院学报，2013，25（4）：359-361.

［281］叶鹰，张家榕，张慧. 知识流动与跨学科研究之关联［J］. 图书与情报，2020（3）：29-33.

［282］余宏. 基于AHP-GRAP模型的重庆市竞技体育发展水平综合评价［J］. 西南师范大学学报（自然科学版），2014，39（4）：187-192.

［283］余新丽，赵文华，杨颉. 我国研究型大学国际合作论文的现状与

趋势分析——以上海交通大学为例［J］. 中国高教研究，2012（8）：30–34.

［284］余新丽. 上海市高校2001—2012年国际合作论文分析［J］. 复旦教育论坛，2015（3）：66–70.

［285］虞重干，卢建功，郭维源，等. 上海市体育科技发展现状及"科技兴体"战略对策［J］. 上海体育学院学报，1994（3）：13–17.

［286］喻坚. 中国体育用品业发展的瓶颈与路径选择［J］. 学术论坛，2012（9）：253–254.

［287］袁伟民. 体育科学词典［M］. 北京：高等教育出版社，2000：291–293.

［288］张冰，赵刚，李强. 高原训练对我国优秀男子足球运动员身体机能的影响［J］. 中国体育科技，2012，48（4）：52–56.

［289］张波，李玲华. 基于SWOT-TOWS分析区域竞技体育发展的战略规划——以辽宁省竞技体育发展为例［J］. 山东体育学院学报，2014，30（1）：26–32.

［290］张昌廷，田宝玉. 美日企业专利战略的差异及其启示［J］. 经济与管理，2004（10）：37–39.

［291］张典华，陈一民. 篮球训练仿真系统的实现［J］. 图学学报，2015，36（5）：789–794.

［292］张东黎. 改革开放以来我国竞技体育实力演变分析［J］. 西安体育学院学报，2009，26（6）：648–651.

［293］张厚福，张东波，王文初，等. 体育非专利技术的法律保护［J］. 武汉体育学院学报，2005（5）：8–10.

［294］张辉，戴金彪，史芙英，等. 隔网对抗（持拍类）项目技战术特征［J］. 上海体育学院学报，2007（4）：65–69.

［295］张慧，张家榕，叶鹰. CSSCI体现的我国人文社科领域知识流动探

析〔J〕. 图书与情报, 2020（3）: 41-48.

［296］张家榕, 张慧, 叶鹰. CSCD体现的我国理工农医跨学科知识流动探析〔J〕. 图书与情报, 2020（3）: 49-54, 60.

［297］张洁, 王红. 基于词频分析和可视化共词网络图的国内外移动学习研究热点对比分析〔J〕. 现代远距离教育, 2014（2）: 76-83.

［298］张金柱, 韩涛, 王小梅. 利用参考文献的学科分类分析图书情报领域的学科交叉性〔J〕. 图书情报工作, 2013, 57（1）: 108-111, 146.

［299］张良辉, 董国雅, 刘虹. 利用H指数与二八法则划分期刊文献核心区的优势比较〔J〕. 中国科技期刊研究, 2015, 26（9）: 1017-1022.

［300］张凌云, 金洁, 魏云洁, 等. 中国旅游研究的国际影响力研究——基于2001—2014年中国学者旅游类SSCI论文统计分析〔J〕. 旅游学刊, 2016, 31（10）: 33-44.

［301］张明, 陈伟宏, 蓝海林. 中国企业"凭什么"完全并购境外高新技术企业——基于94个案例的模糊集定性比较分析（fsOCA）〔J〕. 中国工业经济, 2019（4）: 117-135.

［302］张腾. 力量训练测试系统的设计与实现〔D〕. 武汉: 武汉体育学院, 2013.

［303］张文彤. SPSS Ⅱ统计分析教程〔M〕. 北京: 北京希望电子出版社, 2002.

［304］张文彤. SPSS统计分析高级教程〔M〕. 北京: 高等教育出版社, 2004: 40-44.

［305］张霞. 国家运动队复合型科学训练团队建设初探〔D〕. 上海: 复旦大学, 2006.

［306］张岩. 体育学的结构论〔J〕. 体育与科学, 2006（3）: 1-4.

［307］张一兵，席翼，谭思洁，等．中国优秀棒球运动员竞技能力结构模型的研究［J］．西安体育学院学报，2007（3）：84-88.

［308］张奕芸．基于虚拟仪器的力量素质测试系统的研制与应用［D］．武汉：武汉体育学院，2012.

［309］张瑛秋，孙麒麟，严春锦．中国优秀青年乒乓球运动员心理特征分析［J］．武汉体育学院学报，2006（2）：50-53.

［310］张瑛秋．中国优秀青年乒乓球运动员技术特征分析［J］．天津体育学院学报，2005（5）：22-24.

［311］张瑛秋．中国优秀青年乒乓球运动员战术特征分析［J］．中国体育科技，2006（1）：99-101.

［312］张元梁，司虎克，卞志昕，等．中、美、日、德运动鞋技术研发水平对比研究——基于专利质量视角［J］．上海体育学院学报，2015，39（6）：39-44.

［313］张元梁，司虎克，蔡犁，等．体育用品核心企业专利技术发展特征研究——以耐克公司为例［J］．中国体育科技，2014，50（3）：124-131.

［314］张元梁，司虎克．国际网球专利技术领域竞争情报的可视化分析［J］．中国体育科技，2013，6（49）：57-65

［315］张争鸣．科学技术转化为竞技能力的机制与模型研究［J］．贵州体育科技，1993（2）：4-12.

［316］张忠秋，刘文，王智，等．对我国体育科技创新发展现状与发展对策的研究［J］．山东体育学院学报，2002，18（2）：3-10.

［317］赵丙军，司虎克．基于知识流动的体育亲缘学科定量识别探索［J］．图书情报工作，2013，57（1）：122-129.

［318］赵岱昌，郑念军，陈勇，等．我国摔跤教练员基本特征研究［J］．山东体育学院学报，2010，26（10）：75-79.

［319］赵岱昌．复合型训练团队的合作研究［D］．上海：上海体育学

院，2009.

［320］赵晶，闫育东. 我国篮球教练员与运动员人力资源探析［J］. 上海体育学院学报，2006（4）：23-25，35.

［321］赵子宽. 高住低训对我国优秀女子速滑运动员有氧能力的影响［D］. 长春：吉林体育学院，2014.

［322］赵宗跃，韩雪. 百年科技对现代奥运会发展的张力［J］. 天津体育学院学报，2004（4）：18-20.

［323］郑红蕾. 专利数量、专利质量与创新驱动发展的辩证思考［N］. 中国知识产权报. 2014-04-04（8）.

［324］郑金，张驰，文毅. 我国电力行业专利质量研究及发展建议［J］. 中国发明与专利，2014（1）：11-14.

［325］中国大百科全书总编辑委员会《哲学》编辑委员会. 中国大百科全书：哲学卷［M］. 北京：中国大百科全书出版社，1987：404.

［326］周成林，章建成，李安民，等. 不同比赛情境视频对羽毛球运动员心理状态的影响［J］. 体育科学，2008，28（12）：14-20.

［327］周成林，赵洪朋，张怡. 运动领域中的认知神经心理学研究进展［J］. 天津体育学院学报，2012，27（3）：197-201.

［328］周君一，王敬茹，史东林，等. 女子曲棍球项目场员选材的研究［J］. 湖北体育科技，2014，33（3）：227-230.

［329］周秋菊，杨立英，岳婷，等. 基于期刊同被引和互引网络的学科结构和知识流动研究［J］. 情报杂志，2014，33（8）：84-91.

［330］周升起，秦洪晶，兰珍先. 我国经济学研究国际影响力变化分析——基于2001年～2014年SSCI经济学期刊发表论文数量与引证指标［J］. 经济经纬，2017，34（2）：80-86.

［331］周威，熊国庆. 现代科技对中国体育的影响［J］. 体育学刊，2002（2）：16-18.

［332］周文婷，李万哲，李兴洋．我国单板U型场地滑雪优秀运动员年度训练负荷结构研究［J］．北京体育大学学报，2014，37（4）：113-117，123．

［333］周莹，申萍，张博，等．我国竞技运动训练发展研究［J］．体育文化导刊，2011（7）：65-68．

［334］周越，王瑞元．赛前减量训练生理机制研究进展［J］．武汉体育学院学报，2011，45（10）：47-51．

［335］朱成东．提高优秀速滑运动员承受训练负荷水平手段和方法的研究［D］．长春：吉林体育学院，2014．

［336］朱佳滨，黄忠国，董欣．冬奥会短道速滑项目比赛制胜规律的研究［J］．冰雪运动，2013，35（5）：5-9．

［337］朱琳，赵玉华，张崇林，等．我国优秀女子单板U型场地滑雪运动员专项体能影响因素的研究［J］．沈阳体育学院学报，2011，30（6）：19-21．

［338］朱文眚，史豪杰，王弓，等．从SCI合著论文看中俄两国科技合作［J］．中国科技论坛，2008（2）：139-144．

［339］资薇，宋占军，曹春梅，等．我国青少年赛艇运动员训练负荷特点及分析［J］．中国体育科技，2011，47（2）：75-82．